プロが教えるいちばん詳しい

Google アナリティクス 4

NRIネットコム株式会社
神崎健太

SB Creative

本書に関するお問い合わせ

この度は小社書籍をご購入いただき誠にありがとうございます。小社では本書の内容に関する
ご質問を受け付けております。本書を読み進めていただきます中でご不明な箇所がございました
らお問い合わせください。なお、お問い合わせに関しましては下記のガイドラインを設けて
おります。恐れ入りますが、ご質問の際は最初に下記ガイドラインをご確認ください。

ご質問の前に

小社 Web サイトで「正誤表」をご確認ください。最新の正誤情報をサポートページに掲載し
ております。

- 本書サポートページ URL
  https://isbn2.sbcr.jp/15161/

ご質問の際の注意点

- ご質問はメール、または郵便など、必ず文書にてお願いいたします。お電話では承っており
  ません。
- ご質問は本書の記述に関することのみとさせていただいております。従いまして、○○ペー
  ジの○○行目というように記述箇所をはっきりお書き添えください。記述箇所が明記されて
  いない場合、ご質問を承れないことがございます。
- 小社出版物の著作権は著者に帰属いたします。従いまして、ご質問に関する回答も基本的に
  著者に確認の上回答いたしております。これに伴い返信は数日ないしそれ以上かかる場合が
  ございます。あらかじめご了承ください。

ご質問送付先

ご質問については下記のいずれかの方法をご利用ください。

▶ Web ページより

上記のサポートページ内にある「この商品に関する問い合わせはこちら」をクリックすると、
メールフォームが開きます。要綱に従って質問内容を記入の上、送信ボタンを押してくださ
い。

▶郵送

郵送の場合は下記までお願いいたします。
〒 106-0032　東京都港区六本木 2-4-5
SB クリエイティブ　読者サポート係

はじめに

　次世代版のGoogle アナリティクス「Google アナリティクス 4（GA4）」が、2020年に正式にリリースされました。2022年3月16日には従来のGoogle アナリティクス「ユニバーサル アナリティクス（UA）」のサポート終了にかかわる情報がGoogle社からアナウンスされており、ひとつの時代の節目を迎えています。

　UAについては書籍など詳細に情報がまとまったリソースが多数ありますが、GA4についてはまだ情報が散在しており、中々理解が追いつかないという声もよくお聞きします。

　そこで、本書には著者がGoogle マーケティング プラットフォーム セールスパートナーの一員として、お客様にGA4の導入を提案し実装を進める中で培ってきたノウハウを多数掲載しています。

　多忙なマーケティング担当者やIT担当者、事業担当者の方々はもちろん、個人でウェブサイトを運営している方々もGA4の導入をスムーズに進めていけるよう、少しでも手助けになればと切に願っています。

　最後に本書の執筆を支えてくれた妻子とNRIネットコム株式会社の方々、ならびに出版にあたりご協力いただいたSBクリエイティブ株式会社の福井康夫様、本間千裕様に深くお礼申し上げます。

神崎 健太

Contents

Chapter
6

Google タグ マネージャーの利用を開始する　191

Chapter
7

ユーザーの権限管理を行う 215

Chapter
8

イベントの計測設定を行う 229

Chapter
11

e コマーストラッキングの設定を行う 339

Chapter
12

Google アナリティクス 4 プロパティに Search Console をリンクする 365

本書の読み進め方

▶本書の構成

本書は主にウェブサイトを題材としてGoogle アナリティクス 4 (GA4) について解説しており、本編「Chapter1 〜 16」と「Appendix1 〜 2」で構成されています。本編は下記のように内容が分かれています。

Chapter	内容
Chapter1 〜 4	**概要・レポート編** GA4の概要とレポートについて掲載しています。
Chapter5 〜 11	**実装編** GA4で計測を行うための実装方法について掲載しています。実装にはGoogle タグ マネージャーを利用します。「Chapter11 eコマーストラッキングの設定を行う」は、ECサイトを運営している方向けの章です。
Chapter12 〜 16	**活用編** 下記外部サービスとの連携について掲載しています。 • Search Console • Google 広告 • Google オプティマイズ • データポータル • BigQuery

「Appendix」には本編で紹介し切れなかった内容を、リファレンスとして掲載しています。また、GA4は基本的には誰でも無料で利用できますが、エンタープライズ向けの有償版も存在します。本書では主に無償版でも利用可能な内容について解説しています。有償版の詳細については下記のヘルプページを参照してください。

 https://support.google.com/analytics/answer/11202874

本書には掲載しきれなかった「グローバルサイトタグ (gtag.js) で計測を行う」「正規表現について」「お役立ち情報」の3章を、サポートページからダウンロードできます。また、本書に掲載しているサンプルコードもサポートページにて配布しています。ダウンロードして学習にお役立てください。

 https://isbn2.sbcr.jp/15161/

▶ URLの構成要素に関する用語について

Google アナリティクスのヘルプページにならい、本書では「example.com」を含むURLを説明用のサンプルとして使用しています。また、本書ではURLの構成要素を以下のように表現しています。

図1 URLの構成要素

https://www.example.com/index.html?example=value#example

| プロトコル | サブドメイン | パス | クエリパラメータ | フラグメント |

ドメイン または ホスト名

リクエスト URI

言葉の定義が分からなくなった場合は、こちらのページに戻って確認してください。

▶ デモアカウントについて

Google アナリティクスにはデモアカウントが用意されており、Google アカウントを取得しているユーザーであれば、誰でもそのアカウントにアクセスできます。デモアカウントのレポートには「Google Merchandise Store」というウェブサイトと「Flood-It！」というアプリで実際に計測されたデータが表示されます。本書では一部の画面キャプチャにこのデモアカウントを使用しています。デモアカウントは下記のヘルプページにて「デモアカウントを追加」を押下すると、確認できるようになります。

https://support.google.com/analytics/answer/6367342

図2 デモアカウントの追加

デモアカウントの追加

デモアカウントを追加するには、このセクション末尾の [デモアカウントを追加] リンクをクリックします。リンクをクリックした後の画面は、状況によって異なります。

- Google アカウントをすでにお持ちの場合は、ログインするよう求められます。
- Google アカウントをお持ちでない場合は、アカウントを作成してからログインするよう求められます。

下の [デモアカウントを追加] リンクをクリックすると、Google アカウントに関する次の 2 つのアクションのいずれかが実行されることに同意したものとみなされます。

- すでに Google アナリティクス アカウントをお持ちの場合は、デモアカウントが Google アナリティクス アカウントに追加されます。
- Google アナリティクス アカウントをお持ちでない場合は、Google アカウントに関連付けられた Google アナリティクス アカウントが作成され、この新しいアナリティクス アカウントにデモアカウントが追加されます。

デモアカウントは、Google アナリティクスのアカウント 選択ツール（組織とアカウントのリンク）に表示されます。

デモアカウントには、1 つの Google アカウントで作成できる Google アナリティクス アカウントの最大数の制限が適用され、デモアカウントも 1 アカウントとしてカウントされます。現在のところ、Google アナリティクスでの Google アナリティクス アカウントの最大数は、1 つの Google アカウントにつき 100 個です。

デモアカウントはいつでも削除できます。

[デモアカウントを追加]

Google アナリティクス 4 とは

Google アナリティクスは、ウェブサイトやモバイルアプリのユーザーのデータを計測・保存し、分析・活用するためのサービスです。デジタルマーケティングを取り巻く環境の変化にあわせ、2020年には次世代版のGoogle アナリティクス「Google アナリティクス 4」がリリースされました。本章ではまずGoogle アナリティクス 4 の概要について学んでいきましょう。

⊶ keyword

- デジタルマーケティングを取り巻く環境の変化
- 次世代版のGoogle アナリティクス
- イベント
- ディメンションと指標
- アカウント、プロパティ、データストリーム

📊 1-1 デジタルマーケティングを取り巻く環境の変化

デジタルマーケティングを取り巻く環境は常に変化しています。

▌環境の変化におけるポイント

昨今、特に大きなポイントとなっているのが以下の3点です。

▶ ① ユーザーとの接点の多様化

アクセス解析サービスとしてGoogle アナリティクスが誕生した当初は、スマートフォンも普及しておらず、デジタルマーケティングにおけるユーザーとの接点といえば、パソコンによる**ウェブサイト**の閲覧が中心でした。しかし、現在では大半のユーザーが**スマートフォン**を所有しており、日常的に**ウェブサイト**やモバイルアプリを利用しています。

▶ ② AI・機械学習などのテクノロジーの進化

スマートフォンなどの普及によりユーザーとの接点が増えたことで、収集可能なデータの量は膨大なものになってきています。その増大したデータを活用するために**AI（人工知能）・機械学習**といった技術が発展してきています。

▶ ③ プライバシー保護にかかわる法整備とCookieの利用規制

日本でも**改正個人情報保護法**や**電気通信事業法**が話題になりましたが、**GDPR**（EU一般データ保護規則）や**CCPA**（カリフォルニア州消費者プライバシー法）といった**プライバシー保護**における法整備や、Apple社による**ITP**（Intelligent Tracking Prevention）のようなブラウザへの**トラッキング防止機能**の実装など、**Cookie**（ブラウザに保存された情報）の利用を規制していく潮流があります。

📊 1-2 Google アナリティクス 4とは

ここからは、Google アナリティクス 4の概要について説明します。

▌Google アナリティクス 4の概要

Google アナリティクスは、ウェブサイトやモバイルアプリのユーザーのデータ

を計測・保存し、分析・活用するためのサービスです。**Google アカウントを所有
しているユーザーであれば、基本的には誰でも無料（エンタープライズ向けの有償
版もあり）で利用できます。**従来のGoogle アナリティクス「**ユニバーサルアナリ
ティクス（UA）**」は、まだパソコンによるウェブサイトの閲覧が中心だった時代に、
ユーザーによるウェブサイトの訪問データをブラウザごとにCookieを用いて計測
できるよう作られたものでした。しかし、前述のような環境変化によりこうした計
測手法は過去のものとなりつつあります。そこで、2020年にリリースされたのが
次世代版のGoogle アナリティクス「**Google アナリティクス 4（GA4）**」です。
GA4の「4」は第4世代のGoogle アナリティクスというところから名づけられてい
ます。

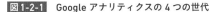
図 1-2-1　Google アナリティクスの 4 つの世代

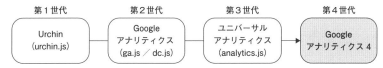

　ユーザーの多くが日常的にウェブサイトやモバイルアプリを利用している現代に
あわせ、GA4ではそれらのデータを一か所かつ同様のスキーマで計測できるよう
になっています。

図 1-2-2　GA4ではウェブとアプリのデータを一か所で計測できる

　また、**GA4とUAでは仕様やレポートのUI（ユーザーインターフェース）が大き
く異なります。計測されるデータにも互換性はなく、GA4計測用の対応が別途必
要になります。**そのため、UAからのバージョンアップというよりは、新しく生ま
れ変わったサービスとして考えてください。図1-2-2の「プロパティ」と「ストリー

ム」の詳細については後述します（p.31）。

図 1-2-3 UAとGA4のレポートのUIの違い

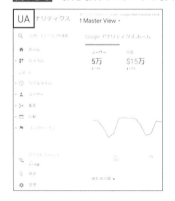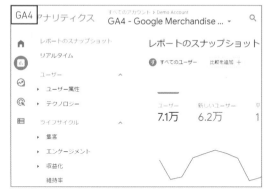

GA4とUAは併用することも可能です。UAでは2023年7月1日（有償版の場合は2024年7月1日）をもって、新しいデータの計測処理が停止する予定となっています。その後しばらくしてサポートが終了すると、UAのレポート画面を確認したり、API（アプリケーション・プログラミング・インターフェース）を介してUAのデータにアクセスしたりすることはできなくなる見込みです[1]。そのため、**現状UAで満足している場合もGA4の導入は進めていくことを強く推奨します**。UAのサポート終了にかかわる詳細については、下記のヘルプページを参照してください。

 https://support.google.com/analytics/answer/11583528

Google アナリティクス 4におけるAI・機械学習の活用例

前述した「**AI・機械学習などのテクノロジーの進化**」に対応するGA4の機能について紹介します。

▶ ① AIによる異常検知や分析サポート

GA4にはAIによる異常検知や**分析サポート**の機能が実装されており、図1-2-4のようにデータの異常な変化や新たな傾向が検出され、**インサイトとして自動的に通知されます**。

図1-2-4　AI による異常検知や分析サポート

▶②機械学習を活用した予測機能

　GA4には機械学習を活用した予測機能が実装されており、図1-2-5にあるような「**予測オーディエンス**」を作成して**Google 広告に連携、広告配信に活用することも可能です**[2]。

図1-2-5　機械学習を活用した予測機能

※1　2023年2月時点では、最短で「無償版：2024年1月1日以降」にサポートが終了予定です。有償版については未定です。

※2　「予測オーディエンス」の利用には前提条件があります。詳細は「Chapter13 Google アナリティクス 4プロパティにGoogle 広告アカウントをリンクする」を参照してください。

Google アナリティクス 4におけるプライバシー保護に かかわる法整備への対応例

　前述したとおり、昨今GDPR（EU一般データ保護規則）やCCPA（カリフォルニア州消費者プライバシー法）といった**プライバシー保護**にかかわる法整備が進んでいます。

　こういった状況に対して、**プライバシーへの配慮を中核にすえたGA4**では、ユーザーの地域とデバイスに関する詳細なデータ（都道府県、市区町村、ブラウザ、デバイスモデルなど）を計測する／しないを管理画面から選択できるようになっています。

図 1-2-6　地域とデバイスに関する詳細なデータの収集1

　また、この設定は**国単位**（アメリカ合衆国の場合は州）で行うことも可能です。

図 1-2-7　地域とデバイスに関する詳細なデータの収集2

なお、この設定にかかわらず**GA4ではユーザーのIPアドレスは保存・記録され
ません**。

Google アナリティクス 4におけるCookieの利用規制への対応例

前述した「**Cookieの利用規制**」に対応するGA4の機能について紹介します。

▶①複数の情報をもとにユーザーを識別

GA4では下記の3種類の識別子を組み合わせることにより、**従来より高精度で
ユーザーを識別できるようになっています**。

表1-2-1　GA4の識別子

識別子	概要
デバイスID	**ウェブの場合** ユーザーが利用している端末のブラウザごとに発行される、ファーストパーティ Cookieに格納されるID（クライアントID）です。 **アプリの場合** ユーザーが利用している端末にインストールされたアプリごとに、発行されるID（アプリインスタンスID）です。
Googleシグナル[3]	Google アカウントにログインしているユーザーから得られるデータです。 Googleシグナルのデータを利用できる場合、Google アナリティクスはユーザーから収集したデータを、ログイン中のユーザーのGoogle アカウントと関連付けます（ユーザーがGoogle アカウントの設定で「広告のカスタマイズ」をオンにしている場合のみ）。
ユーザー ID[4]	ウェブサイトやアプリで発行される、ユーザーを一意に識別可能な固有のID（会員番号など）です。

**共通のユーザー IDがあれば、ウェブサイトとアプリを回遊しているユーザーの
識別（クロスプラットフォームトラッキング）も可能です**。UAでも**ユーザー ID**や
Googleシグナルは利用可能でしたが、利用できる機能やレポートが限られてお
り、基本的には**デバイスID**をもとにユーザーを識別していました。

---

[3]　Googleシグナルを使用したい場合は、「Chapter5 Google アナリティクス 4の利用を開始する」に記載の手順でGoogleシグナルのデータ収集を有効にする必要があります。

[4]　標準では計測されないため、ユーザー IDを使用したい場合は「Chapter10 ユーザー ID・カスタム定義・コンテンツグル　プの計測設定を行う」に記載の手順で計測設定を追加する必要があります。

図1-2-8 UAとGA4におけるユーザーの計測

■ UAにおけるユーザーの計測

■ GA4におけるユーザーの計測

▶② コンバージョンに貢献した流入元を推定

GA4は「**コンバージョンモデリング**」という機能によって、**過去のコンバージョン率・デバイスの種類・時間帯・地域**などのデータをもとにコンバージョンが発生する見込みを予測します。この予測にもとづいて推定されたコンバージョンと、実際に計測されたコンバージョンの両方を考慮して、流入元ごとのコンバージョンが表1-2-2の「コンバージョンモデリング」適用後の列のように集計されます。

表1-2-2 「コンバージョンモデリング」適用前後の集計イメージ

流入元	「コンバージョンモデリング」適用前	「コンバージョンモデリング」適用後
合計	10	10
Direct	5	3
Paid Search	2	3
Organic Search	2	3
Email	1	1

これにより、**ブラウザによるCookieの利用規制などの影響によって、従来はDirect（≒ユーザーがどこから入ってきたか分からない）に割り当てられていたコンバージョンが、その他の区別可能な流入元に割り当てられるようになる可能性があります**。なお、推定コンバージョンが考慮されるのは、「**コンバージョンモデリング**」用の機械学習モデルの品質に高い信頼性がある場合のみです。機械学習を行うのに十分な量のデータがない場合、**推定コンバージョン**は考慮されません。GA4はこういった手法によって、過剰な予測を避けながら計測できない部分のデータを補います。

1-3 Google アナリティクス 4で計測を行う方法

GA4ではどのようにデータの計測を行うのか、ウェブとアプリそれぞれについて説明します。

ウェブの場合

ウェブページのHTMLに記載されたり、Google タグ マネージャーより配信されたトラッキングコード(JavaScript)を利用してデータを計測します。ほとんどの場合、データはバッチ(ウェブページごとにある程度一括)で送信されます。

図1-3-1 トラッキングコード (JavaScript)によってデータを計測する

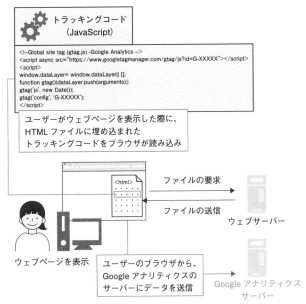

UAでは基本的なトラッキングコードによって標準で計測可能なのはページビューだけでした。一方GA4ではページビューだけでなく、たとえば下記のようなデータも標準で計測できます。

- ウェブページの90%スクロール数
- YouTube動画の再生開始・終了・10%、25%、50%、75% 視聴
- PDFなどのファイルのダウンロード

ただし、本書執筆時点（2022年5月）においてGA4では、**AMP**（Accelerated Mobile Pages）というモバイル端末でウェブページを閲覧した際の表示を高速化する手法によって作成されたページの計測を行う、公式の方法はありません。また UAでは**「analytics.js」**という**JavaScript**のライブラリのトラッキングコードを利用することも可能でしたが、GA4に対応しているのは**「gtag.js」**という**JavaScript** のライブラリのトラッキングコードのみとなっています。なお**CMS**（コンテンツ管理システム）にホストされたウェブサイトの計測を行いたい場合は、実装方法が特殊になるケースがあります。詳細については、下記のヘルプページを参照してください。

 https://support.google.com/analytics/answer/10447272

┃アプリの場合

Google社が提供しているモバイル・ウェブアプリケーション開発プラットフォーム**Firebase**を利用してデータを計測します。**Firebaseには様々なプロダクトがありますが、データの計測（アナリティクス）だけであれば、無料で利用できます**。計測を開始するためには**「Firebase SDK」**を利用して、iOS・Androidそれぞれのアプリのソース上に実装を行う必要があります。

図1-3-2 「Firebase SDK」によってデータを計測する

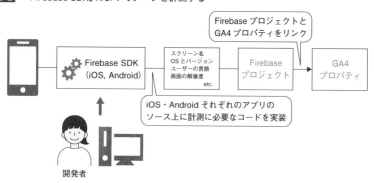

UAでは「Google アナリティクス開発者サービスSDK」を利用して計測を行うことも可能でしたが、GA4では「Firebase SDK」の利用が前提となっています。「Firebase SDK」では基本的にデータは約1時間ごとにバッチで送信されます。これにより、エンドユーザーのデバイスのバッテリーを節約し、ネットワークデータの使用量を削減することが可能となっています。

ユニバーサルアナリティクス（UA）との比較

Google アナリティクスで計測を行う方法をUAとGA4で比較すると、表1-3-1のとおりとなります。

表1-3-1 UA・GA4における計測方法の比較

プラットフォーム	計測を行う方法	トラッキングコードの例	UA	GA4

ウェブ	トラッキングコード（analytics.js）	`<script>`
		`(function(i,s,o,g,r,a,m){i['GoogleAnalyticsObject']=r;i[r]=i[r]||function(){`
		`(i[r].q=i[r].q||[]).push(arguments)},i[r].l=1*new Date();a=s.createElement(o),`
		`m=s.getElementsByTagName(o)[0];a.async=1;a.src=g;m.parentNode.insertBefore(a,m)`
		`})(window,document,'script','https://www.google-analytics.com/analytics.js','ga');`
		
		`ga('create', 'GA_MEASUREMENT_ID', 'auto');`
		`ga('send', 'pageview');`
		`</script>`
			○	×

	トラッキングコード（gtag.js）	`<script async src="https://www.googletagmanager.com/gtag/js?id=GA_MEASUREMENT_ID"></script>`
		`<script>`
		`  window.dataLayer = window.dataLayer || [];`
		`  function gtag(){dataLayer.push(arguments);}`
		`  gtag('js', new Date());`
		
		`  gtag('config', 'GA_MEASUREMENT_ID');`
		`</script>`
			○	○

	Google タグマネージャー	-	○	○
アプリ	Google アナリティクス開発者サービスSDK	-	△※5	×
	Firebase SDK	-	×	○

※5 「Google アナリティクス開発者サービスSDK」の提供は終了していますが、有償版のUAプロパティでのみ計測が継続できる状態となっています。

27

ウェブについてはGoogle タグ マネージャーが導入済みであれば、基本的にサイト側の改修をせずにGA4を導入可能です（Google タグ マネージャーとGA4プロパティの設定作業のみ）。Google タグ マネージャーについては「Chapter6 Google タグ マネージャーの利用を開始する」で説明します。

📊 1-4 Google アナリティクス 4 で計測される データ

GA4ではすべてのデータを「イベント」という形で計測します。つまりUAにおける「ページビュー」もGA4ではイベントの1つとして計測されます。

図1-4-1 Google アナリティクス 4 で計測されるデータ

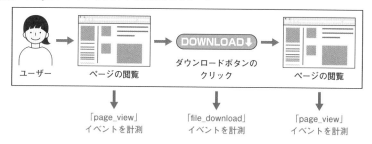

GA4で計測されるイベントは、「イベント名」とそれに紐づく（複数の）「イベントパラメータ」という構造になっています。UAの「イベントカテゴリ」「イベントアクション」「イベントラベル」を縦に持つようなデータの構造から変更されています。

図1-4-2 （例）動画再生の開始を計測するイベントの場合

Google アナリティクス 4におけるイベントの分類

GA4におけるイベントは以下の3種類に分類されます。

▶① 自動的に収集されるイベント

GA4プロパティの管理画面の設定と基本的なタグのみで自動的に計測される、下記のようなイベントです。**「拡張計測機能によるイベント」**も含みます。

- セッションの開始（session_start）
- ページビュー（page_view）
- スクロール（scroll）
- 動画エンゲージメント（video_start, video_progress, video_complete）
- ファイルのダウンロード（file_download）

▶② 推奨イベント

Google社が計測を推奨している下記のようなイベントです。あらかじめ決められたルールに則って、イベント名やイベントパラメータを設定します。

- ログイン（login）
- 購入完了（purchase）

▶③ カスタムイベント

独自に作成するイベントです。**「自動的に収集されるイベント」**や**「推奨イベント」****に該当するものがない場合に使用します。**

個々のイベントの種類の詳細や命名ルールについては「Chapter8　イベントの計測設定を行う」や、下記のヘルプページを参照してください。

 https://support.google.com/analytics/topic/9756175

　計測されたデータはGA4の**レポート画面**で確認できます。ここではレポートの仕組みについて説明します。

「ディメンション」と「指標」

　レポートに表示されるデータは**「ディメンション」**と**「指標」**に分類されます。

図 1-5-1 「ディメンション」と「指標」

ディメンション 🏷️
- ユーザー・セッション（訪問）・イベント・商品の特徴を表すラベル
- ディメンションの例
  - ユーザーの地域・年齢・ブラウザ
  - セッションの参照元（訪問元のウェブサイト）
  - イベントが計測されたページの URL
  - 商品の名前・カテゴリ

指標（メトリクス）✏️
- ユーザー・セッション（訪問）・イベント・商品に関する定量的・数値データ
- 指標の例
  - ユーザーの合計数
  - セッションあたりのイベント数
  - イベントが計測されたページの表示回数
  - 商品の購入数・収益

　ディメンションは**分析軸**、指標は**集計方法**と考えることができ、GA4のレポートにはそれぞれ図1-5-2のように表示されます。

図 1-5-2 「ディメンション」と「指標」の表示

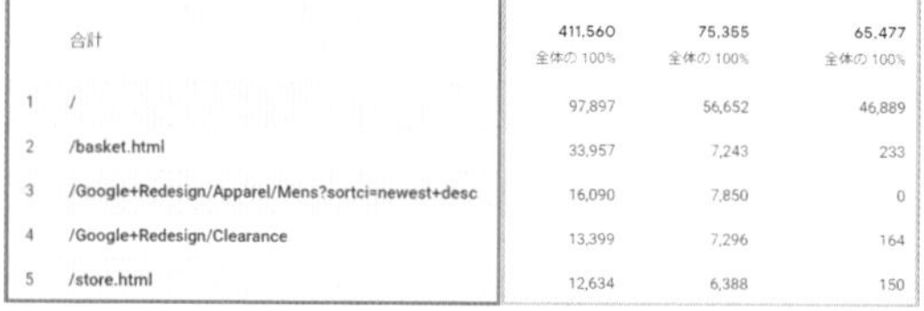

ディメンション		指標		
ページパス + クエリ文字列とスクリーン クラス ▾	+	↓表示回数	ユーザー	新しいユーザー
合計		411,560 全体の 100%	75,355 全体の 100%	65,477 全体の 100%
1 /		97,897	56,652	46,889
2 /basket.html		33,957	7,243	233
3 /Google+Redesign/Apparel/Mens?sortci=newest+desc		16,090	7,850	0
4 /Google+Redesign/Clearance		13,399	7,296	164
5 /store.html		12,634	6,388	150

データのフィルタリングと予備集計

　GA4プロパティには「**データフィルタ**」という機能があり、「**デベロッパートラフィック**」や「**内部トラフィック**」（社員など一般的なユーザー以外のアクセスによるデータ）を集計対象から除外できるようになっています。

図1-5-3　データフィルタの種類

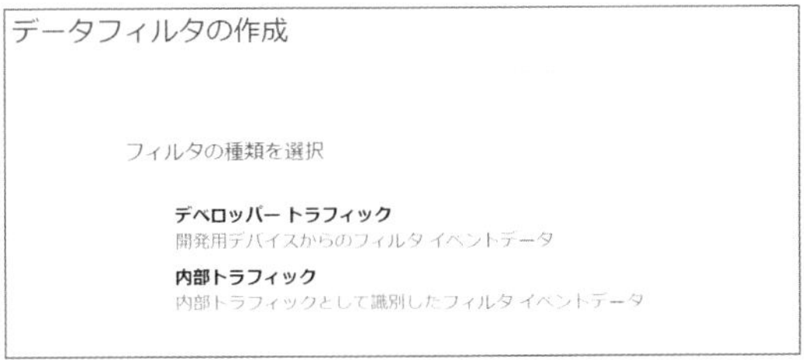

```
データフィルタの作成


    フィルタの種類を選択


    デベロッパー トラフィック
    開発用デバイスからのフィルタ イベントデータ
    内部トラフィック
    内部トラフィックとして識別したフィルタ イベントデータ
```

　また、**既知のボットやスパイダーなどのプログラムのアクセスによるデータは集計対象から自動で除外されます**。GA4の標準レポートにはこれらの処理を施した後のデータを、Google アナリティクスのサーバーで予備集計したものが表示されています。比較的高速にレポートを表示できるのは、この予備集計という工程があるためです。

📊 1-6　Google アナリティクス 4のアカウント構成

　ここからは、GA4のアカウント構成についてケーススタディも交えながら説明します。

「アカウント」「プロパティ」「データストリーム」の概要

　GA4は「**アカウント**」「**プロパティ**」「**データストリーム**」という3つの階層で構成されています。

図 1-6-1 GA4のアカウント構成

▶ **アカウント**

　Google アナリティクスアカウントの最上位階層です（Google アナリティクスへのログイン時に使用する「Google アカウント」とは別物です）。

　アカウントは原則会社ごとに1つとすることを推奨します。

▶ **プロパティ**

　計測されたデータをレポートに表示する階層です。**クロスプラットフォームで**データを扱いたい場合は、ウェブとアプリで共通のプロパティを用意します。

　アプリの計測を行いたい場合、プロパティに**Firebaseプロジェクト**をリンクする必要がありますが、**1つのプロパティに対して複数のFirebaseプロジェクトをリンクすることはできません。また、1つのFirebaseプロジェクトを複数のプロパティにリンクすることも不可です。**プロパティをコピーすることはできませんが、別のアカウントに移動させることは可能です。

▶ **データストリーム**

　データを計測する階層です。ウェブサイトのデータは**「ウェブストリーム」**、アプリのデータは**「アプリストリーム（iOS）」**または**「アプリストリーム（Android）」**で計測します。**GA4ではデータを収集する単位となり、「測定ID（G-XXXXX）」はウェブストリームごとに発行されます**[6]。データストリームはGoogle アナリティクスアカウントの一覧画面には表示されません。**プロパティとデータストリームの関係性は、図1-6-2のようになります。

※6　アプリストリームでは「測定ID（G-XXXXX）」は発行されません。

図 1-6-2 プロパティとデータストリームの関係性

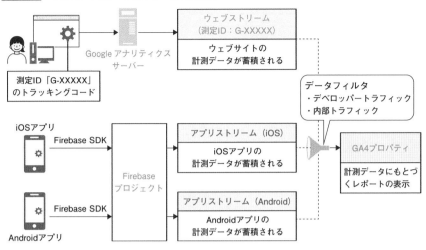

UAとGA4の階層別の役割の違い

UAは「**アカウント**」「**プロパティ**」「**ビュー**」という3つの階層で構成されています。

図 1-6-3　UAのアカウント構成

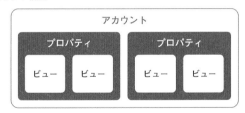

Google アナリティクスアカウントにおける階層別の役割を、UAとGA4で比較すると下記のとおりとなります。

◉ フィルタの設定、データの確認・分析

UAの階層	ビュー
GA4の階層	プロパティ

◉ データの計測

UAの階層	プロパティ
GA4の階層	データストリーム

　データの計測用のIDもUAの「**トラッキングID（UA-XXXXX-X）**」から、GA4では「**測定ID（G-XXXXX）**」に変更されています。

　UAのビューでは必要に応じてデータを絞り込む（例：特定のドメインへのアクセスだけを集計する）といったような柔軟なフィルタの設定が可能でしたが、GA4プロパティにおいて設定可能なフィルタは「**デベロッパートラフィック**」と「**内部トラフィック**」の2種類のみとなります。また、UAのように**ビューを複製して管理を行う（例：本番・開発環境用のビューをそれぞれ作成する、代理店専用のビューを作成する）**ことはできなくなっています。ただし、有償版のGA4を利用している場合は、ビューの代替機能「**サブプロパティ**」を使用することで、同様の対応を行うことが可能となります。サブプロパティの詳細については、下記のヘルプページを参照してください。

 https://support.google.com/analytics/answer/11525732

▶ UAのビューによる集計をできる限りGA4で再現するには

　UAのビューによる集計をできる限り再現したい場合は、まず「**本番環境と開発環境はプロパティを分ける**」という方針で検討を進めるとよいでしょう。

図 1-6-4 GA4のアカウント構成例：本番環境と開発環境はプロパティを分ける

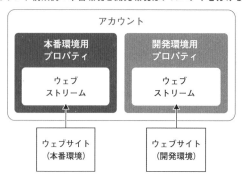

代理店などが閲覧可能なデータの範囲を制限したい場合は、「Chapter15 Google
アナリティクス 4プロパティのデータをデータポータルで可視化する」で紹介する
データポータルのような**データビジュアライズサービス**を使用して、ダッシュボー
ド・レポートを別途作成し、そちらを共有してください。

　上記では不十分だと考えられる場合（初心者が定常的に非定型かつ特定の範囲の
データの深掘りを行う場合など）のみプロパティを複数用意するか、サブプロパ
ティを使用するとよいでしょう。

図1-6-5　GA4のアカウント構成例：プロパティを複数用意する

Google アナリティクス 4のアカウント構成を検討する

　**GA4を有効に活用するためには、レポートを利用する会社や計測するウェブサ
イト・モバイルアプリに応じた構成を検討する必要があります。** そこで、下記の
ウェブサイトと**モバイルアプリ**を運用している**「XXX会社」**を題材として、GA4の
アカウント構成例について説明します。

●**XXX会社で運用しているウェブサイトとモバイルアプリ**

①コーポレートサイト（www.example.com）
②（コーポレートサイト内の）サイト内検索機能（search.example.com）
③ECサイト（ec.example.com）
④ECサイトと同等の機能を提供しているモバイルアプリ

▶アカウント

　Google アナリティクスの**アカウント**は「XXX会社」用に1つ作成すればよいで
しょう。

図 1-6-6 GA4のアカウント構成例：アカウント

「XXX 会社」用アカウント

▶プロパティ

「①コーポレートサイト」と「②サイト内検索機能」は**サブドメイン**が異なります
が、同じコーポレートサイトとして扱うべきなので1つのプロパティで計測し、
「③ECサイト」は目的や利用者が異なるため別の**プロパティ**で計測します。

「④ECサイトと同等の機能を提供しているモバイルアプリ」と「③ECサイト」は
利用者の行動を**クロスプラットフォーム**で計測したいかどうかなどによって**プロパ
ティ**を分けるかどうかの判断が分かれます。

図 1-6-7 GA4のアカウント構成例：プロパティ

■ ③④でプロパティを分ける場合

■ ③④でプロパティを分けない場合

プロパティを分けるパターンと分けないパターンのメリット・デメリットは
表1-6-1のとおりです。

表1-6-1　メリット・デメリット

パターン	メリット	デメリット
③ECサイトと④モバイルアプリでプロパティを分ける場合	③と④を個別に分析しやすい	③と④を横断した分析やデータの活用を行うことが難しい
③ECサイトと④モバイルアプリでプロパティを分けない場合	③と④を横断した分析やデータの活用が可能となる	③と④を個別に分析しづらい

　ここでは「**横断した分析やデータの活用が可能となる**」点を重視し、③と④は同一の**プロパティ**で計測することにします。

▶データストリーム

　①②用の**プロパティ**と③④用の**プロパティ**には1つずつ**ウェブストリーム**を作成します。また③④用の**プロパティ**には**iOS・Android**それぞれのデータを計測するための**アプリストリーム**を1つずつ用意します。

図1-6-8　GA4のアカウント構成例：データストリーム

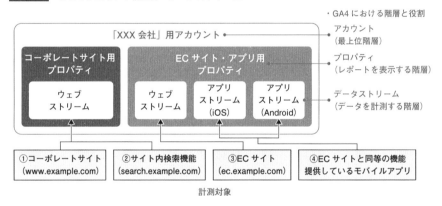

　なお、**1つのウェブサイトを複数のウェブストリームで計測することは可能ですが、1つのiOSまたはAndroidアプリを複数のアプリストリームで計測することは不可です。**ただし、有償版の**GA4プロパティ**を利用している場合は、「**統合プロパティ**」という機能によって1つの**iOS**または**Android**アプリのデータを複数のプロパティで確認できるようにすることも可能です。詳細については、下記のヘルプページを参照してください。

https://support.google.com/analytics/answer/11526039

Memo

Google アナリティクス 4の
レポートを確認する

Google アナリティクス 4には、計測されたデータを確認するための標準レポートが複数用意されています。それらのレポートを確認することで、ユーザーの属性・環境やライフサイクル(ユーザー獲得から維持に至るまでのユーザーの行動全体) に関する分析を行うことができます。本章では各種標準レポートとその関連機能について解説していきます。

○━ keyword

- レポート
- エンゲージメント
- データの比較・共有
- キャンペーンパラメータ
- セカンダリディメンション
  とフィルタ
- レポートとレポートナビゲーション
  のカスタマイズ

2-1 Google アナリティクス 4のレポートの概要

本節ではGoogle アナリティクス 4で利用できる各種標準レポートの見方や種類について概要を説明します。

各種レポートにアクセスする

計測されたデータは「レポート」画面上で確認できます。GA4プロパティの「レポート」画面には、ナビゲーションメニューからアクセスします。まずは、**「ホーム」**画面に移動しましょう。ナビゲーションメニュー❶をクリックし、**「アナリティクスアカウント」**❷を選択します。「プロパティとアプリ」からGA4プロパティ❸を選択し、**「ホーム」**画面に移動してください。図2-1-1のとおり「プロパティとアプリ」列には各プロパティの**「プロパティ名」**と**「プロパティ ID」**が表示されますが、「プロパティ ID」が**「UA」**からはじまらないものはGA4プロパティ、**「UA」**からはじまるものはUAプロパティと見分けがつくようになっています。

図 2-1-1 ナビゲーションメニューから GA4プロパティの「ホーム」画面にアクセスする

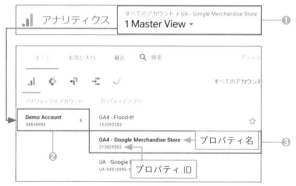

たとえば図2-1-1にあるGA4プロパティ**「GA4 - Google Merchandise Store」**を選択すると、図2-1-2のような**「ホーム」**画面が表示されます。

図2-1-2 「ホーム」画面

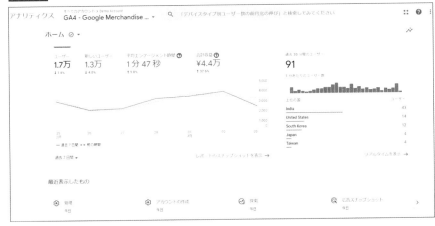

　「ホーム」画面では計測しているウェブサイトやモバイルアプリの概況や、頻繁に閲覧しているカードなどが確認できます。その他の各種レポートには、左ナビゲーションメニューの**「レポート」**からアクセスできます。

図2-1-3 各種レポートにアクセスする

　GA4プロパティに標準で用意されているレポートの概要は図2-1-4のとおりです。

図 2-1-4 標準で用意されているレポートの概要

No.	レポート	概要
❶	レポートのスナップショット	主要なデータの概況をダッシュボードの形式で確認できます。
❷	リアルタイム	ウェブサイトやアプリで発生したユーザーの行動をリアルタイムでモニタリングできます。
❸	ユーザー属性	ウェブサイトやアプリを利用しているユーザーの属性（国・地域・年齢・性別など）を軸にデータを確認するためのレポート群です。
❹	テクノロジー	ウェブサイトやアプリを利用しているユーザーの環境（ブラウザ・デバイスカテゴリなど）を軸にデータを確認するためのレポート群です。
❺	集客	ウェブサイトやアプリへのユーザーの流入経路を軸にデータを確認するためのレポート群です
❻	エンゲージメント	イベント・コンバージョン・ページとスクリーン別のユーザーエンゲージメントを確認するためのレポート群です。
❼	収益化	ウェブサイトまたはアプリで獲得した購入による収益・定期購入による収益・広告収益や、ユーザーの購入行動を確認するためのレポート群です。
❽	維持率	ユーザーの維持率やライフタイムバリューを確認するためのレポートです。

ナビゲーションメニュー:
- ❶ レポートのスナップショット
- ❷ リアルタイム
- ユーザー
- ❸ ユーザー属性
- ❹ テクノロジー
- ライフサイクル
- ❺ 集客
- ❻ エンゲージメント
- ❼ 収益化
- ❽ 維持率

　「リアルタイム」以外のレポートでは、データが計測されてからレポート上で正確なデータが確認できるようになるまでに、24時間以上かかる場合がある点に注意してください。デモアカウントではレポートのナビゲーションメニューが一部異なりますが、本書では分かりやすいよう標準的なナビゲーションメニューに合わせて画面キャプチャを加工しています。

2-2　主要な個々のレポートの詳細と共通機能

　ここからは主要な個々のレポートと共通機能について紹介します。

「レポートのスナップショット」で概況を確認する

　「レポートのスナップショット」では、様々なデータの概況がカード形式で表示されます。

図 2-2-1　レポートのスナップショット

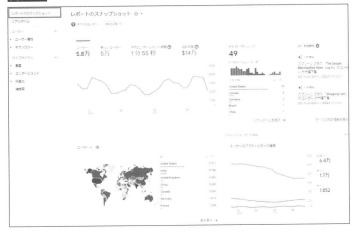

　GA4 には「エンゲージメント」という考え方が導入されており、標準では下記のようなセッション（ユーザーによる訪問）がエンゲージメントのあったセッションとして認識されます。

- 10秒を超えて継続したセッション
- コンバージョンイベントが発生したセッション
- 2回以上のページビューもしくはスクリーンビューが発生したセッション

　「レポートのスナップショット」をはじめとするレポートには、このエンゲージメントという考え方にもとづく「平均エンゲージメント時間」という指標が表示されます。「平均エンゲージメント時間」は、ユーザーエンゲージメント[1]の合計時間をアクティブユーザー数で割った値で計算されます。

図 2-2-2　平均エンゲージメント時間

ユーザー	新しいユーザー	平均エンゲージメント時間 ②	合計収益 ②
5.8万	5万	1分 55秒	$14万

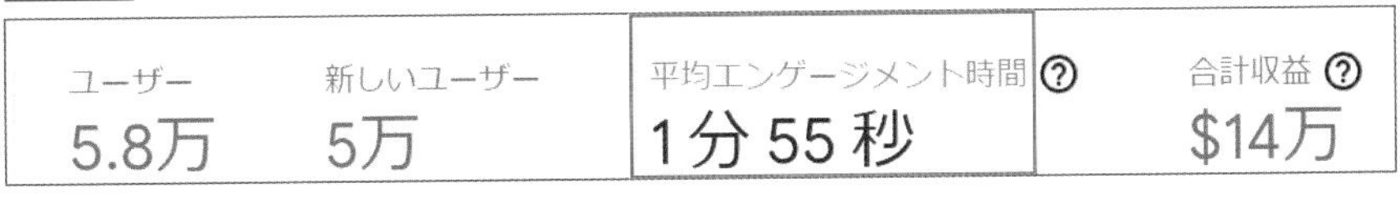

※1　アプリがフォアグラウンドで動作している時間、またはウェブページがフォーカスされている時間の長さです。

下記❶、❷いずれかの条件を満たしたユーザーが、**アクティブユーザー**として認識されます。

◉**アクティブユーザーとして認識される条件**

❶エンゲージメントのあったセッションを発生させたユーザー	❷下記のいずれかのデータが収集されたユーザー ・ウェブサイトの「first_visit」イベントまたは「engagement_time_msec」パラメータ ・Androidアプリの「first_open」イベントまたは「engagement_time_msec」パラメータ ・iOSアプリの「first_open」イベントまたは「user_engagement」イベント

　UAでは総ユーザー数が重視されていましたが、GA4ではアクティブユーザー数が重視されています。GA4の標準レポート上に表示される「ユーザー」の数は、基本的に「総ユーザー数」ではなく「アクティブユーザー数」となっている点に注意してください[2]。

図**2-2-3**　指標：ユーザー

アクティブユーザーの合計数

　なお「レポート用識別子」として「ユーザー ID」または「Googleシグナル」が使用されている場合、UAでは一人のユーザーとして計測できていなかったユーザーが、GA4では一人のユーザーとして計測できるようになる場合があります[3]。

※2　「Chapter4 Google アナリティクス 4の『データ探索ツール』でデータを詳細に分析する」で説明する「データ探索ツール」においては、それぞれ「総ユーザー数」と「アクティブユーザー数」という指標名で見分けがつくようになっています。

※3　「レポート用識別子」の詳細については「Chapter5 Google アナリティクス 4の利用を開始する」を参照してください。

図2-2-4　UAとGA4における計測の違い

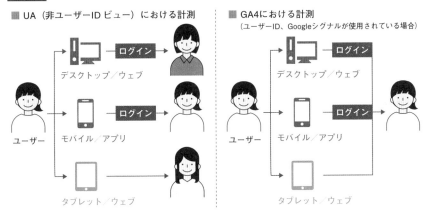

■ UA（非ユーザーIDビュー）における計測　■ GA4における計測
（ユーザーID、Googleシグナルが使用されている場合）

以上の仕様差により、**UAと比較するとレポート上で確認できる「ユーザー」の合計数が減少する可能性があります**。また「セッション」という指標についても注意が必要です。GA4では**「ウェブ：ウェブページが開かれたとき」「アプリ：フォアグラウンドで開かれたとき」**にセッションが開始しますが、UAと比較するとセッションの区切りが表2-2-1のように異なっています。

表2-2-1　UAとGA4におけるセッション区切りの違い

セッションの区切り	UA	GA4
ユーザーが30分間操作を行わなかった場合	○	○
日付が変わった（深夜0時をまたいだ）場合	○	×
流入元が変化した場合	○	×

　表2-2-1のとおりGA4では日付や流入元が変わってもセッションが終了しないため、**UAと比較すると「セッション」の合計数が減少する可能性があります**。
　レポートの説明に戻ります。「レポートのスナップショット」に表示されるいずれかのカード上にある**「イベントを表示」**を押下すると、図2-2-5のように詳細を確認するためのレポートに遷移します。

図 2-2-5 カード上にある「イベント表示」をクリックする

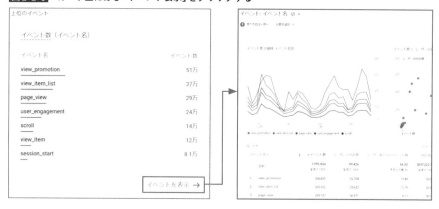

　カード上に表示されている数値に急激な変化が生じている場合は、詳細を確認してその原因を調査するようにしましょう。なお「Insights」というカードにあるいずれかの「分析情報」を押下すると、GA4の機械学習によってデータに異常な変化や新たな傾向があると検出された情報が確認できます。

図 2-2-6 「Insights」カードから「分析情報」を確認する

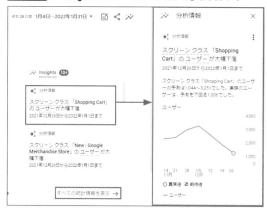

　同カード上にある「すべての統計情報を表示」を押下すると、こうした分析情報の一覧が確認できます。プロパティの「**編集者**」権限を所有しているユーザーは、図2-2-7のように、同画面にある「作成」ボタン❶からカスタムインサイトを作成することも可能です。「**ゼロから作成**」箇所にある「**新規作成**」❷を押下すると、図2-2-8のような任意のカスタムインサイトの作成画面が表示されます。

図 2-2-7　カスタムインサイトを作成する

図 2-2-8　カスタムインサイトの条件

❶「評価の頻度」を「時間単位（ウェブの み）」「日別」「週別」「月別」から選択で きます。

❷任意のセグメントを選択可能です。

❸「指標」箇所では「1日の合計ユーザー 数」「コンバージョン」「セッション」 「購入による収益」などの複数の指標 が選択できます。また「条件」箇所で は下記の条件が選択可能です。
・異常値があります
・次の値以下
・次の値以上
・次の値から％上昇
・次の値から％低下
・% change is more than

❹任意のカスタムインサイト名を入力 してください。

同画面から**メールの通知設定**も可能となっているので、必要に応じて設定してください。

図 2-2-9 メールの通知設定を行う

　「レポートのスナップショット」画面に戻ります。**レポートには標準で過去28日間のデータが表示されますが、レポート画面右上に表示されている日付を選択すると、データを集計・表示する期間を変更できます。**

図 2-2-10 レポートの集計・表示期間を変更する

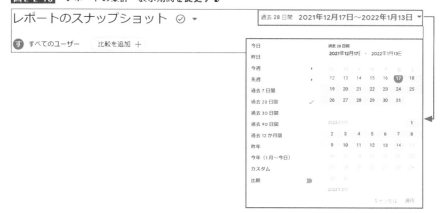

　カレンダー上にある「比較」のトグルをオンにして別の期間を選択すると、2つの期間のデータを比較することも可能となります。**前年同月比などを確認する際に活用してください。**

図 2-2-11 2つの期間のデータを比較する

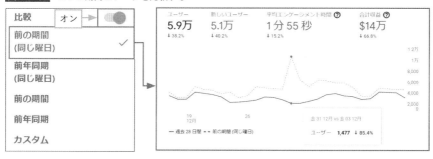

　また、各種レポートはレポート画面右上の**「このレポートの共有」**アイコンより他のユーザーに共有できます。**「リンクを共有」**を押下すると、このレポートにアクセスするための**URL**が発行されるので、そちらの**URL**をメールなどで共有してください。

図 2-2-12 レポートを共有する

図 2-2-13 リンクを共有する

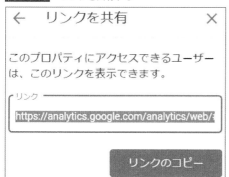

一方「ファイルをダウンロード」を押下すると、**PDF／CSV形式**でレポートファイルをダウンロードできます。そちらのファイルも必要に応じてメールなどで共有してください。

図 2-2-14　レポートをダウンロードする

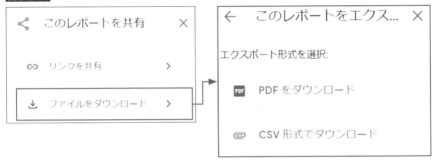

「リアルタイム」レポートでユーザーの行動をモニタリングする

「リアルタイム」レポートでは、ウェブサイトやアプリで発生したユーザーの行動をリアルタイムでモニタリングできます。**ブログやソーシャルメディアでの投稿などによる瞬間的な効果や、ウェブサイトやアプリのコンテンツ追加・変更による影響などをモニタリングする際に使用してください。**

図 2-2-15　「リアルタイム」レポート

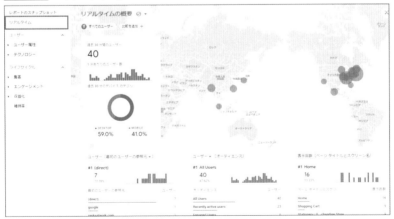

　レポートに表示されるデータの対象は標準では**「すべてのユーザー」**となりますが、**「比較」**機能を利用することで、特定のユーザーに関するデータ（例：「デバイス カテゴリ：mobile」を利用しているユーザー）だけに絞り込んで比較・分析できるようになります。ユーザーセグメントごとのデータを抽出・比較したい場合は、**「比較を追加＋」❶**かレポート画面右上の**「比較データを編集」アイコン❷**を押下してください。たとえば**「比較を追加＋」❶**を押下すると、レポート画面右に図2-2-17のような比較の作成を行うエリアが表示されます。

図2-2-16　「比較を追加＋」か「比較データを編集」アイコンを押下する

　比較の作成画面では「含む」または「除外」❶を選択して、「ディメンションを選択してください」❷に条件を入力してください。たとえば「『デバイス カテゴリ：mobile』を利用しているユーザー」を抽出する設定は図2-2-17のとおりです。設定できたら「適用」❸を押下しましょう。

図2-2-17　比較の作成を行う

　図2-2-18のとおり**「すべてのユーザー」**と**「『デバイス カテゴリ：mobile』を利用しているユーザー」**のデータを抽出・比較できるようになりました。

図 2-2-18 比較を追加した状態のレポート

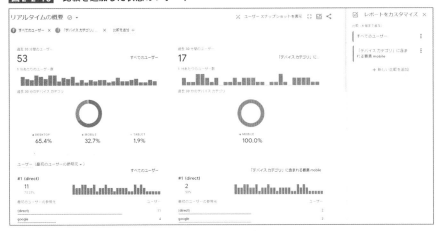

　「比較」は同時に4つまで追加可能ですが、追加した「比較」を保存して後日分析する際に再利用することはできません。もし比較に使用したいディメンションが表示されない場合は、「Chapter10　ユーザー ID・カスタム定義・コンテンツグループの計測設定を行う」を参考にそのディメンションをカスタムディメンションとして設定してください。

　なお「リアルタイム」レポート画面右上の「ユーザースナップショットを表示」を押下すると、ランダムな一人のユーザーの行動などの情報も確認可能となっています。

図 2-2-19 ユーザースナップショットを表示する

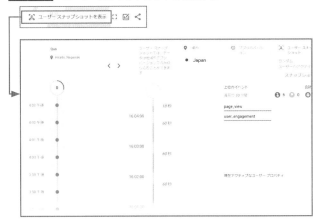

ユーザーの属性や環境に関する分析を行う

「**ユーザー**」配下のレポートでは、ユーザーの属性や環境に関する分析を行うことができます。

▶「**ユーザー属性の詳細**」レポートでユーザーの属性ごとの集計結果を確認する

「**ユーザー→ユーザー属性→ユーザー属性の詳細**」レポートでは、ユーザーがウェブサイトにアクセスした際の「**国**」などの**ユーザー属性**ごとの集計結果を確認できます。

図 2-2-20 「ユーザー→ユーザー属性→ユーザー属性の詳細」レポート

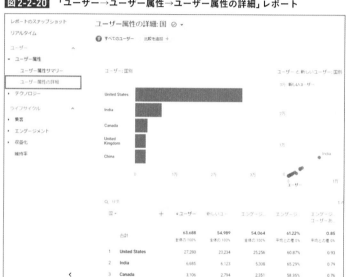

表示するディメンションは「**国▼**」部分のプルダウンから変更可能です。

図 2-2-21 ディメンションを変更する

それぞれのディメンションの概要は表2-2-2のとおりです。

表 2-2-2 「ユーザー属性の詳細」レポートで使用可能なディメンション

ディメンション名	概要	例
国	ユーザーアクションが発生した国	Japan
地域	ユーザーアクションが発生した地域	Tokyo
市区町村	ユーザーアクションが発生した都市	Minato City
言語	ユーザーがブラウザまたはデバイスで設定している言語名	Japanese
年齢	ユーザーの年齢層	25-34
性別	ユーザーの性別	male
インタレストカテゴリ	ユーザーの興味や関心（アート、エンターテイメント、ゲーム、スポーツなど）	Media & Entertainment/Movie Lovers

日本国内向けのウェブサイトであれば、「国」ではなく「地域」や「市区町村」ごとのデータを確認するとよいでしょう。ただし「国」「地域」「市区町村」のデータは、ユーザーのIPアドレスをもとに取得されており、必ずしも精度が高いデータというわけではない点に留意してください。また「年齢」「性別」「インタレストカテゴリ」を確認するためには、「Chapter5 Google アナリティクス 4の利用を開始する」に記載の手順でGoogleシグナルのデータ収集を有効にする必要があります (p.179)。

「年齢」「性別」「インタレストカテゴリ」も、ユーザーが閲覧したウェブサイトな

どの情報をもとに取得されるデータとなっているため、あくまで参考値として利用してください。

▶**「ユーザーの環境の詳細」レポートでユーザーの環境ごとの集計結果を確認する**

「ユーザー→テクノロジー→ユーザーの環境の詳細」レポートでは、ユーザーがウェブサイトにアクセスした際に利用していた**「ブラウザ」**などのユーザーの環境ごとの集計結果を確認できます。

図2-2-22 「ユーザー→テクノロジー→ユーザーの環境の詳細」レポート

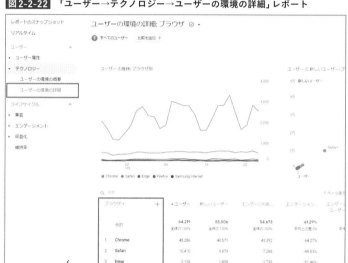

表示するディメンションは**「ブラウザ▼」**部分のプルダウンから表2-2-3のディメンションに変更できます。

表2-2-3 「ユーザーの環境の詳細」レポートで使用可能なディメンション

ディメンション名	概要	例
ブラウザ	ユーザーアクションが発生したブラウザ	Chrome
デバイスカテゴリ	デバイスの種類(パソコン、タブレット、モバイル、スマートテレビ)	mobile
デバイスモデル	モバイルデバイスのモデル	iPhone
画面の解像度	サイトまたはアプリの操作に使用した画面の解像度	1920x1080
アプリのバージョン	アプリの versionName (Android)またはバンドルのバージョン(iOS)	2.65

ディメンション名	概要	例
プラットフォーム	ウェブサイトまたはモバイルアプリが実行されたプラットフォーム（ウェブ、iOS、Android など）	web
OS のバージョン	ウェブサイトまたはモバイルアプリのユーザーが使用したオペレーティングシステムのバージョン	10
プラットフォーム / デバイス カテゴリ	ウェブサイトまたはモバイルアプリが実行されたプラットフォームとデバイスカテゴリ	web / desktop
オペレーティングシステム	ウェブサイトまたはモバイルアプリのユーザーが使用したオペレーティングシステム	Windows
OS とバージョン	ウェブサイトまたはモバイルアプリのユーザーが使用したオペレーティングシステムとバージョン	Windows 10

　レポート上に表示される**「エンゲージメント率」**は、「エンゲージメントのあったセッション数」をセッション数で割った値となります。UAでは**「直帰率」**という**「1ページのみ閲覧したセッション数」**をセッション数で割った指標が確認できました。GA4においても、後述するレポートのカスタマイズ機能（p.75）や、次章で紹介する「データ探索ツール」を使用すれば**「直帰率」**という指標は確認できますが、その計算式は**「(セッション数-エンゲージメントのあったセッション数)÷セッション数」**となっています。つまり「エンゲージメント率」の真逆の意味となる指標となっており、UAとは定義が異なる点に注意してください。

┃ ユーザーのライフサイクルに関する分析を行う

　「ライフサイクル」配下のレポートでは、ユーザーのライフサイクル（ユーザー獲得から維持に至るまでのユーザーの行動全体）に関する分析を行うことができます。

▶「ユーザー獲得」レポートでユーザーの初回流入元ごとの集計結果を確認する

　「ライフサイクル→集客→ユーザー獲得」レポートでは、ユーザーがはじめてウェブサイトにアクセスした際の**「デフォルトチャネルグループ」**などの流入元ごとの集計結果を確認できます。**ユーザーの獲得〜コンバージョンについて、起点となる流入元を把握するために利用しましょう。**

図2-2-23 「ライフサイクル→集客→ユーザー獲得」レポート

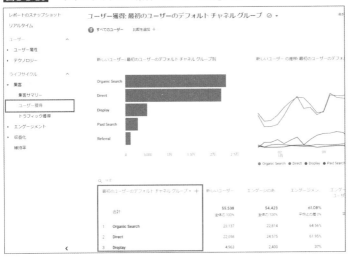

　GA4の代表的な「**デフォルトチャネルグループ**」は表2-2-4のとおりとなってお
り、「**Mobile Push Notifications**」(モバイルのプッシュ通知) などUAより種類が増
えています。

表2-2-4 GA4の代表的な「デフォルトチャネルグループ」

デフォルトチャネル グループ	日本語名	概要
Direct	ノーリファラー	アドレスバーへの URL 入力や、ブックマークから ウェブサイトにアクセスしたトラフィック
Cross-network	クロスネットワーク	「キャンペーン」に「cross-network」が含まれるトラ フィック
Paid Shopping	有料ショッピング	ショッピング広告をクリックしてウェブサイトにア クセスしたトラフィック
Paid Search	有料検索	検索連動型広告をクリックしてウェブサイトにアク セスしたトラフィック
Paid Social	有料ソーシャル	ソーシャルメディアの広告をクリックしてウェブサ イトにアクセスしたトラフィック
Paid Video	有料動画	動画広告をクリックしてウェブサイトにアクセスし たトラフィック
Display	ディスプレイ	バナー広告をクリックしてウェブサイトにアクセス したトラフィック
Organic Shopping	オーガニックショッピング	ショッピングサイトからのトラフィック
Organic Social	オーガニックソーシャル	ソーシャルメディアの投稿をクリックしてウェブサ イトにアクセスしたトラフィック

デフォルトチャネルグループ	日本語名	概要
Organic Video	オーガニック動画	動画サイトからのトラフィック
Organic Search	オーガニック検索	Google 検索や Yahoo!検索などの検索エンジンからのトラフィック
Email	メール	メールの文中からのトラフィック
Affiliates	アフィリエイト	アフィリエイト広告をクリックしてウェブサイトにアクセスしたトラフィック
Referral	参照	自社サイト以外のウェブサイトからのトラフィック
Audio	オーディオ	「メディア」が「audio」に該当するトラフィック
SMS	SMS	SMS からのトラフィック
Mobile Push Notifications	モバイルのプッシュ通知	プッシュ通知からのトラフィック

　また、それぞれの「**デフォルトチャネルグループ**」は表2-2-5のように流入元が定義されており、一致する定義がない流入元は「**Unassigned**」に振り分けられます。

表2-2-5 「デフォルトチャネルグループ」の流入元

デフォルトチャネルグループ	定義
Direct	参照元：完全一致：direct AND メディア：「(not set)」または「(none)」
Cross-network	キャンペーン：含む：cross-network
Paid Shopping	参照元：ショッピングサイトのリストに一致 OR キャンペーン：正規表現に一致：^(.*(([^a-df-z]|^)shop|shopping).*)$) AND メディア：正規表現に一致：^(.*cp.*\|ppc\|paid.*)$
Paid Search	参照元：検索サイトのリストに一致 AND メディア：正規表現に一致：^(.*cp.*|ppc|paid.*)$
Paid Social	参照元：ソーシャルサイトのリストに一致 AND メディア：正規表現に一致：^(.*cp.*|ppc|paid.*)$
Paid Video	参照元：動画サイトのリストに一致 AND メディア：正規表現に一致：^(.*cp.*|ppc|paid.*)$
Display	メディア：「display」「banner」「expandable」「interstitial」「cpm」のいずれか
Organic Shopping	参照元：ショッピング サイトのリストに一致 OR キャンペーン：正規表現に一致：^(.*(([^a-df-z]|^)shop|shopping).*)$
Organic Social	参照元：ソーシャルサイトの正規表現リストに一致 OR メディア：「social」「social-network」「social-media」「sm」「social network」「social media」のいずれか

デフォルトチャネル グループ	定義
Organic Video	参照元：動画サイトのリストに一致 OR メディア：正規表現に一致：^(.*video.*)$
Organic Search	参照元：検索サイトのリストに一致 OR メディア：完全一致：organic
Email	参照元：「email」「e-mail」「e_mail」「e mail」のいずれか OR メディア：「email」「e-mail」「e_mail」「e mail」のいずれか
Affiliates	メディア：完全一致：affiliate
Referral	メディア：完全一致：referral
Audio	メディア：完全一致：Audio
SMS	メディア：完全一致：sms
Mobile Push Notifications	メディア：末尾が「push」 OR メディア：「mobile」または「notification」が含まれる

「**デフォルトチャネルグループ**」の定義の詳細については、下記のヘルプページ
を参照してください。

https://support.google.com/analytics/answer/9756891

　表示するディメンションは図2-2-23の「**最初のユーザーのデフォルトチャネルグ
ループ▼**」部分のプルダウンから、表2-2-6のディメンションに変更できます。

表2-2-6　「ユーザー獲得」レポートで使用可能なディメンション

ディメンション名	概要	例
最初のユーザーのデフォルトチャネル グループ	ユーザーを最初に獲得したデフォルト チャネルグループ	Organic Search
最初のユーザーのメディア	ユーザーを最初に獲得したメディア	organic
最初のユーザーの参照元	ユーザーを最初に獲得した参照元	google
最初のユーザーの参照元プラット フォーム	ユーザーを最初に獲得した参照元プラッ トフォーム	Manual
最初のユーザーのキャンペーン	ユーザーを最初に獲得したキャンペーン	MIX | Txt ~ AW - YouTube
最初のユーザーのGoogle 広告の広告 ネットワークタイプ	ユーザーを最初に獲得した広告ネット ワーク	Google Display Network
最初のユーザーのGoogle 広告の広告グ ループ名	ユーザーを最初に獲得した広告グループ名	AW - YouTube Brand

「最初のユーザーのデフォルトチャネルグループ」ごとの集計結果について気になる点があった場合は、**「最初のユーザーの参照元」「最初のユーザーのメディア」**
「最初のユーザーのキャンペーン」など、より細かい粒度のデータが確認できるディメンションに切り替えて深掘りするようにしましょう。

なお、Google アナリティクスには**「キャンペーンパラメータ」**というユーザーの流入元を識別するための特別なクエリパラメータが用意されています。ユーザーを自社サイトに誘導するURLにキャンペーンパラメータを付加すると、**「セッションの参照元」「セッションのメディア」**などのディメンションで任意の流入元情報が計測できるようになります。

◉キャンペーンパラメーターの設定例

```
https://www.example.com/?utm_source=mailmagazine&utm_medium=email&utm_
campaign=20220127_summer-sale&utm_term=fashion&utm_content=toplink
```

表2-2-7 各キャンペーンパラメーターの概要

キャンペーンパラメータ	対応するディメンション (例)	仕様	計測値 (例)
utm_source	セッションの参照元	必須	mailmagazine
utm_medium	セッションのメディア	必須	email
utm_campaign	セッションのキャンペーン	省略可	20220127_summer-sale
utm_term	セッションの手動キーワード	省略可	fashion
utm_content	セッションの手動広告コンテンツ	省略可	toplink

各キャンペーンパラメータの値は、前出のページで紹介した「デフォルトチャネルグループ」の定義にしたがって設定するようにしましょう。たとえばメルマガ用のキャンペーンパラメータの**「utm_medium」**を**「mail」**にすると、計測される**「デフォルトチャネルグループ」**が**「Email」**ではなく**「Unassigned」**になってしまいます。そのためメルマガ用のキャンペーンパラメータには、以下のような値を設定してください[4]。

- utm_source：mailmagazine（任意値）
- utm_medium：email（固定値）
- utm_campaign：20220127_summer-sale（任意値）
- utm_term：fashion（任意値）
- utm_content：toplink（任意値）

また、混乱を招くことがないようキャンペーンパラメータの命名ルールは、関係者各位で事前に取り決めておくことをおすすめします。

▶「トラフィック獲得」レポートでセッションごとの流入元にかかわる集計結果を確認する

「ライフサイクル→集客→トラフィック獲得」レポートでは、ユーザーのセッションごとの流入元「セッションのデフォルトチャネルグループ」にかかわる集計結果を確認できます。**このレポートはUAにおける「集客」配下のレポートに相当します。**

図2-2-24 「ライフサイクル→集客→トラフィック獲得」レポート

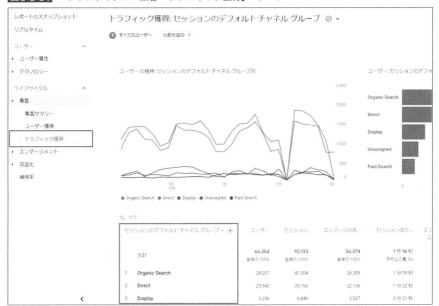

表示するディメンションは「セッションのデフォルトチャネルグループ▼」部分のプルダウンから表2-2-8のディメンションに変更できます。

※4 キャンペーンパラメータに数値のみ設定(例:utm_campaign=20220127)すると上手く計測されない場合があるため、必ず文字列も含めるようにしてください。

表2-2-8 「トラフィック獲得」レポートで使用可能なディメンション

ディメンション名	概要	例
セッションのデフォルトチャネルグループ	ユーザーのセッションを獲得したデフォルトチャネルグループ	Organic Search
セッションメディア	ユーザーのセッションを獲得したメディア	organic
セッションソース	ユーザーのセッションを獲得した参照元	google
セッションの参照元プラットフォーム	ユーザーのセッションを獲得した参照元プラットフォーム	Manual
セッションキャンペーン	ユーザーのセッションを獲得したキャンペーン	MIX｜Txt ~ AW - YouTube

　「セッションのデフォルトチャネルグループ」ごとの集計結果について気になる点があった場合は、**「セッションソース」「セッションメディア」「セッションキャンペーン」**など、より細かい粒度のデータが確認できるディメンションに切り替えて深掘りするようにしましょう。なお、表部分に表示される指標**「イベント数」**や**「コンバージョン」**の対象となるイベントやコンバージョンイベントはプルダウンから絞り込むことができます。

図2-2-25 プルダウンからイベントを絞り込む

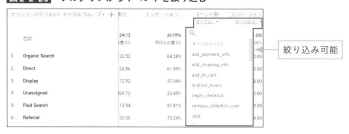

　標準では全イベント・コンバージョンイベントが対象となりますので、必要に応じてデータを絞り込むようにしてください。また、図2-2-26のディメンションの右にある「＋」ボタンよりレポートに**「セカンダリディメンション」**を追加することで、2つのディメンションをかけ合わせて集計したデータを表示できます。かけ合わせたい**「セカンダリディメンション」**は図2-2-26右のパネルから選ぶことができます。

図2-2-26 「セカンダリディメンション」を追加する

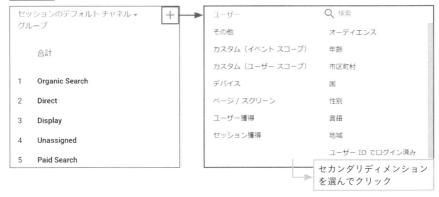

　たとえばセカンダリディメンションに「**セッション獲得→セッション参照元また はメディア**」を追加すると図2-2-27のように、「セッションのデフォルトチャネルグ ループ」の横にセカンダリディメンションが追加されます。

図2-2-27 「セカンダリディメンション」を追加した状態のレポート

セッションのデフォルト ▾ チャネル グループ	セッション参照元またはメ... ▾ ✕	ユーザー	セッション
合計		66,354 全体の100%	92,133 全体の100%
1 Direct	(direct) / (none)	25,540	35,766
2 Organic Search	google / organic	23,830	34,603
3 Display	google / cpc	5,256	6,849
4 Unassigned	(not set) / (not set)	3,751	145
5 Paid Search	google / cpc	2,880	3,231
6 Organic Search	analytics.google.com / referral	2,089	3,134
7 Organic Search	baidu / organic	1,708	1,758
8 Organic Video	youtube.com / referral	854	990
9 Referral	art-analytics.appspot.com / referral	734	1,356
10 Organic Search	bing / organic	321	502

　3つ以上のディメンションをかけ合わせて分析を行いたい場合は「**データ探索ツー ル**」（p.100）の利用が必要になりますが、2つのディメンションをかけ合わせてデー タを確認したい場合は「**＋**」ボタンも使用してみてください。なお、行数が多くて 目的のデータを分析しづらい場合は、「**検索**」**ボックス**からレポートに「フィルタ」 をかけることで、表示データを絞り込むことができます。

図2-2-28 表示されるデータをフィルタリングする

検索

	セッションのデフォルトチャネルグループ	セッション参照元また...	ユーザー
	合計		66,354 全体の 100%
1	Direct	(direct) / (none)	25,540

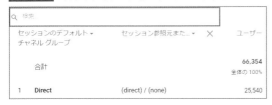

セカンダリディメンションにも同様の検索ボックスからフィルタを適用できますが、一致条件は「含む」となっており「正規表現」などは使えません。

図2-2-29は**「ライフサイクル→集客→トラフィック獲得」レポート**で、**「referral」**という文字列を含む行だけを絞り込むフィルタを適用した際の例です。

図2-2-29 フィルタに「referral」を適用

referral　　1ページあたりの行数: 10　移動: 1

	セッションのデフォルトチャネルグループ	セッション参照元また...	ユーザー	セッション	エンゲージのあ...	セッションあた...
	合計		5,962 全体の 8.99%	8,717 全体の 9.46%	5,773 全体の 10.24%	1分12秒 平均より 1.94% 低い
1	Organic Search	analytics.google.com / referral	2,089	3,134	1,896	0分33秒
2	Organic Video	youtube.com / referral	854	990	609	0分48秒
3	Referral	art-analytics.appspot.com / referral	734	1,356	1,047	2分38秒
4	Referral	perksatwork.com / referral	288	533	434	3分28秒

複雑な条件でデータを絞り込みたい場合は**「データ探索ツール」**の利用が必要になりますが、簡易的にデータを絞り込みたい場合はフィルタも使用してみてください。

▶「イベント」レポートで個々のイベントの計測状況を確認する

「ライフサイクル→エンゲージメント→イベント」レポートでは、「イベント名」ごとの計測状況を確認できます。いずれかの**「イベント名」**をクリックすると、図2-2-31のようにそのイベントの詳細な計測状況が確認できます。

図 2-2-30 「ライフサイクル→エンゲージメント→イベント」レポート

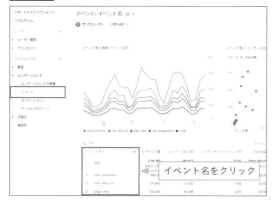

イベント名をクリック

図 2-2-31 イベントの詳細な計測状況が確認できる

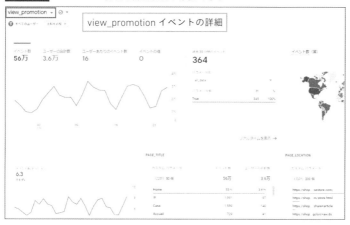

view_promotion イベントの詳細

　確認したいイベントパラメータに関するカードが表示されない場合は、「Chapter10 ユーザー ID・カスタム定義・コンテンツグループの計測設定を行う」を参考にカスタムディメンション／指標を設定してください。

▶「コンバージョン」レポートでコンバージョンの達成状況を確認する

　「ライフサイクル→エンゲージメント→コンバージョン」レポートでは、コンバージョンとして設定されている**「イベント名」**ごとの計測状況を確認できます。コンバージョンの設定方法については「Chapter9 コンバージョンイベントの計測設定を行う」を参照してください。

UAでは同じコンバージョン（目標の完了）は1セッションあたり1回までしか計測されませんでしたが、GA4では何度でも計測されます。そのため、同じ条件でコンバージョン（目標）の設定を行っていたとしても、UAとGA4の数値を比較すると差異が発生する点には留意してください。いずれかの「イベント名」をクリックすると、図2-2-33のようにそのコンバージョンイベントの詳細な計測状況が確認できるレポートに遷移します。

図 2-2-32　「ライフサイクル→エンゲージメント→コンバージョン」レポート

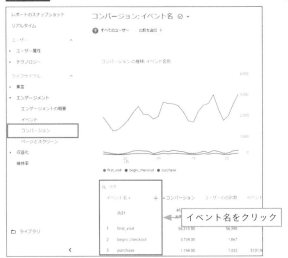

図 2-2-33　コンバージョンイベントの詳細な計測状況が確認できる

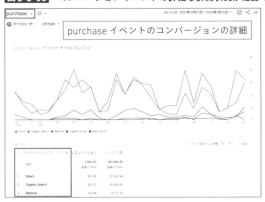

「Chapter1 Google アナリティクス 4とは」(p.24) で紹介したとおり、GA4は「**コ
ンバージョンモデリング**」という機能によって、**過去のコンバージョン率・デバイ
スの種類・時間帯・地域などのデータをもとにコンバージョンが発生する見込みを**
予測します。この予測にもとづいて**推定されたコンバージョン**と、**実際に計測され
たコンバージョン**の両方を考慮して、**流入元**ごとのコンバージョンが表2-2-9の「コ
ンバージョンモデリング」適用後の列のように集計されます。

表2-2-9　「コンバージョンモデリング」適用前後の集計イメージ

流入元	「コンバージョンモデリング」適用前	「コンバージョンモデリング」適用後
合計	10	10
Direct	5	3
Paid Search	2	3
Organic Search	2	3
Email	1	1

　これにより、**ブラウザによるCookieの利用規制などの影響によって、従来は
Direct（≒ユーザーがどこから入ってきたか分からない）に割り当てられていたコ
ンバージョンが、その他の区別可能な流入元に割り当てられるようになる可能性が
あります。ただし、各流入元に割り当てられたコンバージョンデータは、コンバー
ジョンが記録されてから最大で7日間は更新される可能性がある点に注意してくだ
さい**[5]。また、推定コンバージョンが考慮されるのは、当該機械学習モデルの品
質に高い信頼性がある場合のみです。機械学習を行うのに十分な量のデータがない
場合、**推定コンバージョン**は考慮されません。

　表示するディメンションは図2-2-33の「**デフォルトチャネルグループ▼**」部分のプ
ルダウンから表2-2-10のディメンションに変更できます。

※5　「コンバージョンモデリング」用の機械学習モデルのトレーニングに時間を要するためです。

表 2-2-10 「コンバージョン」レポートで使用可能なディメンション

ディメンション名	概要	例
デフォルトチャネルグループ	コンバージョンイベントへの貢献度が割り当てられたデフォルトチャネルグループ	Organic Search
参照元	コンバージョンイベントへの貢献度が割り当てられた参照元	google
メディア	コンバージョンイベントへの貢献度が割り当てられたメディア	organic
キャンペーン	コンバージョンイベントへの貢献度が割り当てられたキャンペーン	MIX | Txt ~ AW - YouTube

　たとえば**「キャンペーン」**に変更すると、どのキャンペーンが最もコンバージョンに貢献しているのか把握できます。貢献度の割り当ては「Chapter5 Google アナリティクス 4の利用を開始する」で紹介する「レポート用のアトリビューションモデル」（p.188）にもとづいて行われるので、そちらもあわせて確認してください。

▶**「ページとスクリーン」レポートでページやスクリーンの閲覧状況を確認する**

　「ライフサイクル→エンゲージメント→ページとスクリーン」レポートでは、計測された**「ページタイトルとスクリーンクラス」**ごとの**「表示回数」**や**「平均エンゲージメント時間」**などの指標が確認できます。このレポートをとおして、どのページがどの程度閲覧されているのか把握しましょう。表示するディメンションは**「ページタイトルとスクリーンクラス▼」**部分のプルダウンから表2-2-11のディメンションに変更できます。

図 2-2-34 「ライフサイクル→エンゲージメント→ページとスクリーン」レポート

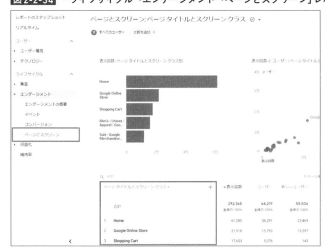

表2-2-11　「ページとスクリーン」レポートで使用可能なディメンション

ディメンション名	概要	例
ページタイトルとスクリーンクラス	ウェブページのタイトルと、アプリのスクリーンクラス	Home
ページパス＋クエリ文字列とスクリーンクラス	ウェブページのリクエストURI（パス＋クエリパラメータ）と、アプリのスクリーンクラス	/Google+Redesign/Apparel/Mens?sortci=newest+desc
ページタイトルとスクリーン名	ウェブページのタイトルとアプリのスクリーン名	Home
コンテンツグループ	ユーザー定義によるコンテンツの集まり	Android

たとえば「**ページパス＋クエリ文字列とスクリーンクラス**」に変更すると、図2-2-35のようになります。**URL（クエリパラメータの値など）が異なれば、ユーザーに表示される内容は同じでも、別のページとして計測されてしまう点には注意してください**※6。

図2-2-35　「ページパス＋クエリ文字列とスクリーンクラス」に変更した場合

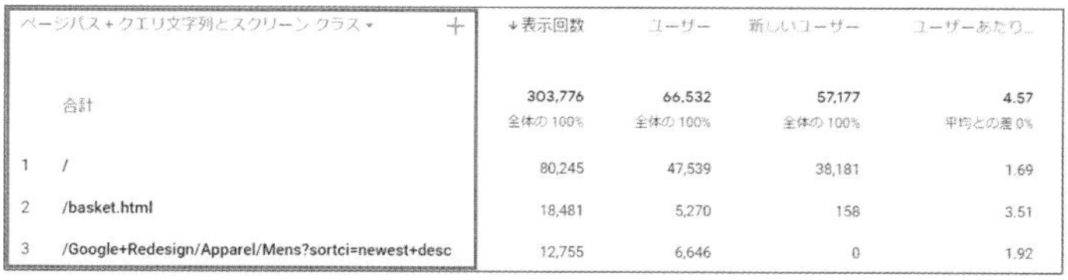

	ページパス＋クエリ文字列とスクリーン クラス	↓表示回数	ユーザー	新しいユーザー	ユーザーあたり…
	合計	303,776 全体の 100%	66,532 全体の 100%	57,177 全体の 100%	4.57 平均との差 0%
1	/	80,245	47,539	38,181	1.69
2	/basket.html	18,481	5,270	158	3.51
3	/Google+Redesign/Apparel/Mens?sortci=newest+desc	12,755	6,646	0	1.92

なお、**GA4プロパティでは計測されている値の種類がシステム上の制限を超えると、一部のデータが「(other)」に集約されることがあります**。これにより、標準レポートに図2-2-36のような「**(other)**」行が表示される場合があります。

図2-2-36　一部のデータが「(other)」に集約される

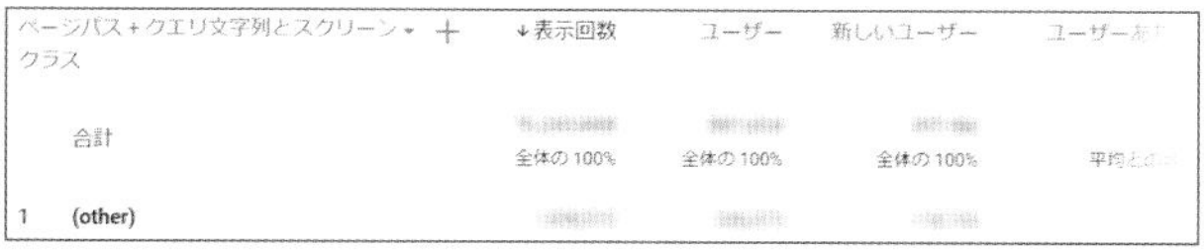

	ページパス＋クエリ文字列とスクリーンクラス	↓表示回数	ユーザー	新しいユーザー	ユーザーあた…
	合計	全体の 100%	全体の 100%	全体の 100%	平均との…
1	(other)				

※6　クエリパラメータの値などの違いによる計測値（行）の不要な分岐への対応策の例を「Appendix1 整形したURLを計測する」に掲載しているので、必要に応じてそちらも参考にしてください。

「(other)」行が表示された場合は期間を絞って確認してみるか、データが「(other)」に集約されない「データ探索ツール」またはBigQueryを使用するようにしましょう。「データ探索ツール」とBigQueryについては、それぞれ「Chapter4 Google アナリティクス 4の『データ探索ツール』でデータを詳細に分析する」と「Chapter16 Google アナリティクス 4のデータをBigQueryにエクスポートする」で紹介します。

▶「収益化の概要」レポートで収益にかかわる概況を確認する

　「収益化→収益化の概要」レポートでは、ウェブサイトまたはアプリで獲得した購入による収益・定期購入による**収益・広告収益**の概況について確認できます。

図 2-2-37 「ライフサイクル→収益化→収益化の概要」レポート

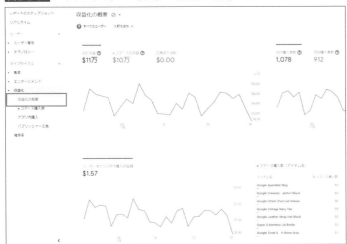

　「Chapter11 eコマーストラッキングの設定を行う」で紹介するeコマーストラッキングを**USD（米ドル）**以外の通貨で行っている場合、**「eコマースの収益」**などの購入による収益に関連する指標の値は、**前日の為替レート**にもとづいてUSD（米ドル）から現地通貨に変換・表示されます。そのため、為替レートの変動による影響を受ける可能性がある点に留意してください。

▶「eコマース購入数」レポートで商品の表示～購入状況を確認する

　「ライフサイクル→収益→eコマース購入数」レポートでは、eコマーストラッキングによって計測された**「アイテム名」**ごとの表示～購入状況を確認できます。

図2-2-38 「ライフサイクル→収益化→eコマース購入数」レポート

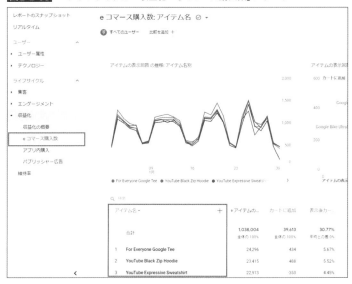

　「商品情報の表示」「商品のカート追加」「商品の購入」といったeコマースに関連する複数のユーザーアクションを計測しておくことで、**「表示後カートに追加された商品の割合」**（カートに商品を追加したユーザー数を、同じ商品の情報を閲覧したユーザー数で割った値）や**「表示後購入された商品の割合」**（商品を購入したユーザーの数を、同じ商品の情報を閲覧したユーザー数で割った値）といった指標を確認することも可能となります。

図2-2-39 「eコマース購入数」レポートで確認可能な指標

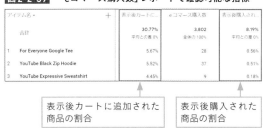

　表示するディメンションは「**アイテム名▼**」部分のプルダウンから表2-2-12のディメンションに変更できます。

表2-2-12 「eコマース購入数」レポートで使用可能なディメンション

ディメンション名	概要	例
アイテム名	アイテム（商品）の名前	For Everyone Google Tee
アイテムID	アイテム（商品）のID	GGOEGXXX1802
Item category [アイテムのカテゴリ]	アイテム（商品）を分類する階層カテゴリ	Home/Apparel/Men's/Unisex/T-shirt
アイテムのカテゴリ2	アイテム（商品）を分類する階層カテゴリの2階層目	Apparel
アイテムのカテゴリ3	アイテム（商品）を分類する階層カテゴリの3階層目	Men's
アイテムのカテゴリ4	アイテム（商品）を分類する階層カテゴリの4階層目	Unisex
アイテムのカテゴリ5	アイテム（商品）を分類する階層カテゴリの5階層目	T-shirt
アイテムのブランド	アイテム（商品）のブランド	Google

　なお、現状「アイテムのバリエーション（item_variant）」や「アイテムに関連付けられた割引の金銭的価値（discount）」はレポート上で確認できません。今後のリリースに期待しましょう（2022年5月現在）。

▶「維持率」レポートでユーザーの継続利用にかかわる状況を確認する

　「ライフサイクル→維持率」レポートでは、ユーザーがウェブサイトやアプリをはじめて利用した後に、再度利用した頻度と期間を確認できます。また、初回訪問後に新たに発生した収益にもとづいて、**ライフタイムバリュー**（ユーザーから生涯にわたって得られる収益）を評価することも可能です。

図2-2-40 「ライフサイクル→維持率」レポート

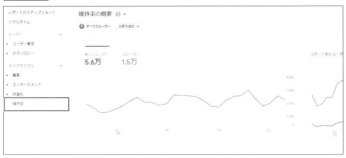

　たとえば**「コホート別のユーザー維持率」**というカードには、初訪問の翌日と7日後にウェブサイトやアプリに再訪問した新規ユーザーの割合が表示されます。仮に1月17日に100人のユーザーがウェブサイトにアクセスし、1月18日に7人のユーザー、1月24日に2人のユーザーがウェブサイトに再訪問したとします。この場合1月17日の「日1」には「7%」、「日7」には「2%」が表示されます。

図 2-2-41　カード「コホート別のユーザー維持率」

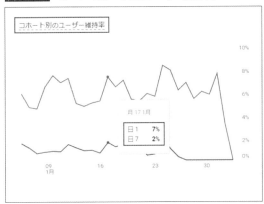

　また**「ライフタイムバリュー」**というカードには、新規ユーザーによる最初の120日間の平均収益が表示されます。これらのデータをもとにして、ウェブサイトやアプリの継続利用にかかわる状況を把握しましょう。

図 2-2-42　カード「ライフタイムバリュー」

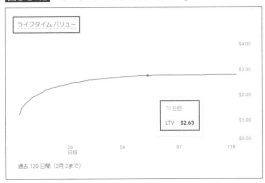

2-3 レポートに関連するその他の機能

ここからは、前出のページでは紹介しきれなかったレポートに関連する機能について説明します。

アナリティクスインテリジェンスに質問する

レポート画面右上にある「Insights」❶アイコンを押下すると**「分析情報」**という画面が表示され、アナリティクスインテリジェンスに質問できます。たとえば**「基本パフォーマンス」**❷の中にある**「先週のユーザー数は？」**❸という質問を押下すると、図2-3-2のように回答が返ってきます。**「質問の候補」**を押下すると元の**「分析情報」画面**に戻ります。

また、図2-3-3の「⋮→**共有**」から**インサイト**（回答）を共有することも可能となっています。質問できる内容は限られていますが、便利な機能となっているためぜひ試してみてください。

図2-3-1　「Insights」アイコンを押下して「分析情報」で質問する

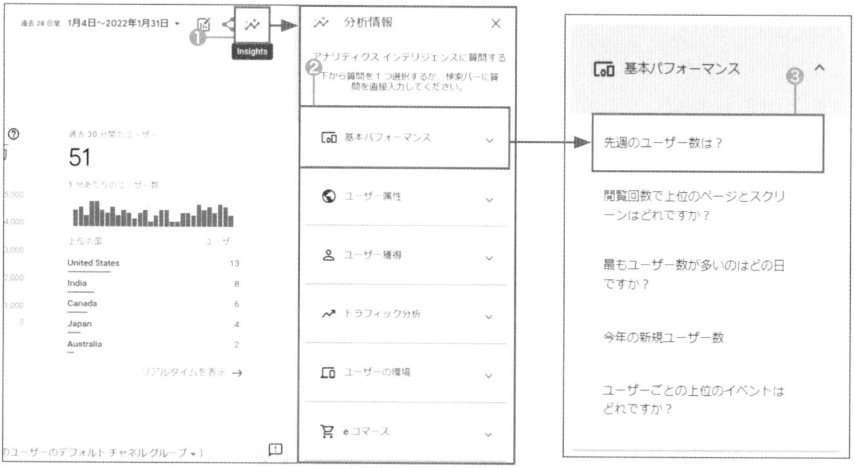

図 2-3-2　質問に対する回答が表示される

図 2-3-3　インサイトを共有する

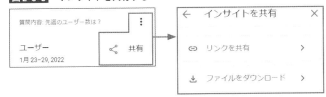

レポートをカスタマイズする

　GA4プロパティの**「編集者」**権限を所有しているユーザーは、レポートやレポートナビゲーションをカスタマイズできます。

▶サマリーレポートと「レポートのスナップショット」をカスタマイズする

　レポートをカスタマイズしたい場合は各種レポート画面右上の「レポートをカスタマイズ」アイコンを押下してください。図2-3-4下の**赤枠内のようなレポートビルダーが表示されます。サマリーレポート[7]と「レポートのスナップショット」ではカードの追加・削除・表示順序の変更が可能となります。**

※7　「ユーザー→ユーザー属性→ユーザー属性サマリー」のようにアクセス可能です。

図 2-3-4 「レポートをカスタマイズ」アイコンを押下する

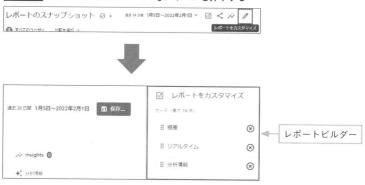

例として適当なカードを追加してみましょう。**レポートビルダー**を下にスクロールして「**＋カードの追加**」を押下します。図2-3-6画面でカードを選択し、「**カードを追加**」を押下します。

図 2-3-5 「＋カードの追加」を押下する

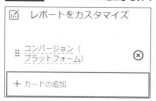

図 2-3-6 カードを追加する

図2-3-7のとおり、追加した「**ユーザー（言語）**」カードがレポートに表示されていることが確認できました。

図2-3-7 追加されたカードを確認する

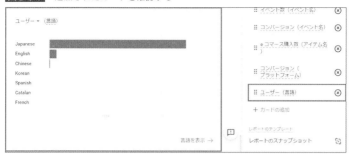

レポート上にある「保存」ボタンを押下すると、「**現在のグラフへの変更を保存**」と「**新しいレポートとして保存**」という2つのオプションが表示されます。「現在のグラフへの変更を保存」を選択すると、他のユーザーにもカスタマイズされた状態のレポートが表示されるようになります。

一方「新しいレポートとして保存」を選択すると、後述する「**ライブラリ**」にカスタマイズしたレポートが保存されます（p.79）。

図2-3-8 カスタマイズした内容を保存する

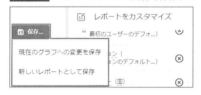

なお、**レポートビルダー**の「**レポートのテンプレート**」箇所にある「**テンプレートのリンクを解除**」アイコンを押下してリンクを解除すると、Google社によるテンプレートの自動更新が行われなくなります。Google社がレポートにカードを追加した場合にその更新が反映されなくなるため、不用意に触らないようにしましょう。

図2-3-9 テンプレートのリンクを解除ボタン

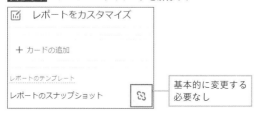

また、カスタマイズを保存せずに元の画面に戻りたい場合は、図2-3-10にある「← 戻る」を押下してください。

図2-3-10 「← 戻る」を押下する

▶詳細レポートをカスタマイズする

詳細レポートのカスタマイズの手順も、基本的にはサマリーレポートと「レポートのスナップショット」と同様です。ただし、図2-3-11にあるように**「サイズ」**(ディメンション)と**「指標」**の追加・変更・削除や**「グラフ」**の種類の変更・非表示も可能となっています。

例として**「ユーザー→ユーザー属性→ユーザー属性の詳細」**レポートをカスタマイズしてみます。以下は、ディメンション**「地域」**をデフォルトに設定を変更する手順です。**「サイズ」**(ディメンション)❶を選択して「地域」の「⋮」→デフォルトに設定」❷を押下し、最後に「適用」ボタン❸をクリックします。

図2-3-11 詳細レポートのレポートビルダー

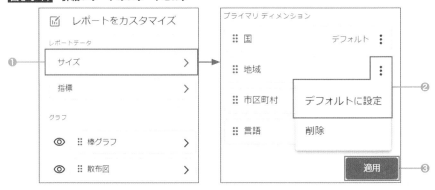

図2-3-12のとおりデフォルトのディメンションが**「国」**から**「地域」**に変更されていることが確認できました。

図2-3-12 デフォルトのディメンションが変更されたことを確認する

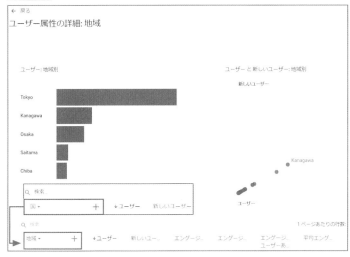

　カスタマイズが完了したら前出のページで説明した手順で保存して、他のユーザーにもカスタマイズされた状態のレポートを共有しましょう。

レポートナビゲーションをカスタマイズする

　レポートナビゲーションは**「ライブラリ」**画面よりカスタマイズできます。たとえば、デモアカウントでは図2-3-13のようにカスタマイズされています。デモアカウントは標準的なレポートナビゲーションから、レポートの並べ方と一部名称のみカスタマイズしていますが、元々のレポートナビゲーションには存在しないレポートを設定・組み込むことも可能です。

　レポートを閲覧するユーザーのニーズが明確かつ、標準のナビゲーションメニューではそのニーズに対応するレポートが出せない場合はカスタマイズを検討するとよいでしょう。

図 2-3-13 レポートナビゲーション

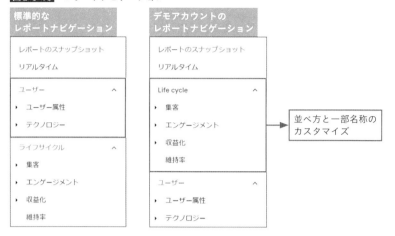

図 2-3-14 「ライブラリ」画面

ステップ1▶ ナビゲーションに追加するレポートを作成する

　例として、新たなナビゲーションメニューに追加するレポートを作成してみましょう。まずはライブラリ画面の中央にある「**＋新しいレポートを作成**」❶を押下します。「**サマリーレポートを作成**」と「**詳細レポートを作成**」という2つのオプションが表示されますが、ここでは「**詳細レポートを作成**」❷を選択します（「サマリーレポートを作成」を押下した際の作成画面は、前出のページで紹介したレポートビルダーとほぼ同様です）。

図 2-3-15　「＋新しいレポートを作成」を押下する

図2-3-16のような新規作成画面が表示されるので、ここでは「空白」を選択します。

図 2-3-16　「空白」を選択する

図2-3-17、2-3-18のような**詳細レポート**の作成画面が表示されます。

図 2-3-17　詳細レポートの作成画面が表示される

図 2-3-18　詳細レポートのカスタマイズ項目

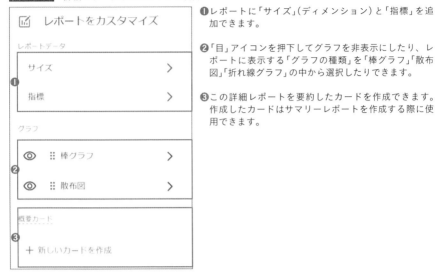

❶レポートに「サイズ」(ディメンション)と「指標」を追加できます。

❷「目」アイコンを押下してグラフを非表示にしたり、レポートに表示する「グラフの種類」を「棒グラフ」「散布図」「折れ線グラフ」の中から選択したりできます。

❸この詳細レポートを要約したカードを作成できます。作成したカードはサマリーレポートを作成する際に使用できます。

　ここでは例として、「サイズ」(ディメンション)❶に「デバイスカテゴリ」と「デバイスモデル」を追加します。また、「指標」❷には「ユーザー」と「セッション」を追加しました。

図 2-3-19　詳細レポートの設定内容

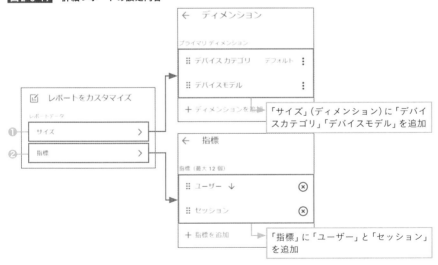

82

図2-3-20　詳細レポートを作成する

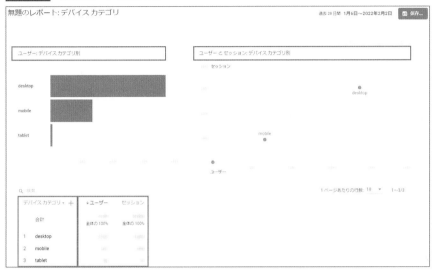

「保存」ボタンを押下すると図2-3-21のようなダイアログが表示されるので、任意の「レポート名」を入力して保存してください。

図2-3-21　任意のレポート名を入力して保存する

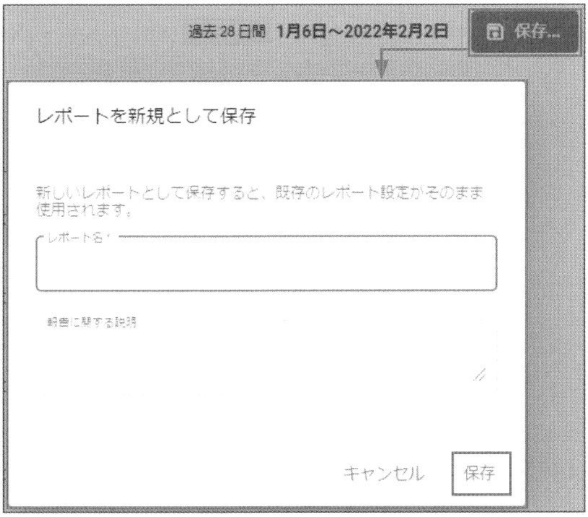

ステップ2 レポートをナビゲーションに設定する

「ライブラリ」画面に戻って「新しいコレクションを作成」を押下します。

図 2-3-22 「新しいコレクションを作成」を押下する

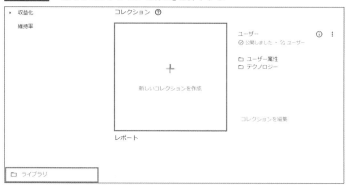

図2-3-23のような「新しいコレクションを作成」画面が表示されたら「空白」を選択します。

図 2-3-23 「空白」を選択する

「**コレクションのカスタマイズ**」**画面**が表示されたら「＋新しいトピックを作成」
❶を押下して、任意のトピック名❷を入力してください。入力後、適用❸を押下しましょう。ここで入力した「トピック名」は「ユーザー属性」「テクノロジー」などのような小カテゴリとして、レポートナビゲーションに表示されるようになります。

図 2-3-24 「コレクションのカスタマイズ」画面で新しいトピックを作成する

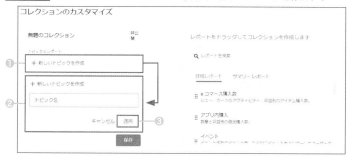

　トピックの作成が完了したら、当該トピックに**サマリーレポート**や**詳細レポート**をドロップして追加❶します。

　ここではサマリーレポート**「ユーザーの環境の概要」**と、前出のページで作成した詳細レポート**「サンプルレポート」**を追加しました。追加が完了したら、任意の「コレクション名」❷を入力して「保存」❸を押下します。**ここで入力した「コレクション名」は「ユーザー」「ライフサイクル」などのような大カテゴリとして、レポートナビゲーションに表示されるようになります。**

図 2-3-25 コレクションを保存する

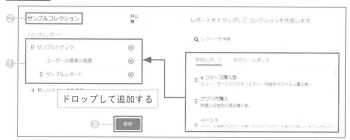

　「ライブラリ」画面に戻り、作成した**「サンプルコレクション」**の「⋮→公開」を選択します。

図2-3-26 コレクションを公開する

　公開が完了すると、図2-3-27のとおり作成したコレクションがレポートナビ
ゲーションに追加されます。すべてのユーザーは、作成したコレクションのトピッ
クとレポートにアクセスできるようになります[8]。公開されているコレクション
を非公開に戻したい場合は、「ライブラリ」画面にて当該コレクションの「⋮→非
公開」を選択してください。

図2-3-27 公開されたコレクションにアクセスする

図2-3-28 コレクションを非公開にする

　なお、標準で公開されている**「ユーザー」「ライフサイクル」**などのコレクション
も、同様の手順で非公開にできます。

---

[8] 「ユーザー環境の概要」は「概要」として表示されます。

Google アナリティクス 4の 「広告ワークスペース」で アトリビューション分析を行う

「広告ワークスペース」ではアトリビューション分析に関連するレポート群が確認できます。「アトリビューション」はコンバージョンイベントの計測につながった最後の流入元だけでなく、コンバージョン経路上のその他の流入元に対しても貢献度を割り当てる考え方です。本章では貢献度の割り当て方を決める「アトリビューションモデル」や「広告ワークスペース」の各種レポートの利用方法について解説していきます。

⊶ keyword

- 広告ワークスペース
- アトリビューション分析
- アトリビューションモデル
- コンバージョン経路

3-1 「広告ワークスペース」とアトリビューション分析

本節では、「広告ワークスペース」について説明します。「広告ワークスペース」はアトリビューション分析を行うための機能です。

「広告ワークスペース」とアトリビューション分析の概要

「広告ワークスペース」にはナビゲーションメニューの「広告」からアクセスできます。

図 3-1-1 「広告ワークスペース」にアクセスする

「広告ワークスペース」では図3-1-2のような**アトリビューション分析**に関連するレポート群が確認できます。

図 3-1-2 GA4プロパティの「広告ワークスペース」

「ライフサイクル→集客→トラフィック獲得」などのセッションベースのレポートでは、コンバージョンイベントの発生につながった最後の流入元だけにコンバージョンに対する貢献度が割り当てられます。たとえば図3-1-3の場合は「Organic Search」にのみ貢献度が割り当てられ、「Email」や「Display」には割り当てられません。

図3-1-3　「Organic Search」にのみ貢献度が配分される

一方「アトリビューション」はコンバージョンイベントの計測につながった最後の流入元だけでなく、コンバージョン経路上のその他の流入元に対しても貢献度を割り当てる考え方です。たとえば、図3-1-3のユーザーは「Organic Search」から流入した際にコンバージョンイベントを発生させていますが、それ以前の「Email」や「Display」経由の訪問があったからこそ、興味関心が醸成されてコンバージョンに至ったのかもしれません。そのため図3-1-4のように「33%」ずつ貢献度を割り当てるというのも、1つの評価の仕方として考えられます。

図3-1-4　各流入元に「33%」ずつ貢献度を配分する

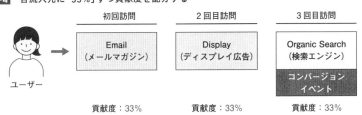

貢献度をどのように割り当てるかは「アトリビューションモデル」によって決まります。「広告ワークスペース」で利用可能なアトリビューションモデルは表3-1-1のとおりです。推奨は「データドリブン」モデルですが、複数のアトリビューショ

ンモデルを利用してデータを比較することで、各流入元を多角的に評価することが可能となります。アトリビューションモデルはいつでも切り替え可能なので、後述の手順で色々と試してみてください（p.94）。

表3-1-1 「広告ワークスペース」で利用可能なアトリビューションモデル

アトリビューションモデル	説明
データドリブン	Google社の機械学習アルゴリズムによって、コンバージョンの促進につながった可能性が高い流入元にコンバージョンの貢献度を割り当てます。
クロスチャネルラストクリック	ノーリファラー（Direct）を無視し、ユーザーがコンバージョンに至る前に経由した最後の流入元（またはYouTubeのエンゲージビュースルー）にコンバージョンの貢献度をすべて割り当てます[※1]。
ファーストクリック	ユーザーがコンバージョンに至る前に、最初にクリックした流入元（またはYouTubeのエンゲージビュースルー）にコンバージョンの貢献度をすべて割り当てます。
線形	ユーザーがコンバージョンに至る前に経由したすべての流入元（またはYouTubeのエンゲージビュースルー）に、均等にコンバージョンの貢献度を割り当てます。
接点ベース	最初と最後の接点に40%ずつコンバージョンの貢献度を割り当て、残りの20%をその間の接点に均等に割り当てます。
減衰	コンバージョンが発生した時点から、時間的に近い接点ほど高い貢献度を割り当てます。貢献度は7日間の半減期を使って割り当てられます。つまり、コンバージョンの獲得日から8日前のクリックには、コンバージョン達成の前日のクリックの半分の貢献度が割り当てられます。
Google広告優先ラストクリック	ユーザーがコンバージョンに至る前に、最後にクリックしたGoogle 広告チャネルに、コンバージョンの貢献度をすべて割り当てます。コンバージョン経路内でGoogle 広告のクリックが発生していない場合は、クロスチャネルラストクリックモデルと同様となります。

3-2 「広告スナップショット」で概況を確認する

「広告スナップショット」ではコンバージョンに貢献した流入元にかかわる概況が確認できます。

「広告スナップショット」の読み取り方

コンバージョンに関する概況データは、図3-2-1のようなダッシュボード形式のUI（ユーザーインターフェース）で確認できます。

[※1] 「YouTubeのエンゲージビュースルー」は「GA4プロパティとリンクしているGoogle 広告アカウントから配信しているYouTube動画広告をユーザーが10秒以上視聴し、動画の視聴から3日以内にウェブサイト上でコンバージョンに至った」ことを指します。

図 3-2-1 広告スナップショット

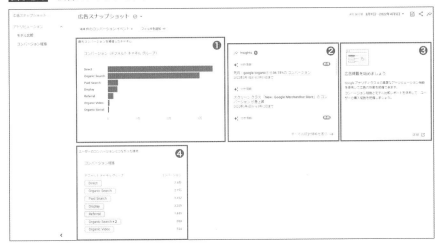

表 3-2-1 「広告スナップショット」のカード概要

No.	カード	概要
❶	最もコンバージョンを獲得した チャネル	デフォルトチャネルグループのうち、最も多くのコンバージョンに貢献しているチャネルを確認できます。
❷	Insights	広告関連のデータに大きな変動があった場合や、新たな傾向が現れた場合に、自動的に通知してくれます。
❸	広告掲載を始めましょう	「詳細」を押下すると「広告ワークスペース」のヘルプページに遷移します。
❹	ユーザーのコンバージョンにつ ながった接点	上位のコンバージョン経路と、そのコンバージョン経路で達成されたコンバージョン数を確認できます。

　標準では計測しているすべてのコンバージョンイベントに関するデータが表示されますが、図3-2-2にあるとおり「○/○件のコンバージョンイベント▼」から、いずれかのコンバージョンイベントにのみ絞ってデータを確認することも可能です[2]。

※2　後述の「アトリビューション→モデル比較」や「アトリビューション→コンバージョン経路」でも同様に、コンバージョンイベントを絞り込むことができます。

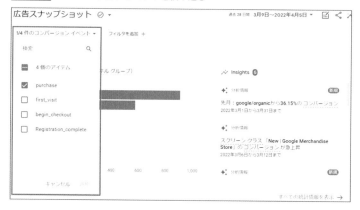

3-3 アトリビューション分析を行う

「アトリビューション」配下のレポートでは、複数のアトリビューションモデルを利用してアトリビューション分析を行うことができます。

「モデル比較」レポートで複数のアトリビューションモデルを利用してデータを比較する

「アトリビューション→モデル比較」レポートでは、アトリビューションモデルを切り替えて複数のモデルにおける**コンバージョン数**と**収益**を比較できます。たとえば図3-3-1では**「クロスチャネルラストクリックモデル」**と**「クロスチャネルデータドリブンモデル」**によるデータを比較しています。

図 3-3-1 アトリビューション→モデル比較

標準ではディメンションとして「**デフォルトチャネルグループ**」が表示されますが、図3-3-2のように「**デフォルトチャネルグループ▼**」部分のプルダウンから「**参照元 / メディア**」などに変更することも可能です。

図 3-3-2　ディメンションを切り替える

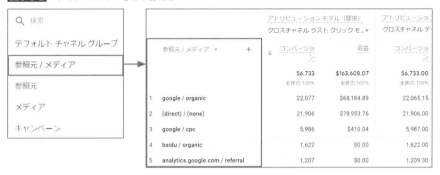

標準レポートと同様に、図3-3-3の「**比較データを編集**」アイコン❶から「**比較**」機能を利用することも可能です。特徴的な点として「**レポート期間**」❷から「**インタラクションの日時**」と「**コンバージョンの日時**」(標準) を選択できます。

図 3-3-3　「レポート期間」を選択する

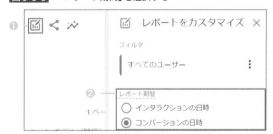

○**「インタラクションの日時」と「コンバージョンの日時」の比較**

インタラクションの日時	表示期間中に流入が発生した経路に関するデータが表示されます。各流入経路には、表示期間よりも後に発生したコンバージョンの貢献度も割り当てられます。
コンバージョンの日時 (標準)	表示期間中にコンバージョンが発生した経路に関するデータが表示されます。コンバージョンへの貢献度が割り当てられるのは「**管理→アトリビューション設定**」にある「**ルックバックウィンドウ**」の期間中に流入が発生している経路のみです。

表示期間中の流入にかかわるデータを確認したい場合は、「インタラクションの日時」に切り替えるようにしてください。

「コンバージョン経路」レポートでユーザーのコンバージョンにつながった経路を確認する

　「アトリビューション→コンバージョン経路」では図3-3-4のようなレポートが確認できます。

図 3-3-4　アトリビューション→コンバージョン経路

▶ ❶データ可視化ツール

　ユーザーの流入経路を早期（最初の25%）・**中間**（中間の50%）・**後期**（最後の25%）タッチポイントの3つに分けた際に、選択した**アトリビューションモデル**における**コンバージョンの貢献度**がどのように割り当てられているかを確認できます。標準ではディメンションとして「**デフォルトチャネルグループ**」、アトリビューションモデルとして「**クロスチャネルデータドリブンモデル**」が選択されていますが、図3-3-5のように「▼」のプルダウンからそれぞれ変更することも可能です。図3-3-5では、「デフォルトチャネルグループ」を「**キャンペーン**」に、「クロスチャネルデータドリブンモデル」を「**クロスチャネル線形モデル**」に変更しています。

図 3-3-5 データ可視化ツール

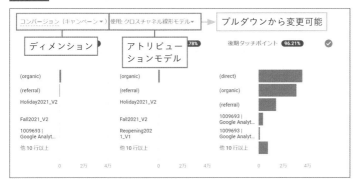

それぞれの流入経路が「認知（早期）」「興味関心（中期）」「行動（後期）」などのどの
ステップで貢献しているのか、直感的に把握したい場合に使用してください。

▶ ❷データ表

コンバージョンに至るまでのユーザーの流入経路ごとに、「コンバージョン」「購
入による収益」「コンバージョンまでの日数」「コンバージョンまでのタッチポイン
ト」が確認できます。アトリビューションモデルは「データ可視化ツール」の設定に
準じます。また、ディメンションは「デフォルトチャネルグループ」の他に「参照
元」「メディア」「キャンペーン」に変更可能です。

図 3-3-6 データ表

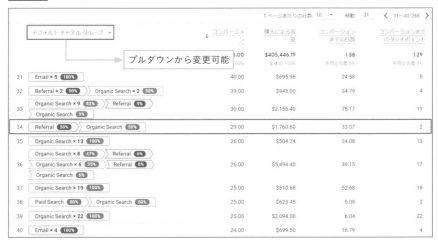

図3-3-6ではアトリビューションモデルとして「**データ可視化ツール**」で「**クロスチャネル線形モデル**」を選択しています。

　たとえば図3-3-6の赤枠内では「**Referral（外部サイト）⇒自社サイト⇒離脱⇒Organic Search（検索エンジン）⇒自社サイト**」という順に流入したユーザーのコンバージョン数が29件あることなどが分かります。**ユーザーがどういった経路でコンバージョンに至っているのか、またどのキャンペーンをどういったタイミングで行うのが効果的なのかなどを把握したい場合に使用してください。**

　なお「**アトリビューション→コンバージョン経路**」レポートでも標準レポートと同様に、右上の「**比較データを編集**」アイコン❶から「**比較**」機能を利用可能です。特徴的な点として「**経路の数**」❷からタッチポイント（ユーザーの流入元）の数を選択できます。

図 3-3-7　「経路の数」を選択する

　例として「**経路の数：次の値以上：3タッチポイント数**」に変更してみましょう。これにより、ユーザーの流入元の数が3つ以上あるデータだけが表示されるようになります。たとえば、図3-3-8にある**Organic Search×3**は、「**（Organic Search（検索エンジン）①⇒自社サイト⇒離脱⇒Organic Search②⇒自社サイト ⇒離脱⇒Organic Search③⇒自社サイト**」という流入を意味します。

図 3-3-8 「経路の数」を「次の値以上：3 タッチポイント数」に変更する

Memo

Google アナリティクス 4の「データ探索ツール」でデータを詳細に分析する

標準レポートはあらかじめ決められた「ディメンション」と「指標」の組み合わせによって構成されているため、場合によっては必要なデータが抽出できないことや、抽出作業が複雑になることがあります。このようなケースに対し、Google アナリティクス 4には目的にあわせて自分でレポートを作成できる「データ探索ツール」が用意されています。本章では「データ探索ツール」の概要と使い方について説明していきます。

○━ keyword

- データ探索
- レポートの共有
- サンプリングとデータのしきい値
- 目標到達プロセス
- セグメント

4-1 「データ探索ツール」の概要

　ここからは、任意のレポートを自作してデータを詳細に分析できる**「データ探索ツール」**について解説します。GA4はUAと比べて標準で用意されているレポートの数が非常に少ないため、この**「データ探索ツール」**を使いこなせるかどうかがGA4利活用の肝になります。

使用可能なテンプレート

　「データ探索ツール」では下記のようなテンプレートを使用可能です。それぞれのテンプレートの詳細については後述します。

表4-1-1 テンプレート一覧

手法	概要
自由形式	クロス集計表の形式でデータを探索できます。「ドーナツグラフ」「折れ線グラフ」「散布図」「棒グラフ」「地図」など、さまざまなスタイルの表示形式を適用することも可能です。
ユーザーエクスプローラ	ユーザーの一覧を表示して個々のユーザーのデータを掘り下げることができます。
目標到達プロセスデータ探索	ユーザーがコンバージョンに至るまでのステップを表示し、各ステップでのユーザーの動向を確認できます。
経路データ探索	ユーザーがウェブサイトやアプリを回遊している経路を視覚的に表示できます。
セグメントの重複	最大3個のユーザーセグメント(共通の属性を持つユーザーの集まり)を比較して、それらの重複状況と相互関係を直感的に把握できます。
コホートデータ探索	コホート(共通の属性を持つユーザーのグループ)の時間の経過に伴う行動を確認できます。
ユーザーのライフタイム	ウェブサイトやアプリを利用しているユーザーのライフタイムバリュー(ユーザーから生涯にわたって得られる収益)を評価できます。

使用可能なディメンションと指標

「**データ探索ツール**」で使用可能な**ディメンション**と**指標**は多岐にわたりますが、汎用的に使用可能なものは以下のとおりです。

表4-1-2　主要なディメンション一覧

ディメンション名	概要	例
デフォルトチャネルグループ	ルールにもとづいて分類されるトラフィックソースの定義	Organic Search
参照元 / メディア	トラフィックの参照元とメディアの組み合わせ	google / organic
キャンペーン	Google 広告キャンペーン、または utm_campaign パラメータを使用して手動で設定したカスタムキャンペーンの名前	MIX | Txt ~ AW - YouTube
イベント名	計測されたイベントの名前	page_view
デバイスカテゴリ	デバイスの種類（パソコン、タブレット、モバイル、スマートテレビ）	mobile
ページロケーション	ページのURL	https://shop.googlemerchandisestore.com/Google+Redesign/Apparel/Mens?sortci=newest+desc
ページパスとスクリーンクラス	ページのパス アプリの場合はスクリーンクラス	/Google+Redesign/Apparel/Mens
ページパス ＋ クエリ文字列	ページのリクエストURI（パス＋クエリパラメータ） （※旧名：ページ遷移 ＋ クエリ文字列）	/Google+Redesign/Apparel/Mens?sortci=newest+desc
ランディングページ	ランディングページのリクエストURI（パス＋クエリパラメータ）	/Google+Redesign/Apparel/Mens?sortci=newest+desc
日付	YYYYMMDD形式の日付	20211209

表4-1-3　主要な指標一覧

指標名	概要
イベント数	ユーザーがイベントを発生させた回数
コンバージョン	ユーザーがコンバージョンイベントを発生させた回数
セッション	サイトやアプリで開始したセッションの数（訪問数）
エンゲージメントのあったセッション数	標準では10秒を超えて継続したセッション、コンバージョンイベントが発生したセッション、または2回以上のスクリーンビューもしくはページビューが発生したセッションの数
エンゲージメント率	「エンゲージのあったセッション数」を「セッション」数で割った値
セッションあたりの平均エンゲージメント時間	「平均エンゲージメント時間」を「セッション」数で割った値
表示回数	ウェブページまたはアプリスクリーンの表示回数
閲覧開始数	あるウェブページまたはアプリスクリーンで、セッション内の最初のイベントが計測された回数

指標名	概要
離脱数	あるウェブページまたはアプリスクリーンで、セッション内の最後のイベントが計測された回数
総ユーザー数	エンゲージメントイベント発生の有無によらず、サイトやアプリを操作したユーザーの合計数
ユーザーあたりの セッション数	「セッション」数を「ユーザーの合計数」で割った値
ユーザーあたりのビュー	「表示回数」を「ユーザーの合計数」で割った値
リピーター数	過去にサイトを訪問した、またはアプリを起動したことのあるユーザーの数
新規ユーザー数	サイトと初めて接触した、またはアプリを初めて起動したユーザーの数

その他のディメンションと指標については、下記のヘルプページを参照してください。

 https://support.google.com/analytics/answer/9143382

なお、**使用したいディメンション／指標が見つからない場合は「Chapter10 ユーザー ID・カスタム定義・コンテンツグループの計測設定を行う」を参考に、カスタムディメンション／指標を追加してください。**

基本的な使い方

ナビゲーションメニューの『探索』を押下すると、図4-1-1のようにレポートの各種テンプレートや、自分が作成、または他のユーザーが共有したレポートの一覧が表示されます。

図 4-1-1 「探索」機能のホーム画面

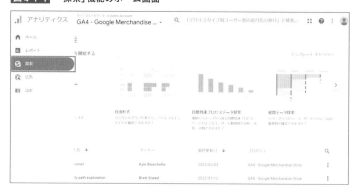

「空白」またはいずれかのテンプレートを選択すると、任意のレポートを作成できます。ここでは「空白」を選択します。

図 4-1-2　テンプレートギャラリーの中から「空白」を選択する

図4-1-3のような**データ探索画面**が表示されます。「変数」❶列で可視化したいデータ（ディメンションや指標）を選択し、「**タブの設定**」❷列で可視化する方法（グラフの形式など）を設定すると、「**キャンバス**」❸に設定内容に応じたデータが表示されます。

図 4-1-3　データ探索画面

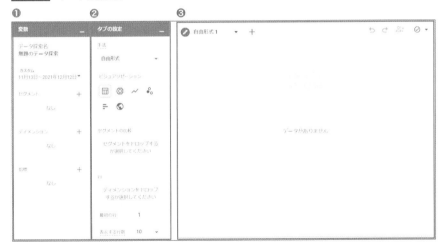

例として「**ページ遷移＋クエリ文字列**」（ページのパス＋クエリパラメータ）別の「表示回数」をキャンバスに表示してみましょう。まずは「**変数**」列の「データ探索名」❶に任意の名前（例：「ページ遷移＋クエリ文字列」別の「表示回数」）を入力して、「**ディメンション**」横の「**＋**」アイコン❷を押下します。

図4-1-4 任意の「データ探索名」をつけて「ディメンション」横の「＋」アイコンを押下する

「ディメンションの選択」画面が表示されたら「ページ/スクリーン」の「ページ遷移 + クエリ文字列」❶を選択して「インポート」❷を押下します。

図4-1-5 「ディメンションの選択」画面で「ページ遷移 + クエリ文字列」を選択してインポートする

同様に「指標」横の「＋」アイコンを押下して「ページ/スクリーン」の「表示回数」をインポートしましょう。

図4-1-6 「指標」横の「＋」アイコンを押下する

図4-1-7のような状態になったら、ディメンションの「ページ遷移 + クエリ文字列」を「行」箇所、指標の「表示回数」を「値」箇所にドラッグ＆ドロップしてください。

図4-1-7　「ページ遷移＋クエリ文字列」と「表示回数」を「行」と「値」にドラッグ＆ドロップする

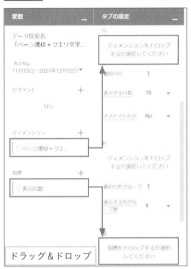

図4-1-8のとおり「**ページ遷移＋クエリ文字列**」別の「**表示回数**」がキャンバスに表示され、レポートが完成しました。

図4-1-8　「ページ遷移＋クエリ文字列」別の「表示回数」を確認するためのレポート

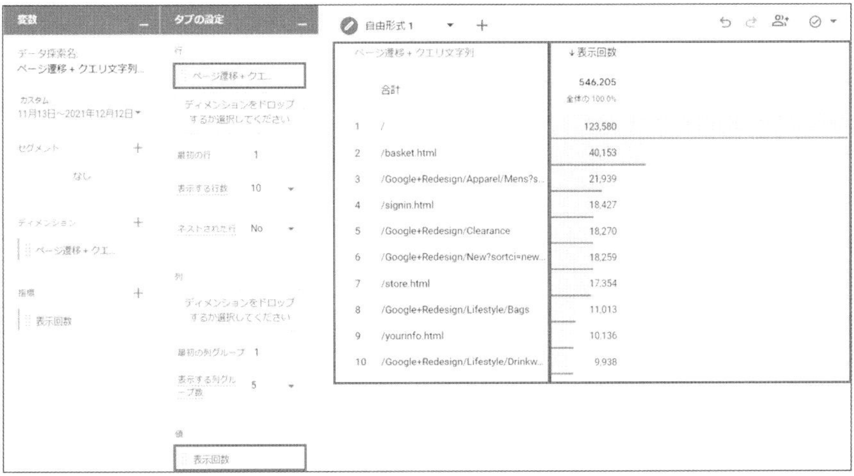

ページ遷移＋クエリ文字列	↓表示回数
合計	546,205 全体の 100 %
1　/	123,580
2　/basket.html	40,153
3　/Google+Redesign/Apparel/Mens?s...	21,939
4　/signin.html	18,427
5　/Google+Redesign/Clearance	18,270
6　/Google+Redesign/New?sortci=new...	18,259
7　/store.html	17,354
8　/Google+Redesign/Lifestyle/Bags	11,013
9　/yourinfo.html	10,136
10　/Google+Redesign/Lifestyle/Drinkw...	9,938

続いて「**フィルタ**」を適用してキャンバスに表示するデータを絞り込みます。「**タブの設定**」列の「**フィルタ**」❶箇所を押下するとディメンションと指標の一覧が表示されるので、「**ページ遷移 + クエリ文字列**」❷を選択してください。なお、表示されるディメンションと指標は「**変数**」列に追加したディメンションと指標のみです。

図4-1-9 「フィルタ」箇所を押下して「ページ遷移+クエリ文字列」を選択する

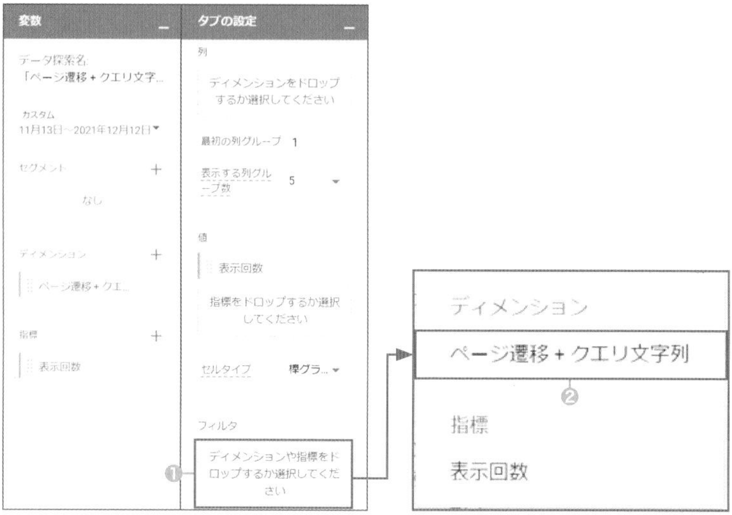

図4-1-10のとおりフィルタに「**ページ遷移 + クエリ文字列：先頭が一致：/Google**」❶のような条件を入力して「**適用**」❷を押下すると、キャンバスに表示されるデータが絞り込まれます。

図4-1-10 「フィルタ」を適用する

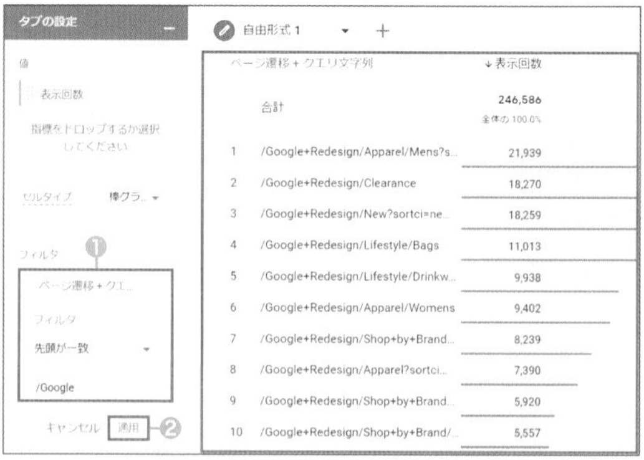

キャンバス上のテーブルを右クリックして**「選択項目のみを含める」**または**「選択項目を除外」**を選択することによって、**「フィルタ」**を適用することも可能です。たとえば**「/basket.html」❶**行を右クリックして**「選択項目のみを含める」❷**を選択すると、図4-1-11のように表示されるデータが**「/basket.html」**だけに絞り込まれます。

図4-1-11　「選択項目のみを含める」を選択する

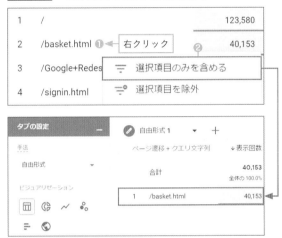

　もしキャンバスの横幅が狭く見づらい場合は、**「変数」**列と**「タブの設定」**列のヘッダー部分にある**「ー」アイコン**を押下して両列を非表示にしてください。元に戻したい場合は再度**「ー」アイコン**を押下します。

図4-1-12　「変数」列と「タブの設定」列を非表示にする

データを取得する期間を変更したい場合は、「変数」列の期間が書かれている箇所を押下してカレンダーより設定を変更します。カレンダー上にある「比較」右のトグルをオンにして別の期間を選択すると、2つの期間のデータを比較することも可能となります。前年同月比などを確認する際に活用してください。

図4-1-13 データを取得する期間を変更する

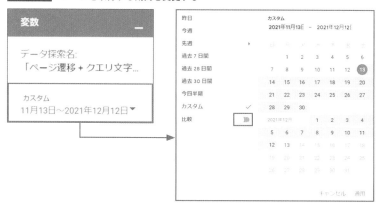

「自由形式1」横の「＋」アイコンを押下すると、1つのレポートの中に複数のタブを設けることができます。**様々な手法（テンプレート）でデータを深掘りしていきたい場合や、関連性のあるレポートをまとめて共有したい場合に使用してください。** タブの名前は「自由形式1」や「自由形式2」部分を押下することで変更可能です。

図4-1-14 レポートにタブを追加する

また**「自由形式1」**横の「▼」アイコンから**「複製」**を押下するとタブが複製されるので、一部の設定だけ変更したタブを用意したい場合は便利です。

図4-1-15 タブを複製する

デモアカウントを使用している場合はアイコンが表示されませんが、図4-1-16のように**「データのエクスポート」**アイコンから任意の形式でデータをエクスポートすることも可能です。

図4-1-16 データをエクスポートする

作成したレポートを共有したい場合は**「データ探索を共有します」**アイコンから**「他のユーザーと共有する」**というダイアログを表示し、「共有」を押下してください。

図4-1-17 レポートを共有する

レポートを共有するためには、レポートの作成を行ったGA4プロパティに対して「Chapter7 ユーザーの権限管理を行う」で紹介する**「アナリスト」**以上の権限を

所有している必要があります。また、**共有はそのGA4プロパティに権限を持つ全ユーザーに対して行われ、共有を受けたユーザーは読み取り専用モードでレポートを閲覧することになります。つまり、データを取得する期間などの設定を変更することはできない点に注意してください。**ただし「データ探索ツール」のホーム画面にて共有を受けたレポートの「⋮」ボタンから、「複製」を押下すると、そのレポートを複製して自由に編集できるようになります。

複数人が、それぞれで設定を変更して分析を行いたい場合に利用してください。

「データ探索ツール」で作成したレポートに関する留意点

「データ探索ツール」で作成したレポートを確認する際は、「サンプリング」や「データのしきい値」が適用されていないか注意する必要があります。

▶サンプリングについて

「データ探索ツール」で作成したレポートでは、データの取得対象となる**イベントの総数**（「イベント名」の総数ではなく個々のイベントが発生した回数の総和）が1,000万件（有償版の場合は10億件）を超えると、**「サンプリング」という一部のデータから全体のデータを拡大推計して表示する仕組みが適用されるようになっています。サンプリングが適用されると、実態と乖離したデータが表示される場合があるので注意してください。**サンプリングが適用された場合は図4-1-19のようにデータインジケーターの色が変化し、「このレポートは、使用可能なデータの〇.〇％に基づいています。」というメッセージが表示されます。

図4-1-19 サンプリングが適用された旨のメッセージが表示される

　サンプリングを回避したい場合は、「**分析期間を短くする**」や「**分析に必要のない イベントの計測を止めてイベント数を減らす**」といった対応が考えられます。また 「Chapter16 Google アナリティクス 4のデータをBigQueryにエクスポートする」 で紹介するBigQueryエクスポートを利用すれば、サンプリングが適用されていな い状態のデータを確認することも可能です。

　有償版には「**非サンプリングデータ探索**」という機能も存在します。「**非サンプリ ングデータ探索**」機能の詳細については、下記のヘルプページを参照してください。

 https://support.google.com/analytics/answer/10896953

▶データのしきい値について

　GA4プロパティでは個々のユーザーの身元を推測できないようにするために、 下記のような場合に「**データのしきい値**」が適用されることがあります。

- レポートにユーザー属性情報（年齢、性別、インタレストカテゴリなど）が含まれ ている場合
- 「管理→データ設定→データ収集」において、「Googleシグナルのデータ収集を 有効にする」がオンになっている場合」（p.179）

　データのしきい値が適用されるといくつかのデータが抜け落ちることになるた め、計測されているはずのデータがレポート上で確認できないといった事象が発生 します。「**データ探索ツール**」で作成したレポートにデータのしきい値が適用され ている場合は、図4-1-20のようにデータインジケーターの色が変化し、「**このレポー トの一部のデータは、しきい値の適用時に削除された可能性があります。**」という メッセージが表示されます。

図 4-1-20　「データのしきい値」が適用された場合のメッセージ

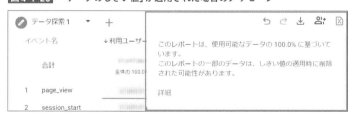

「Googleシグナルのデータ収集を有効にする」をオンにしており、かつ「管理→レポート用識別子」の設定が「ブレンド」または「モニタリング対象」となっている場合は、「レポート用識別子」❶を「デバイスベース」に変更❷・保存する❸ことで、データのしきい値の適用を回避できる場合があります。

図4-1-21 「レポート用識別子」を「デバイスベース」に変更する

ただし、「レポート用識別子」の変更はデータに恒久的な影響を与えるものではありませんが、レポート上に表示される数値が変動する可能性があるため、注意してください[1]。

4-2　各種手法でデータを探索する

それぞれの手法（テンプレート）を使ったデータ探索の方法について説明します。

「自由形式」レポートでデータを深掘りする

前出のページで作成した『『ページ遷移＋クエリ文字列』』別の『表示回数』』レポートを題材に「手法：自由形式」を掘り下げてみましょう。「タブの設定」列にある「ビジュアリゼーション」では、データの視覚化方法を標準の「テーブル」から「ドーナツグラフ」「折れ線グラフ」「散布図」「棒グラフ」「地図」に変更できます。たとえば「折れ線グラフ」を選択すると図4-2-1のようになります。

※1 「Googleシグナルのデータ収集を有効にする」や「レポート用識別子」の詳細については「Chapter5 Google アナリティクス4の利用を開始する」を参照してください。

図 4-2-1　「ビジュアリゼーション：折れ線グラフ」を選択した場合のレポート

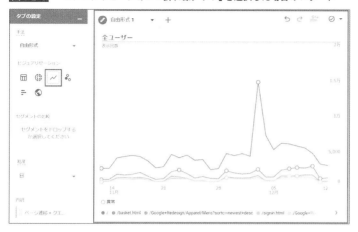

　「折れ線」グラフでは**「タブの設定」**列の**「異常検出」**の設定によって、図4-2-2のように**外れ値の自動検出**が可能となっています。

図 4-2-2　「折れ線グラフ」の異常検知

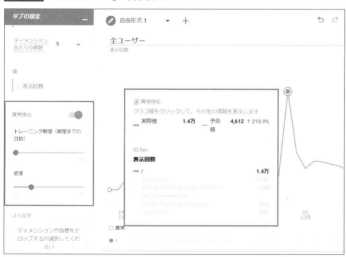

　「タブの設定」列の**「トレーニング期間（期間までの日数）」**では、予測値を算出するためのモデルのトレーニングに使用するデータの抽出期間を選択します。

たとえば、レポートに表示する期間が月の最初の10日間だとしましょう。トレーニング期間を7日間に設定した場合、その月が始まる7日前からのデータがモデルのトレーニングに使用されます。**「感度」**では外れ値が報告される確率のしきい値を設定します。**「感度」**を高くするとより多くのデータが外れ値として報告される可能性があります。

「ビジュアリゼーション」を標準の**「テーブル」❶**に戻します。前出のページの手順で**「タブの設定」**列の**「行」**箇所に**「プラットフォーム/デバイス」**内のディメンション**「デバイスカテゴリ」❷**を追加してみましょう。追加が完了するとキャンバスに**「デバイスカテゴリ」**列が追加されます。

図 4-2-3 「行」にディメンション「デバイスカテゴリ」を追加する

標準では**「表示回数」**の降順で1行目から10行分のデータが表示されますが、**「タブの設定」**列の**「最初の行」**と**「表示する行数」**の設定によって表示する行や行数を変更できます。たとえば**「最初の行：2」「表示する行数：25」**に変更すると、2行目から25行分のデータが表示されます。

図4-2-4 「最初の行」と「表示する行数」を変更する

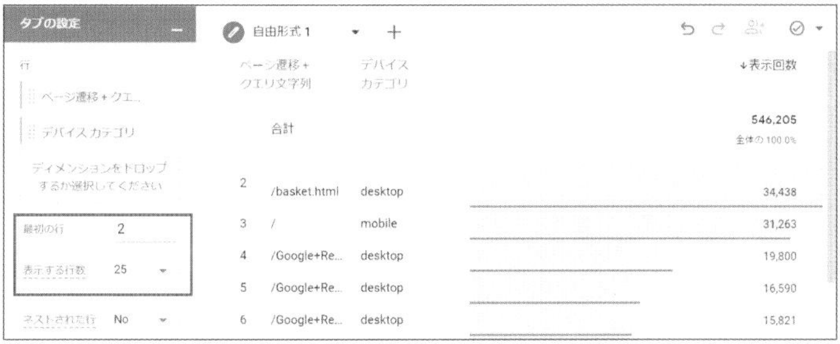

タブの設定
行
ページ遷移 + クエ...
デバイスカテゴリ
ディメンションをドロップするか選択してください
最初の行 2
表示する行数 25
ネストされた行 No
自由形式 1
ページ遷移 + クエリ文字列
デバイスカテゴリ
↓表示回数
合計
546,205
全体の 100.0%
2 /basket.html desktop 34,438
3 / mobile 31,263
4 /Google+Re... desktop 19,800
5 /Google+Re... desktop 16,590
6 /Google+Re... desktop 15,821

「タブの設定」列の**「ネストされた行」**を**「Yes」**に変更すると、図4-2-5のとおりキャンバスに表示されるテーブルの構造が入れ子構造になります。

図4-2-5 「ネストされた行」を「Yes」に変更する

タブの設定
行
ページ遷移 + クエ...
デバイスカテゴリ
ディメンションをドロップするか選択してください
最初の行 1
表示する行数 10
ネストされた行 Yes
自由形式 1
ページ遷移 + クエリ文字列
デバイスカテゴリ
↓表示回数
合計
546,205
全体の 100.0%
1 / desktop 89,648
mobile 31,263
tablet 2,652
smart tv 17
2 /basket.html desktop 34,438
mobile 5,442

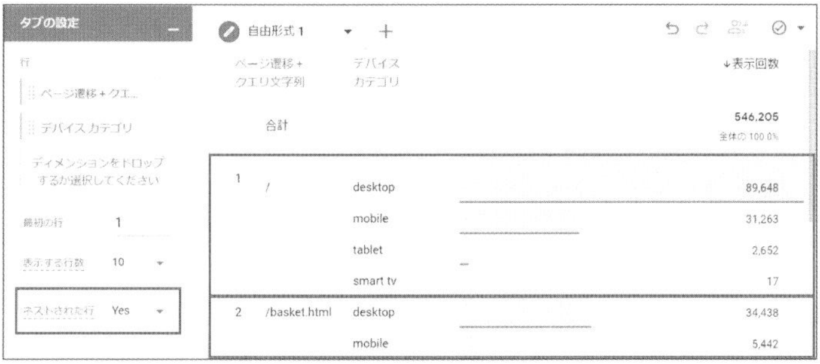

続いて**「タブの設定」**列の**「行」**箇所にあるディメンション**「デバイスカテゴリ」**を**「列」**箇所に移動してみましょう。図4-2-6のとおり**「デバイスカテゴリ」**がキャンバス上の各列に表示されるようになります。

図4-2-6 「列」にディメンション「デバイスカテゴリ」を移動する

タブの設定
自由形式 1
デバイスカテゴリ
desktop
mobile
tablet
ページ遷移 + クエリ文字列
表示回数
合計
428,799
109,726
7,605
1 / 89,648 31,263 2,652
2 /basket.html 34,438 5,442 271
3 /Google+Redesign/Apparel/Mens?s... 19,800 2,066 73
4 /signin.html 15,580 2,670 174
5 /Google+Redesign/Clearance 16,590 1,570 110
6 /Google+Redesign/New?sortci=ne... 15,821 2,275 163
7 /store.html 13,520 3,632 197
8 /Google+Redesign/Lifestyle/Bags 9,540 1,396 77
行
ページ遷移 + クエ...
最初の行 1
表示する行数 10
ネストされた行 No
列
デバイスカテゴリ
ディメンションをドロップするか選択してください

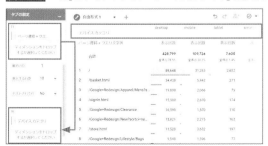

標準では1列目から5列分のデータが表示されますが、**「タブの設定」**列の**「最初の列グループ」**と**「表示する列グループ数」**の設定によって表示する列や列数を変更できます。たとえば「最初の列グループ：2」「表示する列グループ数：10」に変更すると、2列目から10列分のデータが表示されます。

図4-2-7 「最初の列グループ」と「表示する列グループ数」を変更する

　「タブの設定」列の**「セルタイプ」**は標準で「棒グラフ」になっていますが、**「書式なしテキスト」**または**「ヒートマップ」**に変更可能です。たとえば**「ヒートマップ」**に変更すると図4-2-8のような見た目になります。

図4-2-8 「セルタイプ」を「ヒートマップ」に変更する

「ユーザーエクスプローラ」レポートで
個々のユーザーのデータを確認する

前出のページで作成したレポートではデモアカウントを使用しているため押下できませんが、計測したユーザーごとの情報を確認したい場合は**「自由形式」レポート**のキャンバス上のテーブルを右クリック❶して、**「ユーザーを表示」**❷を押下すると**「ユーザーエクスプローラ」レポート**を別タブに作成できます。

図4-2-9 「ユーザーを表示」を選択する

「自由形式」レポートから**「ユーザーを表示」**によって作成した**「ユーザーエクスプローラ」レポート**には、**「自由形式」レポート**のキャンバス上で右クリックした箇所の条件を満たしたユーザー(アプリインスタンスID)の一覧が表示されます。たとえば、図4-2-9では**「デバイスカテゴリ:mobile」**で**「特定のページ(ページ遷移+クエリ文字列)を閲覧した」**ユーザーの一覧が表示されています。いずれかのユーザー(アプリインスタンスID)を押下すると、さらに別のタブで図4-2-10がひらき、そのユーザーに関する詳しい情報(獲得した方法と時期、サマリー指標、ウェブサイトやアプリでの行動のタイムラインなど)を確認できます。

図4-2-10 個々のユーザーのアクティビティが確認できる

　これらのデータは特定のユーザーの行動にかかわる分析や、トラブルシューティングを行う際に有用です。たとえば、コンバージョンポイント前後のユーザーの動きを具体的に確認し、コンバージョンの阻害要因となっている箇所を特定したい場合などに利用できます。

　もし確認したいディメンションが表示されない場合は「Chapter10 ユーザー ID・カスタム定義・コンテンツグループの計測設定を行う」を参考にカスタムディメンションを設定してください。なお**「ユーザーエクスプローラ」**レポートはテンプレートギャラリーから作成することも可能となっており、この場合はすべての**ユーザー（アプリインスタンスID）**の一覧が表示されます。

図4-2-11 テンプレートギャラリーから「ユーザーエクスプローラ」を選択する

「目標到達プロセスデータ探索」レポートで コンバージョンプロセスにかかわるデータを確認する

「目標到達プロセスデータ探索」レポートではユーザーがコンバージョンに至るまでのステップを表示し、各ステップでのユーザーの動向を確認できます。この情報をもとにコンバージョンの阻害要因となっているステップの改善を図ることができます。「目標到達プロセスデータ探索」レポートはテンプレートギャラリーから作成できます。

図4-2-12 テンプレートギャラリーから「目標到達プロセスデータ探索」を選択する

「目標到達プロセスデータ探索」を選択すると、標準で「**初回起動/初回訪問⇒オーガニック訪問⇒セッションの開始⇒スクリーンビュー/ページビュー⇒購入**」を目標到達プロセスとしたレポートが作成されます。「**内訳**」ディメンションは「**デバイスカテゴリ**」となっており、「**デバイスカテゴリ**」ごとにそれぞれの目標到達プロセスをどの程度完了または放棄したのかが、棒グラフと表で確認できます。

図4-2-13 「目標到達プロセスデータ探索」レポート

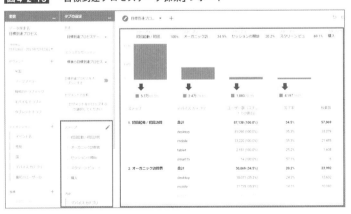

「**タブの設定**」列の「**ビジュアリゼーション**」を「**使用する目標到達プロセスのグラフ**」に変更すると、図4-2-14のように棒グラフが折れ線グラフに変わります。

「ビジュアリゼーション：使用する目標到達プロセスのグラフ」を選択した場合のレポート

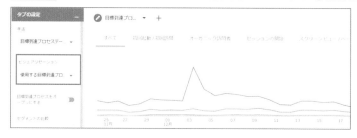

標準では先頭のステップからプロセスを開始したユーザーだけに関するデータが表示されますが、「**タブの設定**」列の「**目標到達プロセスをオープンにする**」をオンにすると途中のステップからプロセスを開始したユーザーのデータも表示されるようになります。

「目標到達プロセスをオープンにする」をオンにする

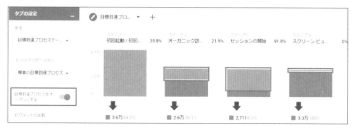

目標到達プロセスのステップを変更したい場合は「**ステップ**」箇所の「**鉛筆**」アイコンを押下します。

「ステップ」箇所の鉛筆アイコンを押下する

たとえば「『/Google+Redesign/Clearance』の閲覧⇒商品情報の閲覧⇒商品の
カート追加⇒購入手続きの完了」を目標到達プロセスとしたい場合は、ひとつひと
つのステップを、図4-2-17のように設定して「適用」を押下します。

図4-2-17　目標到達プロセスのステップを編集する

なお、図4-2-17の「**次の間接的ステップ**」箇所は「**次の直接的ステップ**」に変更す
ることができ、それぞれ下記を表します。

◉「次の間接的ステップ」と「次の直接的ステップ」の違い

次の間接的ステップ	各ステップの間に指定していないステップがはさまってもよいものとします。
次の直接的ステップ	各ステップの間に指定していないステップがはさまった場合、目標到達プロセスから離脱したものと見なします。

図4-2-18のようにステップ間に制限時間を設けることも可能です。

図4-2-18　ステップ間に制限時間を設ける

データ探索画面に戻ります。**「タブの設定」**列の**「内訳」**ディメンションや**「ディメ**
ンションあたりの行数」（キャンバスに表示される「内訳」ディメンションの行数）は
変更することもできます。

図4-2-19　「内訳」ディメンションや「ディメンションあたりの行数」を変更する

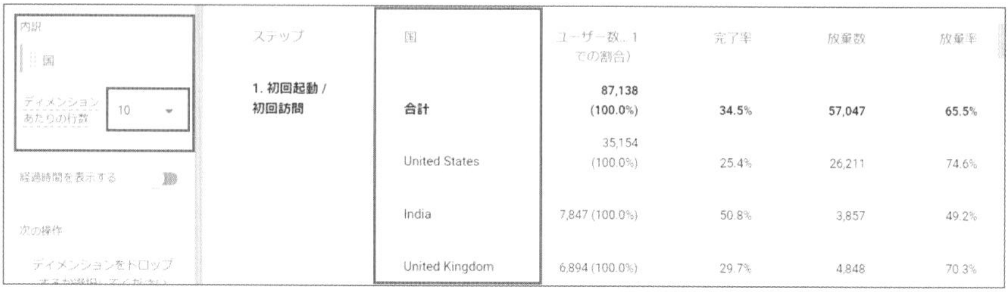

内訳		ステップ	国	ユーザー数...1 での割合)	完了率	放棄数	放棄率
国		1. 初回起動 / 初回訪問	合計	87,138 (100.0%)	34.5%	57,047	65.5%
ディメンション あたりの行数　10　▼			United States	35,154 (100.0%)	25.4%	26,211	74.6%
経過時間を表示する			India	7,847 (100.0%)	50.8%	3,857	49.2%
次の操作			United Kingdom	6,894 (100.0%)	29.7%	4,848	70.3%
ディメンションをドロップ							

「経過時間を表示する」をオンにすると、図4-2-20のように目標到達プロセスの各
ステップ間の**平均経過時間**が表示されるようになります。

図4-2-20　「経過時間を表示する」をオンにする

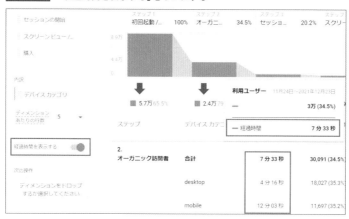

「タブの設定」列の**「次の操作」**箇所にはディメンション**「イベント名」**を設定でき
るようになっています。ディメンション**「イベント名」**を設定すると、棒グラフ箇
所にマウスを移動した際に、目標到達プロセスの各ステップの後に最も多く計測さ
れている**「イベント名」**のトップ5が表示されます。

図4-2-21 「次の操作」に「イベント名」を設定する

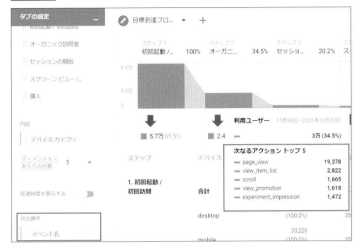

なお「自由形式」レポートと同様に、キャンバス上を右クリック後「ユーザーを表示」から「ユーザーエクスプローラ」レポートを作成することも可能です（p.117）。

「経路データ探索」レポートでユーザーの回遊状況を確認する

「経路データ探索」レポートでは、ユーザーがウェブサイトやアプリを回遊している経路を視覚的に表示できます。「経路データ探索」レポートはテンプレートギャラリーから作成できます。

図4-2-22 テンプレートギャラリーから「経路データ探索」を選択する

「経路データ探索」を選択すると標準で図4-2-23のようなレポートが作成されます。「ノードの種類」❶は、「▼」のプルダウンから「イベント名」「ページタイトルとスクリーン名」「ページタイトルとスクリーンクラス」のいずれかを選択可能です。データポイントは「ノード」❷と呼ばれ、そのポイントにおけるユーザーやイベン

123

トの数を表します。

図4-2-23 「経路データ探索」レポート

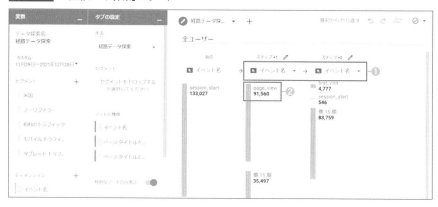

　ウェブサイトの回遊状況を把握したい場合は、図4-2-24のように「ノードの種類」を「ページタイトルとスクリーン名」に変更するとよいでしょう。いずれかのノードをクリックするとステップが追加され、次に閲覧されたページのタイトルが表示されます。

図4-2-24 いずれかのノードを押下すると次に閲覧されたページが表示される

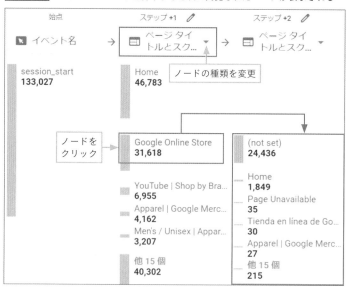

確認したいページのタイトルがノードとして表示されていない場合は、**「ステップ +○」**右の**「鉛筆」**アイコンを押下してください。図4-2-25のとおりノードを追加・変更できる画面が表示されます。

図4-2-25　ノードを追加・変更する

通常連続するノードで全く同じ値（ここでは「ページタイトルとスクリーン名」）が表示されることはありませんが、**「タブの設定」**列の**「特別なノードのみ表示」**をオフにすると表示されるようになります。ただし、それらの値が表示されると分析が行いづらくなるケースが多いので、**基本的にはオンのままにしておきましょう。**

図4-2-26　「特別なノードのみ表示」をオフにする

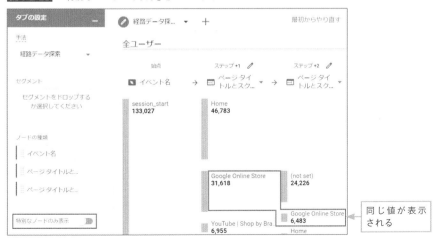

ユーザーの属性などによる回遊フローの違いを確認したい場合は、**「タブの設定」**列の**「内訳」**を使用しましょう。たとえば**「デバイスカテゴリ」**を設定すると、図4-2-27のように**「デバイスカテゴリ」**ごとの回遊状況も確認できるようになります。

図 4-2-27 「内訳」にディメンションを設定する

「経路データ探索」レポートでは通常のフィルタに加えて、**「ノードフィルタ」**というフィルタを設定して特定のノードをキャンバス上の表示から除外できます。**「ノードフィルタ」**は特定のノードを右クリックして、**「ノードを除外」**から**「選択したもののみ」**または**「すべての経路から」**を選択することで設定可能です。

たとえば、図4-2-28のように「ステップ +2」の「Home」❶というノードを右クリックして「ノードを除外→選択したもののみ」❷を押下すると、「ステップ +2」から「Home」というノードが除外されます。

図4-2-28 ノードフィルタを設定する

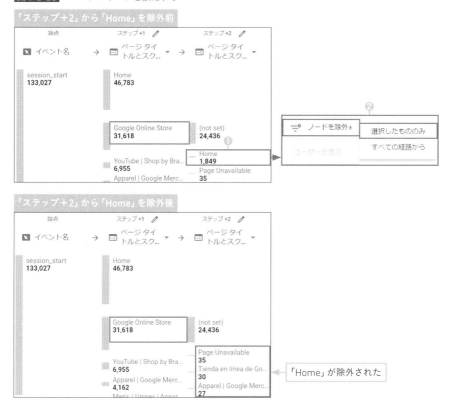

なお、標準では始点を基準に経路が表示されますが、終点を基準に経路を表示するよう設定を変更することも可能です。終点を基準に経路を表示したい場合は、まず「**最初からやり直す**」❶を押下して「**終点**」の「**ページタイトルとスクリーン名**」❷を選択してください。

図4-2-29 経路の基準を終点に変更する

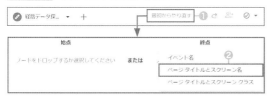

「ページタイトルとスクリーン名」の一覧が表示されるので、終点として設定したいいずれかの「ページタイトルとスクリーン名」を選択してください。ここでは例として「Sale | Google Merchandise Store」を選択します。

図4-2-30 「ページタイトルとスクリーン名」の一覧が表示される

図4-2-31のように終点を基準に経路が確認できるようになります。

図4-2-31 終点を基準に経路が確認できるようになる

「セグメントの重複」レポートで ユーザーセグメントの重複状況と相互関係を確認する

「セグメントの重複」レポートでは最大3個の**ユーザーセグメント**（共通の属性を持つユーザーの集まり）を比較して、それらの重複状況と相互関係を直感的に把握できます。こうしたデータは、**複数の条件を満たしている価値の高いユーザーを見つけるのに役立ちます**。「セグメントの重複」レポートはテンプレートギャラリーから作成できます。

図4-2-32 テンプレートギャラリーから「セグメントの重複」を選択する

「**セグメントの重複**」を選択すると標準で図4-2-33のようなレポートが作成され、キャンバス上に「**モバイルトラフィック**」「**タブレットトラフィック**」「**年齢：25～54歳**」という3つのセグメントの重複状況と相互関係が可視化されます[2]。

図4-2-33 「セグメントの重複」レポート

「**タブの設定**」列の「**セグメントの比較**」箇所を編集することで、キャンバス上に表示するセグメントを変更できます。たとえば「**年齢：25～54歳**」を削除して「**有料のトラフィック**」を追加すると図4-2-34のようになります。

---

[2] デモアカウントではGoogleシグナルのデータ収集が有効になっていないため、年齢にかかわるデータを計測できておらず、図4-2-33にも「年齢：25～54歳」が表示されていません。

図4-2-34 「セグメントの比較」箇所のセグメントを変更する

なお、標準では用意されていない**カスタムセグメント**を作成して利用することも可能です。カスタムセグメントの作成方法については本章の後半で説明します（p.138）。

「**タブの設定**」列の「**内訳**」ディメンションを設定すると、キャンバス上の表部分の横軸に「内訳」ディメンション、縦軸に各セグメントが表示されるようになります。図4-2-35は「**イベント名**」を設定した場合の例です。

図4-2-35 「内訳」ディメンションを設定する

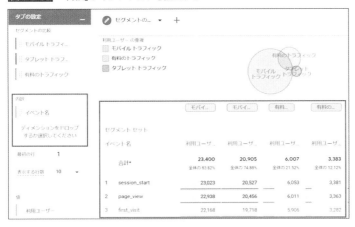

「**最初の行**」と「**表示する行数**」の設定によって表示する行や行数を変更することも可能です。指標としては標準で「利用ユーザー」が設定されていますが、必要に

応じて「**タブの設定**」列の「**値**」箇所から変更してください。

　なお「自由形式」レポートと同様に、キャンバス上を右クリック後「**ユーザーを表示**」から「**ユーザーエクスプローラ**」**レポート**を作成することも可能です。

「コホートデータ探索」レポートで ユーザーグループの時間の経過に伴う行動を確認する

　「**コホート**」とは共通の属性を持つユーザーのグループのことを指します。「コホートデータ探索」レポートでは、それらのユーザーグループの時間の経過に伴う行動を確認できます。「コホートデータ探索」レポートはテンプレートギャラリーから作成できます。

図 4-2-36　テンプレートギャラリーから「コホートデータ探索」を選択する

　「コホートデータ探索」を選択すると標準で図4-2-37のようなレポートが作成され、新規ユーザーの週単位の再訪状況が確認できます。

図 4-2-37　「コホートデータ探索」レポート

131

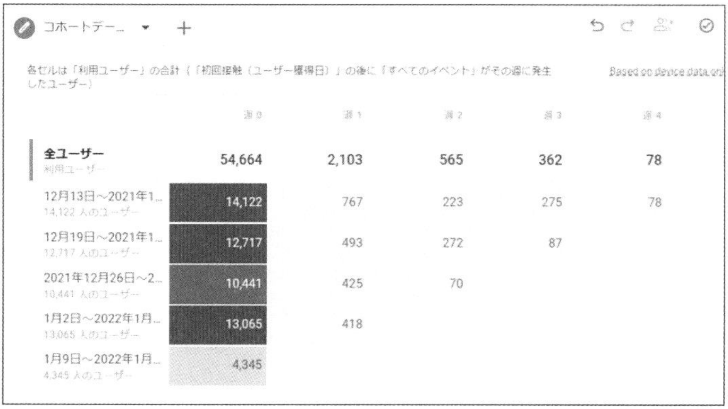

たとえば図4-2-37のグラフ1行目からは、2021年12月13日～ 2021年12月18日に
初めてウェブサイトに訪問したユーザー（「週0」箇所にある14,122人）が、その翌週
以降にどの程度継続的に再訪してくれているのか（例：翌週は「週 1」箇所にある
767人、翌々週は「週2」箇所にある223人）が分かります。**「タブの設定」**列にある
「コホートへの登録条件」を、標準の「初回接触」（ユーザー獲得日）から「すべてのイ
ベント」に変更すると、リピーターも対象となります。

図 4-2-38 「コホートへの登録条件」を「すべてのイベント」に変更する

　「コホートへの登録条件」としては他に**「すべてのトランザクション」「すべてのコ
ンバージョン」「その他」**も選択でき、それぞれ下記のような定義となっています。

○「コホートへの登録条件」の定義

初回接触（ユー ザー獲得日）	ウェブサイトまたはアプリを（使用中のGA4プロパティの計測範囲内で）はじめて 利用したユーザーを、その初回利用日時で登録します。
すべてのイベント	レポートのデータ抽出対象期間中に、何らかのイベントを発生させたユーザー を、その初回発生日時で登録します。
すべてのトラン ザクション	レポートのデータ抽出対象期間中に、トランザクションイベント（購入手続きの完 了）を発生させたユーザーを、その初回発生日時で登録します。
すべてのコン バージョン	レポートのデータ抽出対象期間中に、なんらかのコンバージョンイベントを発生 させたユーザーを、その初回発生日時で登録します。
その他	レポートのデータ抽出対象期間中に、特定のイベントを発生させたユーザーを登 録します。

　再訪の定義は**「タブの設定」**列にある**「リピートの条件」**から指定します。

図4-2-39 「リピートの条件」を変更する

標準では**「すべてのイベント」**となっていますが、**「すべてのトランザクション」**
「すべてのコンバージョン」「その他」も選択できます。それぞれの意味合いは下記
のとおりです。

○「リピート条件」の定義

すべてのイベント	レポートのデータ抽出対象期間中に、イベントを1件以上発生させたユーザーをカウントします。
すべてのトランザクション	レポートのデータ抽出対象期間中に、トランザクション（購入手続きの完了）イベントを1件以上発生させたユーザーをカウントします。
すべてのコンバージョン	レポートのデータ抽出対象期間中に、コンバージョンイベントを1件以上発生させたユーザーをカウントします。
その他	レポートのデータ抽出対象期間中に、特定のイベントを発生させたユーザーをカウントします。

　「タブの設定」列の**「コホートの粒度」**は**「毎日」「毎週」「毎月」**から選択可能で、**「毎
日」**を選択すると図4-2-40のように日単位の再訪状況が確認できるようになります。
「タブの設定」列の**「計算」**箇所では、キャンバス上に表示される指標の計算方法を
定義します。

図4-2-40 「コホートの粒度」を「毎日」に変更する

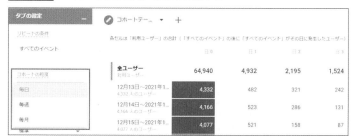

図4-2-41 「計算」箇所の設定を変更する

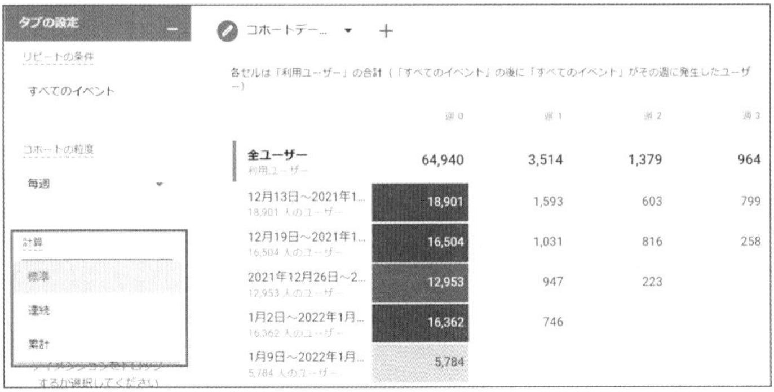

計算方法は「**標準**」「**連続**」「**累計**」から選択でき、それぞれ下記のような定義となっています。

● 「計算方法」の定義

標準	各セルには「コホートへの登録条件」を満たした後に、個々の期間で「リピートの条件」を満たしたユーザーの合計値が表示されます。
連続	各セルには「コホートへの登録条件」を満たした後に、個々の期間まで連続して「リピートの条件」を満たしたユーザー合計値が表示されます。
累計	各セルには「コホートへの登録条件」を満たした後に、個々の期間までのいずれかの期間で「リピートの条件」を満たしたユーザーの合計値が表示されます。

「**タブの設定**」列より「**内訳**」ディメンションを設定すると、図4-2-42のようにキャンバス上に表示されるデータを細分化できます。表示される「**内訳**」ディメンションの行数を増やしたい場合は「**ディメンションあたりの行数**」を変更してください。

図4-2-42 「内訳」ディメンションを設定する

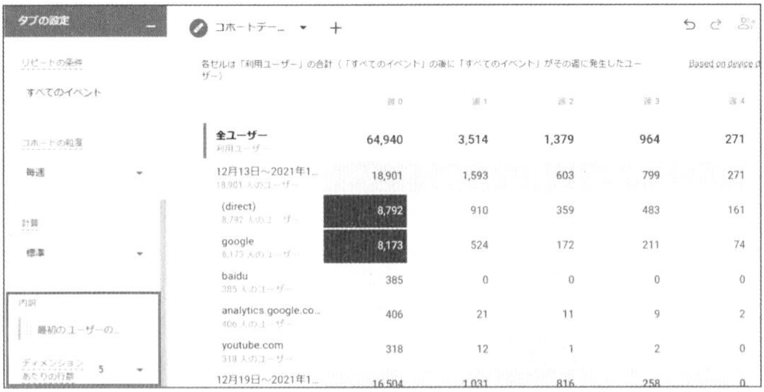

指標は標準で**「利用ユーザー」**となっていますが、**「タブの設定」**列の**「値」**箇所から**「イベント数」**などに変更することも可能です。**「指標のタイプ」**は**「合計」**と**「コホートユーザーあたり」**から選択でき、**「コホートユーザーあたり」**に変更するとキャンバス上に表示される表記が**「%」ベース**となります。

図 4-2-43　**「指標のタイプ」**を変更する

「ユーザーのライフタイム」レポートで
ライフタイムバリューに関するデータを確認する

「ユーザーのライフタイム」レポートはテンプレートギャラリーから作成できます。

図 4-2-44　テンプレートギャラリーから**「ユーザーのライフタイム」**を選択する

内容については**「自由形式」レポート**の**「テーブル」**とほぼ同様ですが、「ユーザーのライフタイム」レポートでは**ユーザーのライフタイム**にかかわるディメンショ

ン・指標と、機械学習を活用した予測指標を使用して、ユーザーの**ライフタイムバ**
リュー(ユーザーから生涯にわたって得られる収益)に関するデータを確認できま
す。

図4-2-45 「ユーザーのライフタイム」レポート

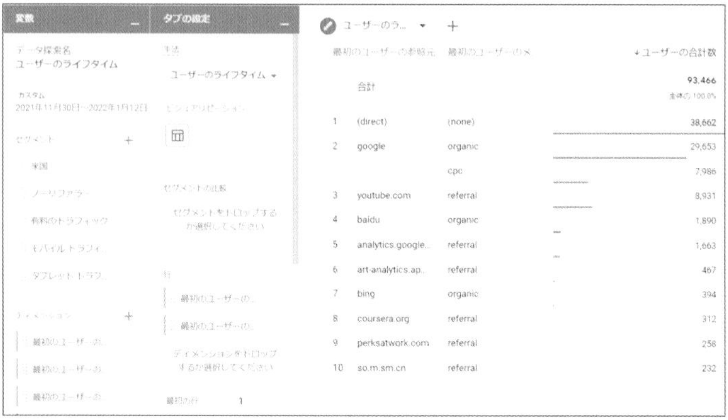

「ユーザーのライフタイム」レポートで使用可能かつ、主要なディメンションと
指標は表4-2-1と表4-2-2のとおりです。

表4-2-1 「ユーザーのライフタイム」レポートで使用可能なディメンション

ディメンション名	概要	例
最初のユーザーの キャンペーン	ユーザーを最初に獲得したキャンペーン	MIX | Txt ~ AW - YouTube
最初のユーザーの メディア	ユーザーを最初に獲得したメディア	organic
最初のユーザーの 参照元	ユーザーを最初に獲得した参照元	google
最終利用日	ユーザーがサイト、またはアプリで最後にエンゲージ メントを持った日付	20220113
初回購入日	ユーザーがアプリ内購入、またはeコマース購入を初 めて行った日付	20220113
初回訪問日	ユーザーがウェブサイト、またはアプリに初めてアク セスした日付	20220113
前回のプラット フォーム	ユーザーが、サイトやアプリへの最後の訪問に使った プラットフォーム	web
前回の購入日	ユーザーがアプリ内購入、またはeコマース購入を 行った最後の日付	20220113

表4-2-2　「ユーザーのライフタイム」レポートで使用可能な指標

指標名	概要
LTV	すべての収益源で全期間に発生した収益の合計 (ライフタイムバリュー)
ライフタイムのセッション数	ユーザーのサイト、またはアプリへの初回訪問以降に発生したセッションの合計回数
全期間のエンゲージメントセッション数	ユーザーがサイト、またはアプリへの初回訪問以降にエンゲージメントを持ったセッション数
全期間のエンゲージメント時間	サイトまたはアプリの初回訪問ユーザーが、フォアグラウンドでアクティブだったときから経過した時間
全期間のセッション継続時間	ユーザーセッション (最初のセッションから現在のセッションが期限切れとなるまで) の合計時間
全期間のトランザクション数	ユーザーのサイト、またはアプリへの初回訪問以降に発生したトランザクションの合計回数
購入の可能性	今後7日間に、ユーザーが1回以上購入を行う可能性 (機械学習による予測指標)
予測収益	過去28日間に、アクティブだったユーザーから期待できる、ユーザーあたりの平均収益額 (機械学習による予測指標)
離脱の可能性	今後7日間に、サイトやアプリでユーザーがアクティブにならない可能性 (機械学習による予測指標)

　なお、**予測指標**を使用するためには、下記のような前提条件を満たす必要があります。

- 関連する予測条件 (「purchase」イベントの計測など) を満たしたリピーターが過去28日の間の7日間で1,000人以上、満たしていないリピーターが1,000人以上必要です。
- 予測を行う機械学習モデルの品質が一定期間維持されている必要があります。
- 「購入の可能性」を使用するためには「purchase」か「in_app_purchase」イベントの少なくともどちらか一方を計測する必要があります。
「purchase」イベントを計測する場合は、「value」と「currency」パラメータもあわせて計測する必要があります。

4-3　「セグメント」機能でユーザーセグメントごとのデータを抽出・比較する

　「データ探索ツール」で作成したレポートには、基本的にすべてのユーザーに関するデータが表示されます。**「セグメント」**はこのすべてのユーザーに関するデー

タを、特定のユーザー・セッション・イベントに関するデータだけに絞り込んで表示するための機能です。

セグメントを作成する

セグメントを作成したい場合は「**変数**」列の「**セグメント**」箇所にある「**＋**」アイコンを押下します。押下すると図4-3-2のようなセグメントの**新規作成画面**が表示されます。

図 4-3-1 セグメントを作成する

図 4-3-2 セグメントの新規作成画面

　テンプレートを利用してセグメントを作成したい場合は「**おすすめのセグメント**」の中からテンプレートを選択します。**「カスタムセグメントを作成」**箇所にある**「ユーザーセグメント」「セッションセグメント」「イベントセグメント」**には、データの抽出範囲について図4-3-3のような違いがあります。

図4-3-3　**各セグメントのデータ抽出範囲の違い**

■ 例）条件として「purchase」イベントを設定した場合

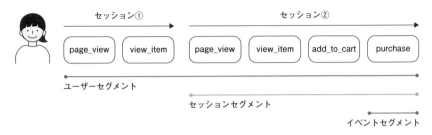

　たとえば「**ユーザーセグメント**」を選択すると、図4-3-4のようなセグメントの条件を指定する画面が表示されます。

図4-3-4　**セグメントの条件を指定する画面**

❶任意のセグメント名を入力します。

❷任意でこのセグメントの説明を入力します。

❸セグメントの条件を指定します。

❹このセグメントの条件に合致するユーザーとセッションの数が表示されます。

❺このセグメントをもとにオーディエンスを作成できます。オーディエンスの詳細については「Chapter13 Google アナリティクス4プロパティに Google 広告アカウントをリンクする」を参照してください。

例として「『/basket.html』を閲覧したユーザー」を抽出するセグメントを作成してみましょう。セグメント名として「『/basket.html』を閲覧したユーザー」❶を入力して、条件として「ページ/スクリーン→ページ遷移+クエリ文字列」❷を選択します。

図 4-3-5 セグメント名を入力して「ページ遷移 + クエリ文字列」を選択する

図4-3-6の「フィルタを追加」❶より、続けて条件「先頭が一致」「/basket.html」❷を入力、「いずれかの時点で」❸にチェックを入れ「適用」❹を押下します。

図 4-3-6 フィルタを追加する

なお「いずれかの時点で」のチェックのオン／オフによって、下記のように条件が変わるので注意してください。

● 「いずれかの時点で」のチェックのオン／オフによる違い

オン	いずれかの時点で「/basket.html」からはじまるページを閲覧したユーザー
オフ	最後に「/basket.html」からはじまるページを閲覧したユーザー

　図4-3-7のようにこのセグメントの条件に合致するユーザーとセッションの数が表示されたら、**「保存して適用」**を押下してください。ユーザーとセッションの数が想定と大きく異なる場合は、セグメントの条件に誤りがないか見直しましょう。

　適用が完了すると、図4-3-8のとおり作成したセグメントがレポートに反映されていることがわかります。

図 4-3-7　セグメントを保存して適用する

図 4-3-8　セグメントが適用された状態のレポート

続いて「『/basket.html』と『/payment.html』を閲覧したユーザー」を抽出する
セグメントを作成してみましょう。前出のページと同様の手順で図4-3-9のような
状態まで入力を進めたら、「AND」を押下してください。

図4-3-9 「AND」を押下して条件の追加を行う

新しい条件を追加できるようになるので、「ページ/スクリーン→ページ遷移＋ク
エリ文字列」❶を選択して、条件に「先頭が一致」「/payment.html」❷を入力、「い
ずれかの時点で」❸にチェックを入れ「適用」❹を押下します。図4-3-11のような状
態になったら完成です。

図4-3-10 「ページ遷移＋クエリ文字列」を選択して条件を入力する

図4-3-11 完成したセグメント

なお、図4-3-11赤枠内のアイコンを押下すると**「条件のスコープ指定」**を行うことができます。

図4-3-12 条件のスコープ指定

「ユーザーセグメント」の場合標準では**「全セッション」**となっており、「/basket.html」と「/payment.html」を別々のセッションで閲覧しているユーザーのデータも抽出することを意味します。この設定を**「同じセッション内」**に変更すると、「/basket.html」と「/payment.html」を同一のセッション内で閲覧しているユーザーのデータだけが抽出されるようになります。

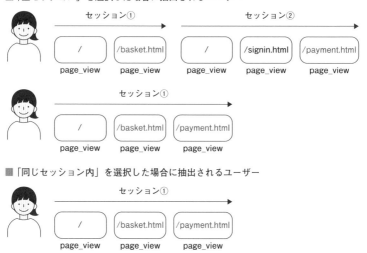

図4-3-13 「条件のスコープ指定」によって抽出されるユーザーの違い

■「全セッション」を選択した場合に抽出されるユーザー

■「同じセッション内」を選択した場合に抽出されるユーザー

　また、同じイベントに複数の**「ページ遷移＋クエリ文字列」**が紐づくことはないため、**「同じイベント内」**を選択するとユーザーとセッションの数が図4-3-11でともに0となります。なお図4-3-2で、**「セッションセグメント」**を選択した場合は**「同じセッション内」**と**「同じイベント内」**、**「イベントセグメント」**の場合は**「同じイベント内」**のみ選択可能です。ここでは**「全セッション」**のまま図4-3-11の画面で**「保存して適用」**しましょう。適用が完了すると、図4-3-14のように2つのセグメントが適用されたレポートが表示されます。

図4-3-14 2つのセグメントが適用された状態のレポート

変数		タブの設定		自由形式 1 ▼ ＋				↺
データ探索名		手法		セグメント		[/basket.html]		[/basket.html]
「ページ遷移＋クエリ文字…		自由形式 ▼		ページ遷移＋クエリ文字列		表示回数		表示回数
カスタム		ビジュアリゼーション		合計		222,746		135,777
11月13日〜2021年12月12日 ▼						全体の100.0%		全体の61.0%
セグメント ＋				1 /basket.html		35,167		22,203
[/basket.html] を… ⋮				2 /		19,579		8,087
[/basket.html] と…		セグメントの比較		3 /signin.html		11,331		6,650
ディメンション ＋		[/basket.html] を…		4 /yourinfo.html		8,926		7,820
ページ遷移＋クエ…		[/basket.html] と…		5 /Google+Redesign/Apparel/Mens?sortci=ne…		9,805		6,809
		セグメントをドロップする		6 /store.html		9,343		5,726
指標 ＋		か選択してください		7 /payment.html		7,131		7,131
表示回数				8 /Google+Redesign/Clearance		8,150		5,181
		ピボット		9 /Google+Redesign/New?sortci=newest+desc		7,367		4,404

続いて「『/basket.html』と『/payment.html』を閲覧したが『purchase』に至らなかったユーザー」を抽出するセグメントを作成してみましょう。前出のページと同様の手順で図4-3-15のような状態まで入力を進めたら、「＋除外するグループを追加」を押下してください。

図4-3-15　「＋除外するグループを追加」を押下して条件の追加を行う

除外するグループの条件を設定する箇所が表示されたら、図4-3-16のとおり「イベント→purchase」を設定してください。

図4-3-16　除外するグループの条件として「イベント→purchase」を追加する

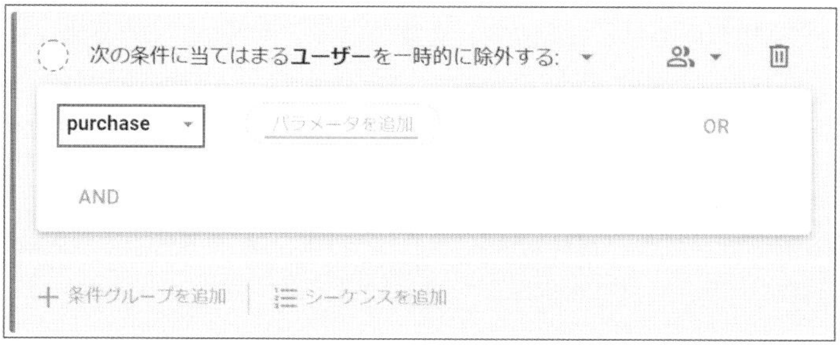

なお「パラメータを追加」から「イベント数」を選択して図4-3-17のように入力すると、「1週間以内に2回以上商品を購入した」（『purchase』イベントが計測された）といったような形で条件を指定することもできます。

図4-3-17 除外するグループの条件に「イベント数」パラメータを追加する

また図4-3-18の「次の条件に当てはまるユーザーを一時的に除外する」は「次の条件に当てはまるユーザーを完全に除外する」に変更することもできます。

図4-3-18 「次の条件に当てはまるユーザーを完全に除外する」部分は変更可能

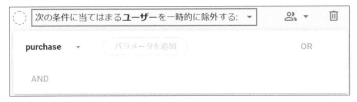

それぞれ下記のような意味合いとなるので、必要に応じて変更してください。

◎「一時的に除外する」と「完全に除外する」の違い

次の条件に当てはまるユーザーを一時的に除外する	指定した条件を満たしている期間中のみ、対象のユーザーをセグメントから除外します。
次の条件に当てはまるユーザーを完全に除外する	指定した条件を一度でもデータの抽出・表示期間中に満たしたことのあるユーザーを、セグメントから除外します。

図4-3-19のような状態になったら「保存して適用」を押下してください。

図4-3-19 完成したセグメント

適用が完了すると、図4-3-20のように3つのセグメントが適用されたレポートが
表示されます。

図4-3-20 3つのセグメントが適用された状態のレポート

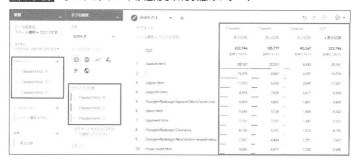

なお、セグメントはキャンバス上のレポートを右クリック❶して、「選択項目か
らセグメントを作成」❷を選択することによって作成することも可能です。

図4-3-21 選択項目からセグメントを作成する

掘り下げたいデータがあった場合は使用してみてください。

シーケンスを利用する

「『/Google+Redesign/Clearance』を閲覧してから『purchase』に至ったユーザー」のデータを抽出するために、図4-3-22のようなセグメントを作成したとします。

図4-3-22 セグメントの作成例

一見条件に間違いはなさそうですが、「**ページ遷移＋クエリ文字列：先頭が一致：/ Google+Redesign/Clearance**」という条件と「**イベント：purchase**」という条件はその発生順序を問わないため、「『**purchase**』してから『**/Google+Redesign/ Clearance**』を閲覧したユーザー」のデータも抽出されることになります。**発生順序も指定したい場合は「シーケンス」を利用しましょう。**「シーケンス」は「**ユーザーセグメント**」でのみ利用でき、図4-3-23の「**シーケンスを追加**」より設定できます。

図4-3-23　シーケンスを追加する

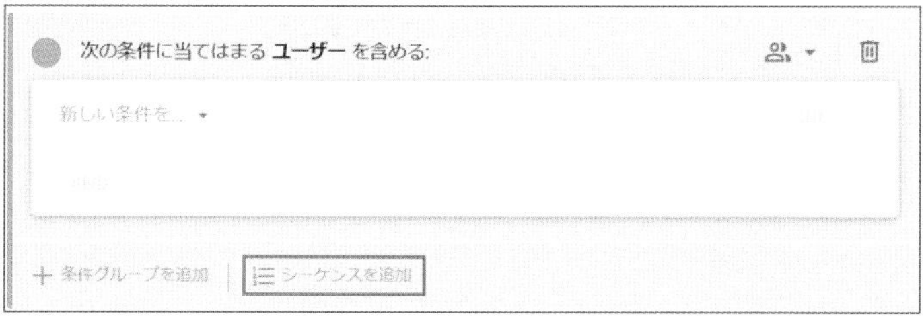

図4-3-24のような状態になったら、「ゴミ箱」アイコンを押下して通常の条件入力箇所を削除してください。

図4-3-24　通常の条件入力箇所を削除する

「ステップ1」の条件として、「ページ遷移＋クエリ文字列」「先頭が一致」「/Google+Redesign/Clearance」❶を入力して「ステップを追加」❷を押下します。

図4-3-25　「ステップ1」の条件を入力して「ステップを追加」を押下する

「ステップ2」が表示されたら「イベント→purchase」を設定してください。

図 4-3-26 「ステップ2」の条件として「イベント→purchase」を追加する

「**次の間接的ステップ**」は「**次の直接的ステップ**」に変更でき、それぞれ下記のような意味合いとなっています。

● 「次の間接的ステップ」と「次の直接的ステップ」の違い

次の間接的ステップ	前のステップで指定した条件を満たした後に、このステップで指定した条件を満たしたユーザーによるデータを抽出します。
次の直接的ステップ	前のステップで指定した条件を満たした直後に、このステップで指定した条件を満たしたユーザーによるデータを抽出します。つまり「/Google+Redesign/Clearance」ページの閲覧と「purchase」イベントの発生の間に別のイベントがはさまった場合は条件を満たさないことになります。

また、ステップ間に**制限時間**を定めることも可能です。図4-3-27の場合「5分以内」となっているので、「『/Google+Redesign/Clearance』を閲覧してから5分以内に『purchase』に至ったユーザー」のデータが抽出できるようになります。

図 4-3-27 制限時間を設定する

「ステップ1」の上部にある**「時計」アイコン**から、このシーケンス全体の制限時間を設定することもできます。**短時間で特定の行動をとっているユーザーを分析したいときなど**に使用してください。

図4-3-28 シーケンス全体の制限時間を設定する

図4-3-29のような状態になったら「保存して適用」を押下してください。

図4-3-29 完成したシーケンスセグメント

適用が完了すると、図4-3-30のように4つのセグメントが適用されたレポートが表示されます[3]。

---

[3] レポートごとに作成できるセグメントは最大10個までで、同時に適用可能なのは最大4個までとなっています。

図 4-3-30 4つのセグメントが適用された状態のレポート

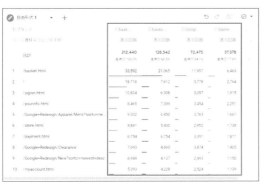

　本章の冒頭で触れたとおり、**「データ探索ツール」は任意のレポートを自作して
データを詳細に分析するためのツール**です。ある程度の慣れは必要となりますが、
セグメントはデータを詳細に分析していく上で非常に重要な機能となっているた
め、本章の内容をもとにぜひ色々と試行錯誤してみてください。

Google アナリティクス 4の
利用を開始する

Google アナリティクス 4の利用を開始しましょう。アカウントとプロパティ
の作成や、ウェブサイトのデータを計測するためのウェブストリームの追加、
データを保持する期間を決める設定の編集など、Google アナリティクス 4で
目的のデータを計測・確認するために必要な設定を行っていきます。

○━ keyword

- プロパティの作成
- ウェブストリームの追加
- クロスドメイン測定
- Googleシグナルのデータ収集の
  有効化
- データ保持の設定
- データフィルタの設定

5-1 Google アナリティクス 4の利用を開始する

Google アナリティクスを利用していない場合と、すでに利用している場合のそれぞれについて、GA4の利用を開始する方法を説明します。Google アナリティクスの利用には Google アカウントが必要です。Google アカウントを所有していない場合は、下記のヘルプページを参考に作成してください。

 https://support.google.com/accounts/answer/27441

Google アナリティクスを利用していない場合

Google アナリティクスには「https://analytics.google.com」からアクセスできます。最初にGoogle アカウントへのログインを求められるので、Google アカウントのメールアドレスまたは電話番号とパスワードを入力して「次へ」を押下します。

図 5-1-1 Google アカウントにログインする

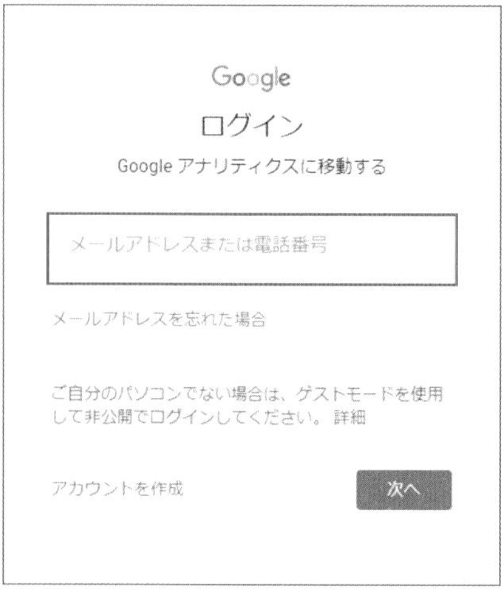

Google
ログイン
Google アナリティクスに移動する

メールアドレスまたは電話番号

メールアドレスを忘れた場合

ご自分のパソコンでない場合は、ゲストモードを使用して非公開でログインしてください。詳細

アカウントを作成   次へ

図5-1-2のような画面が表示されたら「測定を開始」を押下します。

図5-1-2 「測定を開始」からGoogle アナリティクスの利用を開始する

図5-1-3のような初期設定画面が表示されるので「アカウント名」に任意の名前を入力してください。**特別な理由がない限りは「アカウント名」には「法人名」を設定することをおすすめします。**

図5-1-3 「アカウントの設定」を行う1

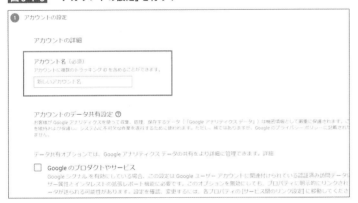

「アカウントのデータ共有設定」の各項目は、任意でオン／オフし、「次へ」を押下すると図5-1-5のような画面が表示されます。

図5-1-4 「アカウントの設定」を行う2

図5-1-5 「プロパティの設定」を行う

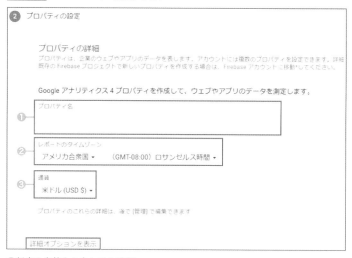

❶任意の名前を入力してください。

❷イベントが発生した日付と時間を計測する際に基準となるタイムゾーンです。

❸「eコマースの収益」などの指標をどの通貨で集計するかを決めるための設定です。

それぞれの項目は、下記に留意しながら設定してください。

- プロパティ名❶：特別な理由がない限りは、**計測する範囲が分かりやすいような名前（ドメインなど）を設定する**ことをおすすめします。
- レポートのタイムゾーン❷：たとえば「日本」を選択すると、海外でイベントが発生した場合も日本時間にもとづいてイベントが発生した日付と時間が決まりま

す。**通常は「日本」で問題ありませんが、海外のユーザー向けのウェブサイトを現地時間にもとづいて計測したい場合は、必要に応じて変更してください。**

- 通貨❸：日本国内向けのウェブサイトを運営している場合は、原則「日本円 (JPY ¥)」としておけばよいでしょう。

なお図5-1-5で「**詳細オプションを表示**」を押下すると、GA4プロパティと一緒にUAプロパティを作成するためのオプションが表示されますが、ここでは**オフ**のまま「**次へ**」を押下して先に進みます。

図5-1-6　**詳細オプション：ユニバーサル アナリティクス プロパティの作成**

「**ビジネスの概要**」は任意で入力して「**作成**」を押下してください。

図5-1-7　**「ビジネスの概要」の入力を行う**

図5-1-8のように「Google アナリティクス利用規約」が表示されたら、まず国や地域を選択します。日本国内で利用する場合は通常「日本」❶で問題ありません。

図5-1-8 「Google アナリティクス利用規約」に同意する

「Google アナリティクス利用規約」は法務担当者も交え確認してください。自社サイトのプライバシーポリシーの見直しなどが必要となる場合があります。

必要に応じて「GDPRで必須となるデータ処理規約にも同意します。」と「私はGoogleと共有するデータについて、『測定データ管理者間のデータ保護に関する条項』に同意します。」❷にチェックを入れて「同意する」❸ボタンを押下すると、アカウントの作成が完了します[1]。アカウントの作成が完了すると、プロパティも自動で作成されて図5-1-9のような画面に遷移します。

※1　前出の「アカウントのデータ共有設定」の「Googleのプロダクトやサービス」にチェックを入れた場合は、「測定データ管理者間のデータ保護に関する条項」に同意する必要があります。

図5-1-9 プロパティの作成完了後の画面

アナリティクス
サンプルプロパティ
管理
ユーザー
+ プロパティを作成
次のステップ: データ ストリームを設定してデータの収集を開始する
プラットフォームを選択してください
ウェブ
Android アプリ
iOS アプリ

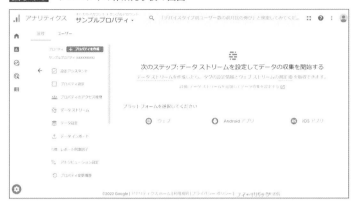

Googleアナリティクスを利用している場合

すでに**Googleアナリティクス（UA）**を利用している場合は**「管理」画面**からGA4プロパティの作成を進めましょう。

図5-1-10 「+プロパティを作成」を押下する

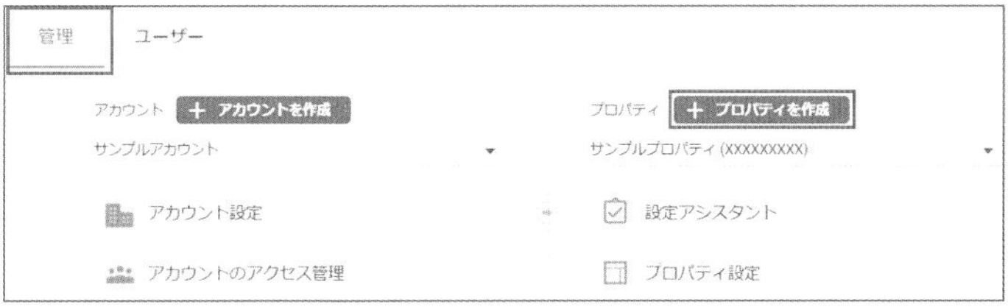

管理
ユーザー
アカウント
+ アカウントを作成
サンプルアカウント
プロパティ
+ プロパティを作成
サンプルプロパティ (XXXXXXXXX)
アカウント設定
設定アシスタント
アカウントのアクセス管理
プロパティ設定

「+プロパティを作成」を押下すると図5-1-11のような**「プロパティの設定」画面**が表示されます。

図5-1-11 「プロパティの設定」を行う

❶任意の名前を入力してください。

❷イベントが発生した日付と時間を計測する際に基準となるタイムゾーンです。

❸「eコマースの収益」などの指標をどの通貨で集計するかを決めるための設定です。

それぞれの項目は、下記に留意しながら設定してください。

- プロパティ名❶：特別な理由がない限りは、**計測する範囲が分かりやすいような名前（ドメインなど）を設定することをおすすめします。**
- レポートのタイムゾーン❷：たとえば「日本」を選択すると、海外でイベントが発生した場合も日本時間にもとづいてイベントが発生した日付と時間が決まります。**通常は「日本」で問題ありませんが、海外のユーザー向けのウェブサイトを現地時間にもとづいて計測したい場合は、必要に応じて変更してください。**
- 通貨❸：日本国内向けのウェブサイトを運営している場合は、原則「日本円（JPY ￥）」としておけばよいでしょう。

なお図5-1-11で「**詳細オプションを表示**」を押下すると、GA4プロパティと一緒にUAプロパティを作成するためのオプションが表示されますが、ここではオフのまま「次へ」を押下して先に進みます。

図 5-1-12　詳細オプション：ユニバーサル アナリティクス プロパティの作成

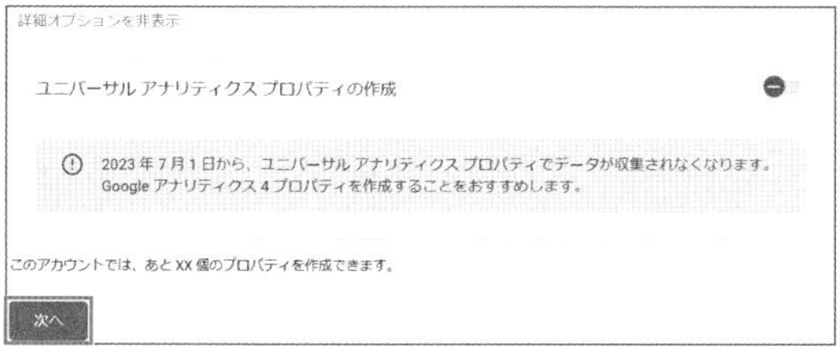

「ビジネスの概要」は任意で入力して「作成」を押下してください。

図 5-1-13　「ビジネスの概要」の入力を行う

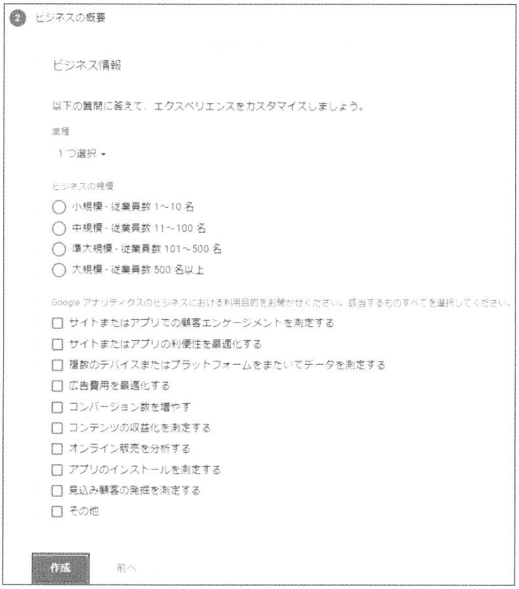

　なお「Google アナリティクス利用規約」は、アカウントの作成時にのみ同意を求められます。すでに作成されているアカウントの配下にプロパティを作成する場合は、同意済みのため確認は求められません。プロパティの作成が完了すると図5-1-14のような画面に遷移します。

図 5-1-14 プロパティの作成完了後の画面

🔍 5-2 「ウェブストリーム」を追加する

ウェブサイトのデータはプロパティの中の「ウェブストリーム」で計測します。

「ウェブストリーム」を追加して「拡張計測」の設定を行う

プロパティが作成できたらプラットフォーム「ウェブ」を選択して**「ウェブスト
リーム」**を追加しましょう。

図 5-2-1 「ウェブ」を選択して「ウェブストリーム」を追加する

計測を行いたいウェブサイトのURLを「**ウェブサイトのURL**」❶に入力して、「**ス
トリーム名**」❷には任意のウェブストリーム名を入力してください。入力できたら
「**拡張計測機能**」箇所にある**歯車アイコン**❸を押下してみましょう。

図5-2-2　「データストリームの設定」を行う

　図5-2-3のように「**拡張計測機能**」によって**自動的に計測されるイベント**が確認で
き、それぞれ必要に応じてオン／オフできます。

図 5-2-3 「拡張計測機能」によって自動的に計測されるイベント

それぞれのイベントの概要は以下のとおりです。

▶ページビュー数（page_view）

ページが読み込まれるたびに「page_view」イベントを計測します。**「ページ
ビュー数」**箇所の「詳細設定を表示」を押下すると、**「ブラウザの履歴イベントに基
づくページの変更」**という項目をオン／オフできます。

図 5-2-4 「ページビュー数」の詳細設定

これはSPA（シングルページアプリケーション）サイトのような動的なウェブサイトでページビューを計測することを目的とした機能です。標準ではオンになっており、**History API**というAPI（アプリケーション・プログラミング・インターフェース）による**pushState・popState・replaceState**（ページの読み込みが発生しない動的なページ遷移）も検知して、「page_view」イベントを計測できます。UAでこのような遷移を計測したい場合、ウェブページへの**JavaScript**のコード追加や、Google タグ マネージャーの設定追加が必須でしたが、GA4では自動で計測できるようになっています。

▶ スクロール数（scroll）

ウェブページが一番下（90%）までスクロールされるたびに、「scroll」イベントを計測します。表5-2-1のイベントパラメータも付随して計測されます。

表5-2-1　「scroll」イベントに付随して計測されるイベントパラメータ

イベントパラメータ	対応するディメンション	概要
percent_scrolled	スクロール済みの割合	ユーザーがページをスクロールした割合。ページの90%以上がスクロールされた場合、「90」という値が計測されます。

▶ 離脱クリック（click）

ユーザーが現在のドメインから移動するリンクをクリックするたびに、「click」イベントを計測します。ただし、後述する**「クロスドメイン測定」**の対象となっているドメインへのリンクをクリックした場合は、このイベントは計測されません。表5-2-2のイベントパラメータも付随して計測されます。

表5-2-2　「click」イベントに付随して計測されるイベントパラメータ

イベントパラメータ	対応するディメンション	概要
link_classes	リンクのクラス	ユーザーがクリックしたリンクのclass属性
link_domain	リンクドメイン	ユーザーがクリックしたリンクのドメイン
link_id	リンクID	ユーザーがクリックしたリンクのid属性
link_url	リンク先URL	ユーザーがクリックしたリンクのリンク先URL
outbound	送信	離脱クリックかどうかを判定するためのフラグ。離脱クリックの場合「true」という値が計測されます。

▶サイト内検索 （view_search_results）

ユーザーがサイト内検索を行うたびに、（クエリパラメータにもとづいて）「view_search_results」イベントを計測します。下記のイベントパラメータも付随して計測されます。

表5-2-3　「view_search_results」イベントに付随して計測されるイベントパラメータ

イベントパラメータ	対応するディメンション	概要
search_term	検索キーワード	サイト内検索時に使用されたキーワード
q_{{追加のクエリパラメータ}}	標準では対応するディメンションなし[2]	サイト内検索時に使用されたカテゴリなど

「サイト内検索」箇所の「詳細設定を表示」を押下すると、**「サイト内検索キーワードのクエリパラメータ」**と**「追加のクエリパラメータ」**という設定を調整できます。

図5-2-5　「サイト内検索」の詳細設定

「サイト内検索キーワードのクエリパラメータ」には、サイト内検索に利用されているクエリキー（「https://www.example.com/example.html?**key=param**」の「key」部分）を入力します。**標準では「q,s,search,query,keyword」の5つが設定されていますが、実際にサイト内検索で利用されているクエリキーと異なる場合は、設定の修正が必要となります。**クエリキーが不明な場合は、実際にサイト内検索をして検索結果画面のURLを調べてみてください。図5-2-6はSBクリエイティブ社のウェブサイトで「NRIネットコム」と検索した際の検索結果画面です。

※2　本書執筆時点（2022年5月）

図5-2-6　SBクリエイティブ社のウェブサイトのサイト内検索結果画面

クエリキーは「**s**」になることがわかるので、「**サイト内検索キーワードのクエリ
パラメータ**」は図5-2-7のように修正しておきます。

図5-2-7　「サイト内検索キーワードのクエリパラメータ」を修正する

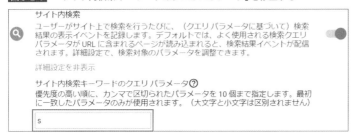

　これにより「view_search_results」イベントに付随する「**search_term**」というイ
ベントパラメータ（ディメンション：検索キーワード）で、**クエリキー「s」**に指定
された値（前出の例だと「NRIネットコム」）が計測できるようになります。なお、
サイト内検索機能によっては、検索キーワードとは別にカテゴリなどの追加情報が
指定できる場合もあるでしょう。こういった場合は「追加のクエリパラメータ」に
カテゴリを表すクエリキーを入力してください。たとえばサイト内検索結果画面の
URLが「**〜 /?s=NRIネットコム &category=書籍**」のようになる場合は、「追加のク
エリパラメータ」部分に「**category**」と入力してください。

図 5-2-8 「追加のクエリパラメータ」を設定する

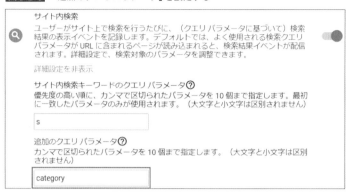

これにより「**q_category**」というイベントパラメータで、クエリキー「**category**」に指定された値（前出の例だと「書籍」）が計測できるようになります。

▶ **動画エンゲージメント（video_start、video_progress、video_complete）**

ウェブページに埋め込まれた **JS APIサポート** が有効なYouTube動画をユーザーが視聴すると、「video_start」イベント、10%・25%・50%・75% きざみの「video_progress」イベント、「video_complete」イベントを計測します。表5-2-4のイベントパラメータも付随して計測されます。

表 5-2-4 「video_ 〜」イベントに付随して計測されるイベントパラメータ

イベントパラメータ	対応するディメンション	概要
video_current_time	標準では対応するディメンションなし[3]	動画の再生時間（秒）
video_duration	標準では対応するディメンションなし[3]	動画全体の時間（秒）
video_percent	標準では対応するディメンションなし[3]	動画の再生割合。ユーザーが動画の50%まで再生した場合、「50」という値が計測されます。
video_provider	動画プロバイダ	再生された動画のソース（「youtube」など）
video_title	動画のタイトル	再生された動画のタイトル
video_url	動画 URL	再生された動画のURL
visible	表示	再生中の動画がブラウザの表示領域に表示されているかどうかを判定するためのフラグ。「true」または「false」という値が計測されます。

[3] 本書執筆時点（2022年5月）

▶ファイルのダウンロード（file_download）

PDFなどのファイルをダウンロードするリンクがクリックされるたびに、「file_download」イベントを計測します。**正規表現**「pdf|xlsx?|docx?|txt|rtf|csv|exe|key|pp(s|t|tx)|7z|pkg|rar|gz|zip|avi|mov|mp4|mpe?g|wmv|midi?|mp3|wav|wma」に一致する拡張子のファイルが対象となります。表5-2-5のイベントパラメータも付随して計測されます。

表5-2-5　「file_download」イベントに付随して計測されるイベントパラメータ

イベントパラメータ	対応するディメンション	概要
file_extension	ファイル拡張子	ダウンロードされたファイルの拡張子（「pdf」や「txt」など）
file_name	ファイル名	ダウンロードされたファイルのページ階層（「/menus/dinner-menu.pdf」など）
link_classes	リンクのクラス	ファイルをダウンロードするリンクの class 属性
link_domain	リンクドメイン	ファイルをダウンロードするリンクのドメイン
link_id	リンク ID	ファイルをダウンロードするリンクの id 属性
link_text	リンクテキスト	ファイルをダウンロードするリンクのテキスト
link_url	リンク先 URL	ファイルをダウンロードするリンクのリンク先 URL

なお「**拡張計測機能**」によって計測可能なすべてのイベントで、表5-2-6のイベントパラメータは自動的に計測されます。

表5-2-6　すべてのイベントにおいて計測されるイベントパラメータ

イベントパラメータ	対応するディメンション	概要
language	言語	ユーザーのブラウザまたはデバイスの言語名（「Japanese」「English」など）
page_location	ページの場所	イベントが発生したページのURL
page_referrer	ページの参照 URL	イベントが発生したページへの流入元となったページのURL
page_title	ページタイトル	イベントが発生したページのタイトル
screen_resolution	画面の解像度	ユーザーが閲覧している画面の幅と高さ（ピクセル単位）（「1920×1080」「1440×900」など）

「**拡張計測機能**」の設定が完了したら「**保存**」を押下してください。

図 5-2-9 「拡張計測機能」の設定を保存する

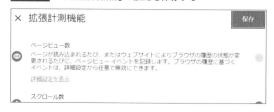

「ストリームを作成」を押下すると、ウェブストリームの作成が完了します。

図 5-2-10 「ストリームを作成」を押下する

5-3 「タグ付けの詳細設定」を編集する

　ウェブストリームの作成後に表示される**「ウェブストリームの詳細」画面**にある「**タグ付けの詳細設定**」を押下して、ウェブストリームに関連する設定を追加・調整しましょう。

図 5-3-1 「タグ付けの詳細設定」を押下する

170

本章では図5-3-2赤枠内にある4項目について詳しく説明します。

図5-3-2　「タグ付けの詳細設定」画面

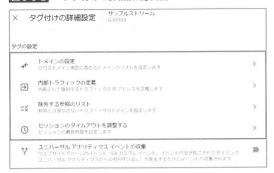

なお「**ユニバーサルアナリティクスイベントの収集**」は、JavaScriptのライブラリのトラッキングコードであるUAプロパティ用の「**analytics.js**」と、GA4プロパティ用の「**gtag.js**」を両方ウェブサイトに設置している場合に、使用できる機能です。「**ユニバーサルアナリティクスイベントの収集**」をオンにすると**UAプロパティに送信しているデータをGA4プロパティにも送信できます。ただし、計測内容がUAの仕様に依存することになるため注意が必要です**。詳細については、下記のヘルプページを参照してください。

 https://support.google.com/analytics/answer/11150547

「ドメインの設定」を編集する

まずは「ドメインの設定」を押下して「**クロスドメイン測定**」の設定を行います。

図5-3-3　「タグの設定」の項目

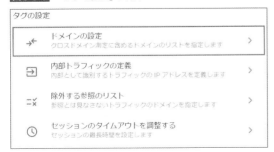

▶「クロスドメイン測定」とは

Google アナリティクスは**ファーストパーティ Cookie**（ユーザーが閲覧している
ウェブサイトのドメインから発行されている Cookie）の情報をもとにユーザーを識
別しています。その Cookie は、通常サブドメインを除く**ドメイン単位**で発行され
ます。そのため、**ユーザーがサブドメインを除くドメインが異なるウェブページに
遷移した場合は、Cookie が新たに発行されて、遷移前のユーザーと遷移後のユー
ザーは別のユーザーとして計測されます**[※4]。

図5-3-4　クロスドメイン測定設定前

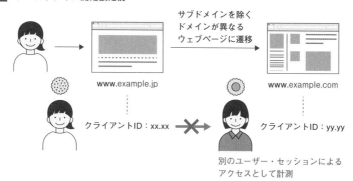

クロスドメイン測定の設定を行うと、**ユーザーがサブドメインを除くドメインが
異なるウェブページに遷移した場合も、図5-3-5のようにユーザーとセッションの
情報を引き継ぐことができるようになります。**

図5-3-5　クロスドメイン測定設定後

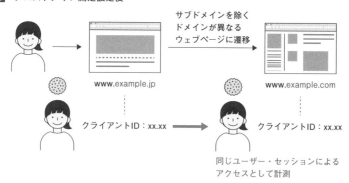

※4　ただし「ユーザーID」や「Googleシグナル」によって同一のユーザーとして計測できる場合もあります。

▶「ドメインの設定」を編集する

「ドメインの設定」画面は図5-3-6のとおりです。

図5-3-6　「ドメインの設定」画面

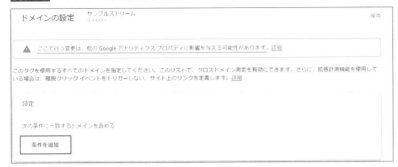

UAでクロスドメイン測定の設定を行いたい場合、**Google タグ マネージャーや
トラッキングコードの設定変更も必要でしたが、GA4では管理画面の設定のみで
対応可能です。**また**「ここで行う変更は、他のGoogle アナリティクスプロパティ
に影響を与える可能性があります。」**とあるとおり、1つのGA4プロパティでクロス
ドメイン測定の設定を行うと、他のUA・GA4プロパティでもクロスドメイン測定
が有効となる場合があります。

設定方法は「条件を追加」からクロスドメイン測定を行いたいドメインを追加す
るだけです。たとえば「www.example.com」と「www.example.jp」のクロスドメ
イン測定を有効にしたい場合は、図5-3-7のように設定して保存します。

図5-3-7　クロスドメイン測定の設定を行う

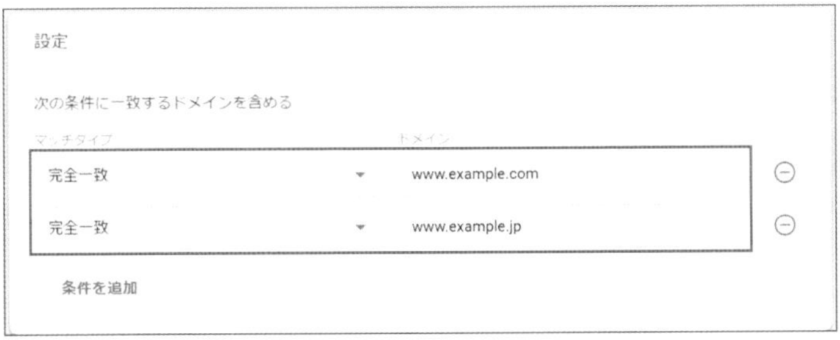

この状態で「Chapter8　イベントの計測設定を行う」で説明する**「自動的に収集さ**
れるイベント」の計測設定を追加すると、クロスドメイン測定も行うことができる
ようになります（p.236）。なおUAのように、クロスドメイン測定の対象ドメイン
を「除外する参照のリスト」（参照元除外リスト）に追加する必要はありません。**ク**
ロスドメイン測定の設定が有効になると、クロスドメイン測定対象のドメイン間を
遷移した際、遷移先URLに「https://www.example.com/?_gl=1*abcde5*」のよ
うな「_gl」パラメータが付加されるようになります。「_gl」パラメータが付加され
ることで、遷移先ページの表示崩れが発生したり、システムエラーが発生したりす
るようなことがないか、必ず確認してください。

▌「内部トラフィックの定義」を編集する

　続いて「内部トラフィックの定義」を押下してください。

図5-3-8　「タグの設定」の項目

　「内部トラフィックの定義」では「内部トラフィックルール」を設定することで、
特定のIPアドレスのユーザー（例：社内関係者）によって計測されたイベントに、
「traffic_type：internal」のようなイベントパラメータを付加できます。これによ
り、たとえば図5-3-9のようなセグメントを使って社内関係者を除くユーザーに関
するデータだけを抽出できるようになります[5]。

---

[5]　イベントパラメータ「traffic_type」を計測するカスタムディメンションの作成が別途必要となります。カスタ
　　ムディメンションについては「Chapter10　ユーザー ID・カスタム定義・コンテンツグループの計測設定を行
　　う」を参照してください。

図5-3-9　「traffic_type：internal」のユーザーを除くユーザーを抽出するセグメント

図5-3-10のような画面が表示されたら「作成」を押下して**「内部トラフィックルール」**を作成します。

図5-3-10　「作成」ボタンから「内部トラフィックルール」を作成する

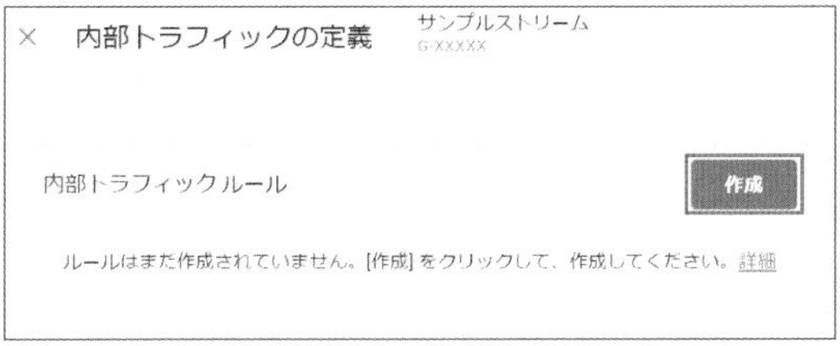

「内部トラフィックルール」の設定画面は図5-3-11のとおりです。各値を入力できたら「作成」を押下してください。

図5-3-11　「内部トラフィックルール」の作成画面

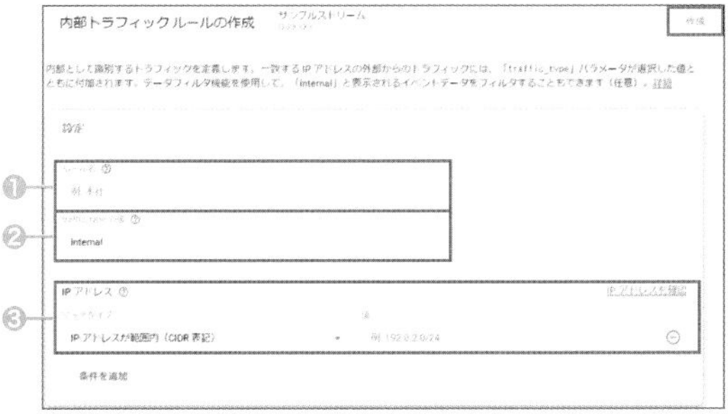

❶任意の「内部トラフィックルール」名を入力してください。

❷標準では「internal」が設定されていますが、他の値（例：agency）に変更することも可能です。

❸他のトラフィックと区別したいIPアドレスを入力してください。たとえば、社内の関係者（IPアドレス：XXX.XXX.XXX.XXX）によるトラフィックを区別したい場合は**「IPアドレスが次と等しい：XXX.XXX.XXX.XXX」**のように設定します[6]。

※6　本書執筆現在（2022年5月）、GA4ではUAと違いIPアドレスの範囲を指定する際に正規表現は使用できません。複雑な範囲指定が必要となる場合は、正規表現の代わりにCIDR表記という「/」を使った表記（例：XXX.XXX.XXX.XXX/24）でIPアドレスの範囲を指定する必要があります。CIDR表記のIPアドレスが不明な場合は、情報システム部などの自社のIPアドレスを管理している部署に確認してみてください。

なお、後述する「**データフィルタ**」(p.183) の設定をあわせて行うことで、「**内部トラフィックルール**」に設定したIPアドレスによるトラフィックを、GA4プロパティの集計対象から除外することも可能です。

「除外する参照のリスト」を編集する

続いて「除外する参照のリスト」を押下してください。

図 5-3-12 「タグの設定」の項目

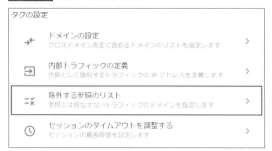

　「**除外する参照のリスト**」は、ウェブサイトの中に外部ドメインへの一時的な遷移を行う経路がある場合に使用する機能です。具体的にはeコマースサイトで、クレジットカードの本人認証を行うために外部ドメインに一時的に遷移して戻ってくるケースなどで使用します。

　仮にクレジットカードの本人認証を行う外部ドメイン (例：acs.cafis-paynet.jp) を「**除外する参照のリスト**」に追加しなかった場合、図5-3-13のようなケースでコンバージョン時の「**参照元/メディア**」が「**acs.cafis-paynet.jp/referral**」に上書きされてしまいます。これにより元々の流入元「**google/cpc**」のコンバージョンへの貢献度は正当に評価できません。

図 5-3-13 「除外する参照のリスト」の設定を行わなかった場合

一方、クレジットカードの本人認証を行う外部ドメイン（例：acs.cafis-paynet.jp）を「除外する参照のリスト」に追加しておいた場合は、前述のような流入元情報の上書きは行われず、元々の流入元「**google/cpc**」のコンバージョンへの貢献度を正当に評価できるようになります。

図 5-3-14 「除外する参照のリスト」の設定を行った場合

「除外する参照のリスト」の設定画面は図5-3-15のとおりです。「マッチタイプ」❶を選択して外部「ドメイン」❷を入力できたら「保存」❸を押下してください。

図 5-3-15 「除外する参照のリスト」の設定画面

なお、UAプロパティのように計測しているドメイン（「クロスドメイン測定」の対象ドメインを含む）を「除外する参照のリスト」に追加する必要はありません。ま**た、リファラー情報からサブドメインが削除されるITP（Intelligent Tracking Prevention）の影響も踏まえて、ドメイン単位で除外しても問題ない場合は、「acs. cafis-paynet.jp」ではなく「cafis-paynet.jp」などのようにサブドメインを除くドメインを追加しておくことをおすすめします。**

「セッションのタイムアウト」を調整する

続いて「セッションのタイムアウトを調整する」を押下してください。

図5-3-16 「タグの設定」の項目

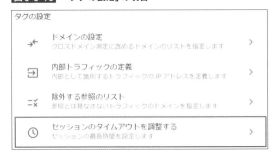

図5-3-17のような画面で「**セッションのタイムアウト**」(ユーザーがアクションを起こさなかった場合にセッションが終了するまでの時間)と「**エンゲージメントセッションの時間**」(セッションがエンゲージメントセッションとみなされるまでの時間)を調整できます。

図5-3-17 「セッションのタイムアウト」の設定画面

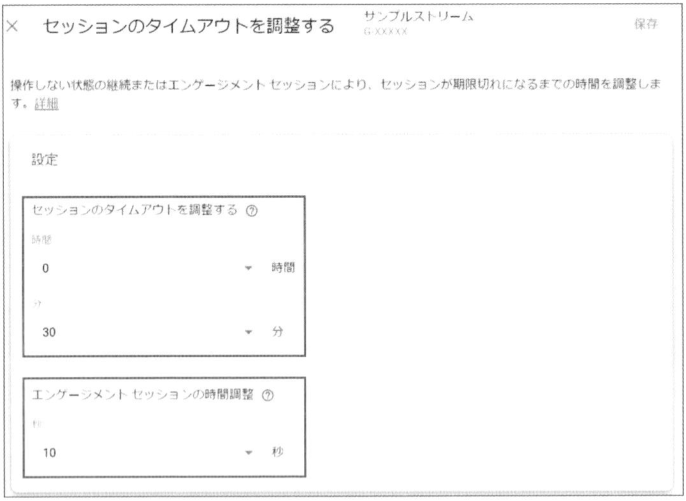

たとえば電子書籍販売サイトや動画配信サイトなど、**ユーザーがコンテンツに没頭し長時間にわたりアクションを起こさない（イベントが発生しない）可能性が高いウェブサイトを計測する場合は、「セッションのタイムアウト」までの時間を長めに設定しておくとよいでしょう。**「エンゲージメントセッションの時間」を変更するケースはほとんどありませんが、もし社内でエンゲージメントの定義が明確化されているようであれば、そちらの定義にあわせた変更を検討してください。

5-4　「データ設定」を編集する

続いて「管理→データ設定」にある設定項目について説明します。

「データ収集」の設定を編集する

「管理→データ設定→データ収集」では**Googleシグナル**のデータ収集を有効にすることができます。

図 5-4-1　「管理→データ設定→データ収集」の設定画面

Googleシグナルのデータ収集を有効にしておくと、Google アカウントにログインしていて、かつGoogle アカウントの設定で「広告のカスタマイズ」をオンにしているユーザーのデータを、クロスデバイスで紐づけることが可能となります。また、レポートでユーザーの**「年齢」「性別」「インタレストカテゴリ」**を確認したい場合は、Googleシグナルのデータ収集を有効にする必要があります。ただし、下記のヘルプページにある**「Google アナリティクスの広告向け機能に関するポリシー要件」**を遵守しなければならないので、注意してください。

 https://support.google.com/analytics/answer/2700409

ポリシー要件を遵守するために、自社サイトのプライバシーポリシーの変更など
が必要となる場合があるため、上記については法務担当者も交え確認してくださ
い。ポリシー要件を遵守できることを確認したら、図5-4-1の「利用を開始する」か
ら Googleシグナルのデータ収集を有効にしましょう。図5-4-2のような画面が表示
されたら「続行」を押下します。

図 5-4-2　Googleシグナルを有効にする 1

　続いて図5-4-3の「有効にする」を押下すると、Googleシグナルのデータ収集が有
効になります。

図 5-4-3　Googleシグナルを有効にする 2

なお、**Googleシグナルのデータ収集を利活用するためには、対象のGA4プロパ
ティで計測されている1日あたりのユーザー数が、月間平均で500人以上必要とな
る点に留意してください。**

地域とデバイスに関する詳細なデータの収集の有効／無効化

　「Chapter1 Google アナリティクス 4とは」で説明したとおり、昨今**GDPR**（EU
一般データ保護規則）や**CCPA**（カリフォルニア州消費者プライバシー法）といった
プライバシー保護にかかわる法整備が進んでいます。こういった状況に対して、**プ
ライバシーへの配慮を中核にすえたGA4では、ユーザーの地域とデバイスに関す
る詳細なデータ**（都道府県、市区町村、ブラウザ、デバイスモデルなど）**を計測す
る／しないを、「管理→データ設定→データ収集」から選択できるようになってい
ます。**

図 **5-4-4**　「地域とデバイスに関する詳細なデータの収集の有効／無効化」の設定画面

　また、図5-4-5のとおり歯車アイコンから、**国単位**（アメリカ合衆国の場合は州）
で計測を許可／不許可することも可能となっています。

図 5-4-5 国単位で計測を許可／不許可する

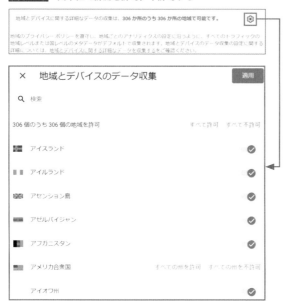

特にEU圏向けのウェブサイトを計測する場合は、現地の法規制を鑑みて無効化を検討するとよいでしょう。

「データ保持」の設定を編集する

「管理→データ設定→データ保持」は、**ユーザーデータ**と**イベントデータ**を Google アナリティクスのサーバーに保持する期間を決める設定です。**この期間が経過したデータは「データ探索ツール」において使用できなくなります。**

図 5-4-6 「管理→データ設定→データ保持」の設定画面

標準では「イベントデータの保持」の設定が「2か月」になっていますが、特別な事情がなければ最大値の「14か月」（有償版のGA4プロパティを利用している場合は最長「50か月」）に変更しておくことをおすすめします。なお「年齢」「性別」「インタレストカテゴリ」のデータには、設定に関係なく常に「2か月」の保持期間が適用されます。

また、UAでは「自動的に期限切れにならない」（無期限）に設定できましたが、GA4では無期限に設定することはできません。そのため、**過去のデータを長期保存したい場合は「Chapter16 Google アナリティクス 4のデータをBigQueryにエクスポートする」で紹介するBigQueryエクスポートの設定が必須となります。**

「データフィルタ」の設定を編集する

「管理→データ設定→データフィルタ」では、デバッグモードが有効になったデバイスやブラウザによる「**デベロッパートラフィック**」や、「**内部トラフィックルール**」に設定したIPアドレスによる「**内部トラフィック**」をGA4プロパティの集計対象から除外する設定を行うことができます。

図 5-4-7　「管理→データ設定→データフィルタ」の設定画面

ここでは「**内部トラフィック**」を除外する方法について説明します。「**デベロッパートラフィック**」の除外については下記のヘルプページを参照してください。

https://support.google.com/analytics/answer/10108813#debug

まずは前出のページ（p.174）で説明した**「内部トラフィックの定義」**が設定されていることを確認の上、図5-4-7の画面に標準で表示される「Internal Traffic」というデータフィルタを選択してください。図5-4-8のように**「データフィルタの編集」**画面が表示されたら、必要に応じて**「データフィルタ名」**①、**「フィルタオペレーション」**②、**「パラメータ値」**③を変更してください[7]。

図5-4-8 「データフィルタ」の設定を編集する1

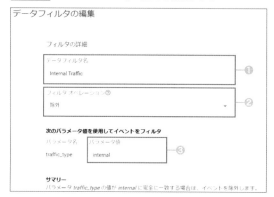

続いて画面を下にスクロールし、**「フィルタの状態」**を**「テスト」**から**「有効」**①に変更して**「保存」**②を押下してください。

図5-4-9 「データフィルタ」の設定を編集する2

※7 「パラメータ値」は「内部トラフィックの定義」に設定した「traffic_type の値」に合わせる必要があります。

図5-4-10の「フィルタを有効にする」を押下すると、データフィルタの編集が完了します。なお、**データフィルタの設定変更は過去のデータには影響しませんが、データフィルタの有効化以降に集計対象から除外されたデータを確認することはできなくなります**。誤って有効化した場合「フィルタの状態」を「テスト」や「無効」に戻すことは可能ですが、有効化されている期間中に除外されたデータを確認できるようにすることはできません。データフィルタを有効にする際は十分に注意してください。

図 5-4-10　「データフィルタ」の設定を編集する 3

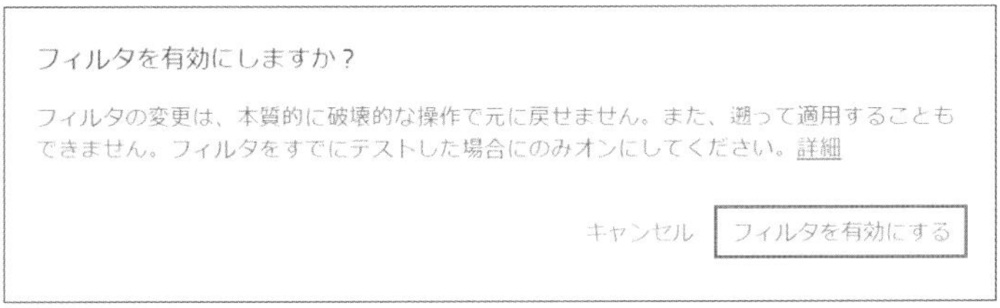

フィルタを有効にしますか？

フィルタの変更は、本質的に破壊的な操作で元に戻せません。また、遡って適用することもできません。フィルタをすでにテストした場合にのみオンにしてください。詳細

キャンセル　　フィルタを有効にする

📊 5-5　「レポート用識別子」の設定を確認する

「Chapter1 Google アナリティクス 4とは」で紹介したとおり、GA4では3種類の識別子を組み合わせることにより、従来より高精度でユーザーを識別できるようになっています。

各「レポート用識別子」と留意点

「管理→レポート用識別子」では「ブレンド」「モニタリング対象」「デバイスベース」から、ユーザーの識別方法を選択できます。

図 5-5-1　「管理→レポート用識別子」の設定画面

それぞれの識別方法において、使用可能なレポート用識別子は表5-5-1のとおりです。

表5-5-1 それぞれの識別方法で使用可能なレポート用識別子

	ユーザー ID（User-ID）	Googleシグナル	デバイス ID	モデル化データ
ブレンド	○	○	○	○
モニタリング対象	○	○	○	×
デバイスベース	×	×	○	×

標準では「**ユーザー ID（User-ID）**」「**Google シグナル**」「**デバイス ID**」のほかに、利用可能であれば「**モデル化データ**」（機械学習によるユーザーデータの推定）も用いる「**ブレンド**」という識別方法が選択されています。ただし、この「**モデル化データ**」は「同意モード」という機能を実装している場合にのみ使用できるデータとなっており、通常は使用できません。「モデル化データ」および「同意モード」の詳細については、下記のヘルプページを参照してください。

https://support.google.com/analytics/answer/11161109?hl=ja

残りの識別子「**ユーザー ID（User-ID）**」「**Google シグナル**」「**デバイス ID**」の概要は表5-5-2のとおりです。

表5-5-2 GA4の識別子

識別子	概要
デバイス ID	**ウェブの場合** ユーザーが利用している端末のブラウザごとに発行される、ファーストパーティ Cookieに格納されるID（クライアント ID）です。 **アプリの場合** ユーザーが利用している端末にインストールされたアプリごとに、発行されるID（アプリインスタンス ID）です。
Googleシグナル[8]	Google アカウントにログインしているユーザーから得られるデータです。 Googleシグナルのデータを利用できる場合、Google アナリティクスはユーザーから収集したデータを、ログイン中のユーザーの Google アカウントと関連付けます（ユーザーが Google アカウントの設定で「広告のカスタマイズ」をオンにしている場合のみ）。
ユーザー ID（User-ID）[9]	ウェブサイトやアプリで発行される、ユーザーを一意に識別可能な固有の ID（会員番号など）です。

GA4プロパティでは個々のユーザーの身元を推測できないようにするために、下記のような場合に**「データのしきい値」**が適用されることがあります。

- レポートにユーザー属性情報（年齢、性別、インタレストカテゴリなど）が含まれている場合
- 「管理→データ設定→データ収集」において、「Googleシグナルのデータ収集を有効にする」がオンになっている場合

データのしきい値が適用されるといくつかのデータが抜け落ちることになるため、計測されているはずのデータがレポート上で確認できないといった事象が発生します。レポートにデータのしきい値が適用されている場合は、図5-5-2のようにデータインジケーターの色が変化し、**「このレポートの一部のデータは、しきい値の適用時に削除された可能性があります。」**というメッセージが表示されます。

図5-5-2 「データのしきい値」が適用された場合のメッセージ

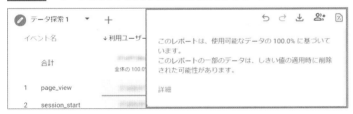

「Google シグナルのデータ収集を有効にする」をオンにしており、かつ**「管理→レポート用識別子」**の設定が**「ブレンド」**または**「モニタリング対象」**となっている場合は、**「レポート用識別子」を「デバイスベース」に変更・保存することで、データのしきい値の適用を回避できる場合があります。**

※8　Googleシグナルを使用したい場合は、「5-4『データ設定』を編集する」に記載の手順でGoogleシグナルのデータ収集を有効にする必要があります。

※9　標準では計測されないため、ユーザーIDを使用したい場合は「Chapter10 ユーザー ID・カスタム定義・コンテンツグループの計測設定を行う」に記載の手順で計測設定を追加する必要があります。

図 5-5-3 「レポート用識別子」を「デバイスベース」に変更する

　ただし、（「レポート用識別子」の変更はデータに恒久的な影響を与えるものではありませんが）レポート上に表示される数値が変動する可能性があるため、注意してください。

📊 5-6 「アトリビューション設定」を確認する

　「アトリビューション」はコンバージョンイベントの計測につながった最後の流入元だけでなく、コンバージョン経路上の「その他の流入元」に対しても貢献度を割り当てる考え方です。

「アトリビューション設定」で変更可能な項目

　「管理→アトリビューション設定」では「レポート用のアトリビューションモデル」や「ルックバック ウィンドウ」の設定変更が可能です。

図 5-6-1 「管理→アトリビューション設定」の設定画面

「レポート用のアトリビューションモデル」は「ライフサイクル→エンゲージメント→コンバージョン」などのイベントベースのレポートで、個々の流入元にコンバージョンの貢献度を割り当てる際のルールのようなものです。表5-6-1に記載のモデルが選択でき、以前は「**クロスチャネルラストクリック**」モデルが標準でしたが、現在は「**データドリブン**」モデルが標準かつ推奨となっています。

表5-6-1 選択可能なアトリビューションモデル

アトリビューションモデル	説明
データドリブン (推奨)	Google社の機械学習アルゴリズムによって、コンバージョンの促進につながった可能性が高い流入元にコンバージョンの貢献度を割り当てます。
クロスチャネルラストクリック	ノーリファラー（Direct）を無視し、ユーザーがコンバージョンに至る前に経由した最後の流入元（またはYouTubeのエンゲージビュースルー）にコンバージョンの貢献度をすべて割り当てます[10]。
ファーストクリック	ユーザーがコンバージョンに至る前に、最初にクリックした流入元（またはYouTubeのエンゲージビュースルー）にコンバージョンの貢献度をすべて割り当てます。
線形	ユーザーがコンバージョンに至る前に経由したすべての流入元（またはYouTubeのエンゲージビュースルー）に、均等にコンバージョンの貢献度を割り当てます。
接点ベース	最初と最後の接点に40%ずつコンバージョンの貢献度を割り当て、残りの20%をその間の接点に均等に割り当てます。
減衰	コンバージョンが発生した時点から、時間的に近い接点ほど高い貢献度を割り当てます。貢献度は7日間の半減期を使って割り当てられます。つまり、コンバージョンの獲得日から8日前のクリックには、コンバージョン達成の前日のクリックの半分の貢献度が割り当てられます。
Google 広告優先ラストクリック	ユーザーがコンバージョンに至る前に、最後にクリックしたGoogle 広告チャネルに、コンバージョンの貢献度をすべて割り当てます。コンバージョン経路内でGoogle 広告のクリックが発生していない場合は、クロスチャネルラストクリックモデルと同様となります。

　なお、**この設定はユーザーデータとセッションデータ（「ユーザー獲得」や「トラフィック獲得」レポートに表示されるデータなど）には影響せず、設定を変更した場合は過去データと今後計測されるデータの両方に変更後のアトリビューションモデルが反映されます。**

※10 「YouTubeのエンゲージビュースルー」は「GA4プロパティとリンクしているGoogle 広告アカウントから配信しているYouTube動画広告をユーザーが10秒以上視聴し、動画の視聴から3日以内にウェブサイト上でコンバージョンに至った」ことを指します。

また「**ルックバックウィンドウ**」はコンバージョンの貢献度を過去にさかのぼって各流入元に割り当てる対象期間を決める設定です。

図5-6-2 「ルックバックウィンドウ」の設定画面

たとえば、図5-6-2にある「**他のすべてのコンバージョンイベント**」が推奨の「**90日間**」に設定されていた場合、コンバージョンの貢献度が割り当てられるのは図5-6-3の❷❸のみとなります。

図5-6-3 「ルックバックウィンドウ」の設定によるコンバージョンの貢献度の割り当て方
■ 同じユーザーによる行動

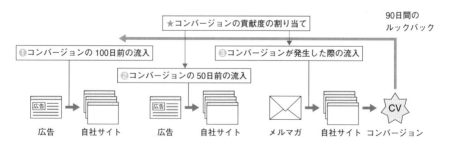

この設定の変更はすべてのレポートに反映されますが、過去のデータには反映されません。基本的には推奨とされている標準設定のままとすることをおすすめしますが、必要であれば変更を検討してください。

Chapter

6

Google タグ マネージャーの 利用を開始する

Google アナリティクスのトラッキングコードはJavaScriptで記述されている ため、プログラミングの知識がない方がカスタマイズするのは難しいかもしれ ません。Google タグ マネージャーを利用すれば、基本的にはプログラミング を行うことなく、Google アナリティクスのトラッキングコードの配信やカス タマイズが可能となります。本章では、Google タグ マネージャーの概要と導 入方法について解説します。

○━ **keyword**

- タグ・変数・トリガー
- バージョンとワークスペース
- アカウントとコンテナの作成
- コードスニペットの設置

6-1 Google タグ マネージャーとは

本節ではGoogle タグ マネージャーの概要について説明します。

Google タグ マネージャーの概要とメリット

ウェブサイトと様々な外部のサービスを連携するために、ウェブページ上に「タグ」と呼ばれるHTML（JavaScript）のコードを設置する場合があります。連携するサービスと主な目的は、以下のとおりです。

○連携するサービスと主な目的

サービス	目的
Google アナリティクス	ユーザーの行動情報を計測する
Google オプティマイズ	A/B テスト[1]を行う ウェブページの出し分けを行う
Google 広告 キャンペーン マネージャー 360	広告サービスと連携する

Google タグ マネージャー(略称：GTM)は、Google社が提供しているタグ管理サービスです。後述するGoogle タグ マネージャーのコードスニペットをウェブページに設置すると、以降はウェブページのソースコードを編集することなく、Google タグ マネージャーの中でタグを設定・配信できるようになります。Google タグ マネージャーを使用するメリットは、以下のとおりです。

▶①タグを簡単にカスタイマイズできる

たとえばGoogle アナリティクスのトラッキングコードはJavaScriptで記述されているため、プログラミングの知識のない方がカスタマイズするのは難しいかもしれません。Google タグ マネージャーを使用すると、図6-1-1のようなテンプレートを利用してGA4のトラッキングコードの設定をカスタマイズできます。

※1　A/Bテストの概要については、「Chapter14 Google アナリティクス 4プロパティにGoogle オプティマイズ コンテナをリンクする」を参照してください。

図6-1-1　Google アナリティクス 4 のタグのテンプレート

▶② タグの追加・変更・削除時にウェブページの改修が不要

　ウェブサイトに Google タグ マネージャーを導入すれば、Google タグ マネージャーの中の設定変更のみでタグの追加・変更・削除が可能となり、基本的にはウェブページ（HTMLファイルやJavaScriptファイル）の改修が不要になります。

　たとえば Google タグ マネージャーを使わず、GA4のトラッキングコードをウェブページに直接設置したとしましょう。その後、新たにリンクのクリックを計測したくなった場合、ユーザーがリンクをクリックしたタイミングでトラッキングコードを実行するよう、ウェブページを改修しなければなりません。一方 Google タグ マネージャーを導入している場合は、ウェブページの改修は必要なく、リンクのクリックを計測する設定を Google タグ マネージャーの中で追加できます。

▶③ タグの一元管理が可能

　個々のウェブページにタグを直接設置せず、すべて Google タグ マネージャーから配信することで、タグの一元管理が可能となります。

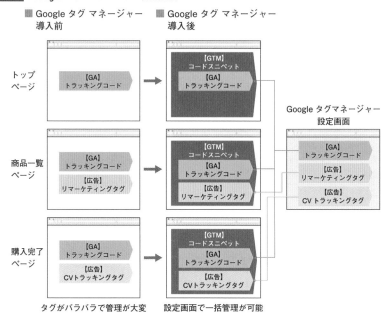

図6-1-2 Google タグ マネージャー利用前後のイメージ

■ Google タグ マネージャー　　■ Google タグ マネージャー
　導入前　　　　　　　　　　　　導入後

トップ
ページ

【GA】
トラッキングコード

【GTM】
コードスニペット
【GA】
トラッキングコード

Google タグマネージャー
設定画面

商品一覧
ページ

【GA】
トラッキングコード
【広告】
リマーケティングタグ

【GTM】
コードスニペット
【GA】
トラッキングコード
【広告】
リマーケティングタグ

【GA】
トラッキングコード
【広告】
リマーケティングタグ
【広告】
CV トラッキングタグ

購入完了
ページ

【GA】
トラッキングコード
【広告】
CVトラッキングタグ

【GTM】
コードスニペット
【GA】
トラッキングコード
【広告】
CVトラッキングタグ

タグがバラバラで管理が大変　　設定画面で一括管理が可能

　これらのメリットを踏まえ、本書ではGA4の計測設定について主にGoogle タグ マネージャーを使用した方法を紹介します。

🔍 6-2 Google タグ マネージャーの仕組みと設定

　本節ではGoogle タグ マネージャーが動作する仕組みと、各設定項目について説明します。

▌Google タグ マネージャーの仕組み

　Google タグ マネージャーを使用する際は、コードスニペットと呼ばれる図6-2-1にあるような**JavaScriptのコード**を、ウェブページの所定の位置に設置します。

図6-2-1 Google タグ マネージャーのコードスニペット

設置されたコードスニペットは、ユーザーがウェブページにアクセスした際にブラウザによって読み込まれます（①）。

図6-2-2 GTMの動作概要1：コードスニペットの読み込み

195

コードスニペットが読み込まれると、Google タグ マネージャーの中で設定した条件にもとづいてタグが配信されます。たとえば「**www.example.com**というドメインのウェブページを表示したとき、GA4の『**自動的に収集されるイベント**』を計測するタグを実行する」という設定を保存したとします（②）。

図 6-2-3　GTMの動作概要2：設定の保存

　この設定を公開すると、Google タグ マネージャーはこの設定どおりに動作する**JavaScript**のコードを生成します。そして、ウェブページに設置されたGoogle タグ マネージャーのコードスニペットからこの**JavaScript**のコードが読み込まれることで、設定した内容が実行されます（③④）。これにより、Google アナリティクスのサーバーにデータが送信されて、レポート上で確認できるようになります（⑤）。

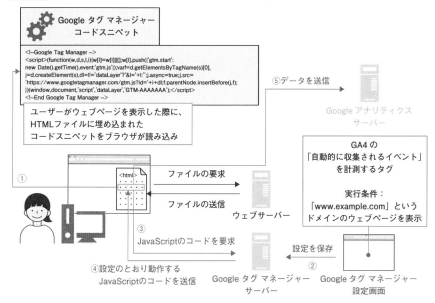

図6-2-4 GTMの動作概要3：コードの読み込みとデータの送信

Google タグ マネージャーの設定

Google タグ マネージャーの設定は、表6-2-1に分類されます。

表6-2-1 Google タグ マネージャーの設定分類

分類	概要	例
タグ	Google タグ マネージャーから実行する、HTML（JavaScript）のコードです。	・Google アナリティクスのトラッキングコード ・Google 広告のリマーケティング用のタグ
変数	タグやトリガーで使用する値や文字列を格納する領域です。	・読み込まれたウェブページのURL（全体または一部） ・クリックしたリンクのURL（全体または一部） ・ファーストパーティCookieの値
トリガー	タグが実行される条件（タイミング）を定義したものです。	・ウェブページが読み込まれたタイミング ・リンクがクリックされたタイミング ・ウェブページがスクロールされたタイミング

ユーザーがタグに設定されたトリガーの条件を満たすと、そのタグが実行されます。タグを実行することを**「発火（fire）する」**と表現することがありますが、意味

は同じです。また、**タグ・変数・トリガー**を作成して組み合わせることで、任意の
タイミングで設定したタグを実行できるようになります。たとえば、図6-2-5のタ
グはURLのホスト名が「**www.example.com**」に等しいページで、Google タグ マ
ネージャーのコードスニペットが読み込まれた際に実行されるよう設定されていま
す。

図6-2-5　タグ・変数・トリガーを組み合わせる

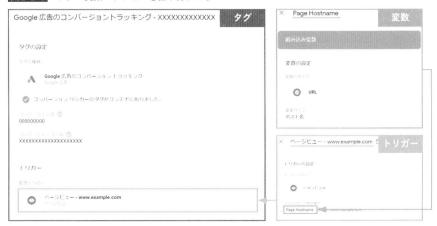

　Google タグ マネージャーの設定の詳細については、「Appendix2 Google タグ
マネージャーの『タグ』『変数』『トリガー』」を参照してください。

6-3　Google タグ マネージャーアカウントの構成について

　ここからは、Google タグ マネージャーのアカウント構成について、ケーススタ
ディも交えながら説明します。

アカウントとコンテナの概要

　Google タグ マネージャーのアカウントは、**「アカウント」「コンテナ」**という2つ
の階層で構成されています。

図6-3-1　アカウントとコンテナ

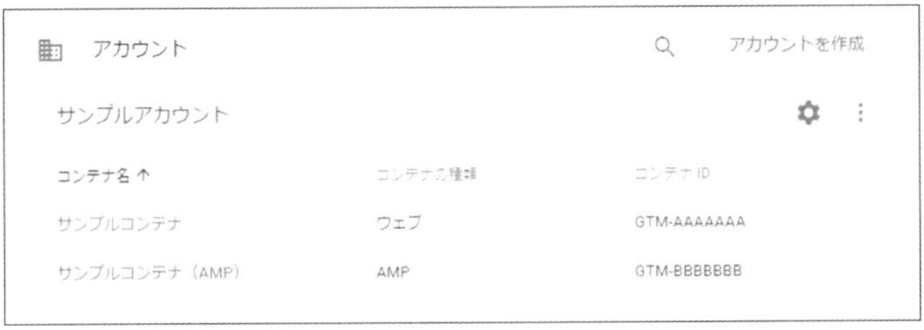

Google タグ マネージャーの利用にあたっては、**「管理のしやすさ」**と**「運用のしやすさ」**の2点を考慮したアカウント構成を検討する必要があります。アカウントの構成を検討する前に、**アカウント**と**コンテナ**の概要についてそれぞれ紹介します。

▶**アカウント**

- 複数のコンテナを束ねます。
- 束ねたコンテナに対する、ユーザーの権限管理を行うことができます。
- セキュリティを強化するために、2段階認証が有効になっているユーザーのみ、ユーザーの追加や「カスタムHTML」タグの作成などの操作を可能にする設定ができます。

▶**コンテナ**

- Google タグ マネージャーからタグを配信するにあたり、コードスニペットを発行する単位となります。
- タグ・変数・トリガーの作成や組み合わせは、コンテナの中で行います。

Google タグ マネージャーアカウントの構成を検討する

それでは、下記の例を用いてアカウントとコンテナの構成を考えていきましょう。

◉ **構成検討の例題**

XXX会社は以下のウェブサイトを運用している。

① コーポレートサイト（www.example.com）
② （コーポレートサイト内の）サイト内検索機能（search.example.com）
③ ECサイト（ec.example.com）

「①コーポレートサイト」「②サイト内検索機能」の運用と「③ECサイト」の運用は、それぞれ別の事業部で行っている。

上記のような場合、アカウントは原則「**XXX会社**」用に1つ作成すればよいでしょう。一方、コンテナの構成は3案考えられます。それぞれメリット・デメリットがあるため、それらを踏まえて構成を決定しましょう。

案1 コンテナを1つだけ作成し、全サイトで共用する

　アカウントの下にコンテナを1つだけ作成し、すべてのサイトで**共用コンテナ**を利用します。

図6-3-2 コンテナを1つだけ作成し、全サイトで共用する

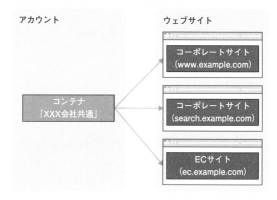

　メリットとデメリットは下記の通りです。

▶ **メリット**

- コンテナは1つなので、複数のコンテナを管理する煩雑さがありません。
- すべてのウェブサイトで同様の設定を行う場合、設定を共通化できます。

▶ **デメリット**

- コーポレートサイト用の設定変更がECサイトの挙動に、またはECサイト用の設定変更がコーポレートサイトの挙動に影響を与えるリスクがあるため、**設定を変更する際は、他のウェブサイトに影響が出ないことを確認する必要があります。**
- 各ウェブサイト独自のタグを多く設定する場合、設定（**タグ・変数・トリガー**）と**バージョン**の数が多くなるため、管理がしづらくなります。
- Google タグ マネージャーの権限はコンテナ単位で設定するため、たとえばEC

サイトを運用している事業部の代理店に、広告用のタグを管理する作業を依頼する場合、別の事業部が運用しているコーポレートサイト用の**設定が見られたり、誤って変更されたりしてしまうリスクが発生します。**

この案を採用する場合は、上記のデメリットが運用上問題ないかをあらかじめよく検討しましょう。

案2 コーポレートサイトとECサイトで1つずつコンテナを作成し、事業部ごとに利用する

アカウントの下に**コーポレートサイト用**と**ECサイト用**のコンテナをそれぞれ作成します。各コンテナはコーポレートサイトとECサイトをそれぞれ運用する事業部によって使い分けます。

図 6-3-3　コーポレートサイトとECサイトで1つずつコンテナを作成し、事業部ごとに利用する

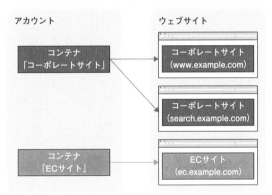

▶メリット

- コーポレートサイトとECサイトでコンテナが分かれているため、設定変更によって他のウェブサイトに影響を与えてしまうリスクがほぼなくなります。
- 「コーポレートサイト」「ECサイト」用の**コンテナごとに、ユーザーの権限を管理できるようになります。**
- 案①と比較してコンテナごとの設定（**タグ・変数・トリガー**）やバージョンの数が少なくなるため、管理がしやすくなります。

▶ デメリット

- すべてのウェブサイトで同様の設定を行う場合、コンテナごとに設定を追加する必要があります。このため、**全サイトに共通する設定の追加／変更があった場合に、それぞれのコンテナで設定作業が発生します。**
- コンテナ間でGA4のイベント名やイベントパラメータ名などの設定ルールに相違があった場合、両サイトをまたいだレポーティングを行う際に混乱を招く恐れがあります。

この案を採用する場合は、事業部間でGA4の**イベント名**や**イベントパラメータ名**などの設定ルールをあらかじめ取り決めておくとよいでしょう。また、各コンテナの状況を横断して把握できる管理者を立てることをおすすめします。

案3 ▶ 全サイトで共用するコンテナ1つと、事業部ごとに利用するコンテナをそれぞれ作成する

アカウントの下にすべてのサイトで利用する**共用コンテナ**を作成します。それに加えてコーポレートサイトやECサイトなど、**運営する事業部用**のコンテナをそれぞれ作成します。

図6-3-4 全サイトで共用するコンテナ1つと、事業部ごとに利用するコンテナをそれぞれ作成する

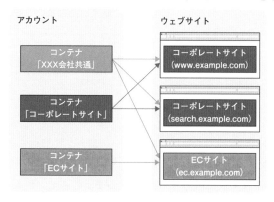

▶ メリット

- 共用するコンテナで全サイトの設定の共通化を行いつつ、事業部ごとのコンテナで他のウェブサイトに影響を与えることなく、各事業部独自の設定を実装できるようになります。

- 案②と同様に「XXX会社共通」「コーポレートサイト」「ECサイト」用のコンテナごとに、ユーザーの権限を管理できるようになります。
- 案②と同様に、コンテナごとの設定（タグ・変数・トリガー）やバージョンの数が少なくなるため、管理がしやすくなります。

▶デメリット

- コンテナの数が多くなるため、管理が煩雑となります。
- **共用するコンテナと事業部ごとのコンテナで設定する範囲を明確にしておかないと、重複計測などの不具合が発生する恐れがあります。**

この案を採用する場合は、**各コンテナの状況を横断して把握できる管理者**を立てる必要があります。各事業部のユーザーの権限はできるだけ限定し、管理者の監督のもと設定～公開を進められるように**運用ルール**を整備しておきましょう。また、共用コンテナの管理・設定は管理者が行うことをおすすめします。

なお、案③では1つのウェブサイトに複数の**コードスニペット**を設置することになります。ただし、有償版のGoogle タグ マネージャーでは1つの親コンテナから別の子コンテナを配信する**「ゾーン」**という機能を利用できます。**「ゾーン」**機能を利用すると配信元となる親コンテナを1つウェブページに設置することで、複数の子コンテナを親コンテナから配信できるようになります。

図6-3-5 Google タグ マネージャーの「ゾーン」機能

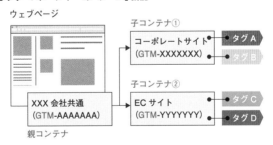

ウェブページに設置された親コンテナから子コンテナを読み込み、
子コンテナに設定されているタグ A ～ D を配信。

「ゾーン」機能の詳細については、下記のヘルプページを参照してください。

https://support.google.com/tagmanager/answer/7647043

6-4 Google タグ マネージャーのアカウント・コンテナを作成する

本節ではGoogle タグ マネージャーのアカウントとコンテナを作成する手順について説明します。

アカウント・コンテナの作成手順

Google タグ マネージャーのアカウント構成が決まったら、Google タグ マネージャーのアカウントを作成していきましょう。Google タグ マネージャーには「https://tagmanager.google.com」からアクセスできます※2。

初回は「アカウントを作成するにはここをクリックしてください」という画面が表示されるので、指示にしたがってください。

図 6-4-1 Google タグ マネージャーアカウントを作成する

Google タグ マネージャーアカウントは、図6-4-2のように作成します。

「作成」を押下すると、Google タグ マネージャーの利用規約が表示されます(図6-4-3)。**欧州経済領域(EEA)**に拠点をおいているウェブサイトの計測を行う場合は、法務担当者に相談の上、利用規約の下部に表示される「**GDPRで必須となるデータ処理規約にも同意します。**」のチェックボックスをオンにしてから、「**はい**」を押下してください。

※2　Google タグ マネージャーの利用には、Google アカウントが必要です。
※3　AMP用のコンテナについては、本書執筆時点(2022年5月)ではGA4には非対応です。

図 6-4-2　「新しいアカウントの追加」画面

❶任意のアカウント名を入力してください。通常は会社名を入力します。

❷Google タグ マネージャーを使用する国を選択してください「Google や他の人と匿名でデータを共有」には、任意でチェックを入れてください。

❸任意のコンテナ名を入力してください。通常は Google タグ マネージャーを使用するウェブサイトの名前やドメインを入力します。

❹「ウェブ」を選択してください。本書では割愛しますが AMP（Accelerated Mobile Pages）やモバイルアプリ（iOS / Android）の計測に利用するコンテナを作成することも可能です[3]。

図 6-4-3　Google タグ マネージャー利用規約

コンテナの作成が完了すると、自動で画面が切り替わり**「Google タグ マネージャーをインストール」**というダイアログが表示されます。この画面は後から再表示できるので、「OK」を押下して一旦ダイアログを閉じてください。

図6-4-4 Google タグ マネージャーをインストール

ダイアログを閉じると、図6-4-5のような**「ワークスペース」画面**が表示されます。

図6-4-5 「ワークスペース」画面

6-5 Google タグ マネージャーのバージョンとワークスペースについて

Google タグ マネージャーには、何か問題が起きた際にすぐに設定を差し戻したり、複数人で異なる作業を並行して行ったりしやすいように、**「バージョン」**と**「ワークスペース」**という機能が用意されています。

バージョンと公開

Google タグ マネージャーの特定の時点の設定の状態を**「バージョン」**と呼びます。

図6-5-1 設定の状態とバージョン

Google タグ マネージャーでは「バージョン」を作成・公開することで、追加・変更した設定内容がユーザーのブラウザに反映されます。作成・公開済みのバージョンは、図6-5-2のとおり**「バージョン」画面**に表示されます。

図6-5-2 作成・公開済みのバージョン一覧

「バージョンID」はバージョンが作成されるたびにカウントアップされていき、現在公開されているバージョンには「ステータス」列に**「ライブ」**と表示されます。**バージョンを公開した後で問題が発生した場合は、各バージョン行の「⋮→公開」より、必要に応じて任意のバージョンの状態に差し戻すことができます。**

図 6-5-3　任意のバージョンの状態に差し戻す

バージョン					
バージョンID ↓	ステータス	名前	作成日時	公開日時	公開者
2	ライブ、最新	サンプルバージョン	2022/03/29	2022/03/29	○○○@nri-net.com
1		Empty Container	2022/03/29	2022/03/29	○○○@nri-net.com

プレビュー
プレビューの共有
公開

ワークスペースとは

　「**ワークスペース**」は、コンテナの設定変更を行う作業場のようなものです。個々のコンテナには、標準で「**Default Workspace**」という**ワークスペース**が作成されますが、新たにワークスペースを作成することも可能です。

　たとえば「広告タグの追加」と「GA4の計測用タグの設定変更」など、**複数の設定作業が同時に発生した場合にそれぞれの作業用のワークスペースを作成することで、他のワークスペースの影響を受けずに並行して作業できるようになります。**図6-5-4は「**タグAの修正作業**」と「**タグBの追加作業**」を、別々のワークスペースで行った場合の例です。

図 6-5-4　複数のワークスペースでの作業例

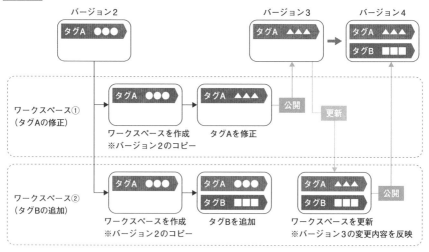

ワークスペースは、作成時点の最新のバージョンと同じ設定状態で作成されます。ワークスペース②を作成した後に、ワークスペース①から作成されたバージョンが公開された場合、そのバージョンで追加・変更された設定内容が失われないように、**「ワークスペースの更新」**を行いワークスペース②に設定を反映させる必要があります。「ワークスペースの更新」が必要となった場合は、「ワークスペース」画面の左下に**「ワークスペースを更新」**というリンクが表示されます。

図6-5-5　「ワークスペースを更新」というリンクが表示される

　「ワークスペースを更新」のリンクと、図6-5-6の「更新」を順に押下することで、**別のバージョンで追加・変更された設定内容が、作業中のワークスペースに反映されます。**

図6-5-6　ワークスペースの更新を行う

ワークスペースの更新を行う際に、作業中のワークスペースで変更した設定と同じ箇所が、別のバージョンで変更されていた場合は、図6-5-7のような**競合**が発生します。

図6-5-7 競合が発生して矛盾が検出される

図6-5-7の「解消」を押下すると、図6-5-8のように競合している内容を確認できます。**公開済みのバージョンの設定内容が失われないように、競合を解決しておきましょう。**

図6-5-8 競合を解決する

図6-5-8で「→」アイコンを押下すると、図6-5-9、図6-5-10のようなボタンが表示されます。別のバージョンの変更内容を作業中のワークスペースにも反映させたい場合は、右のやじるしボタンを押下してください。

図6-5-9　別のバージョンの変更内容を作業中のワークスペースにも反映する

　一方、作業中のワークスペースの変更内容を生かしたい場合は、左の停止ボタン
を押下してください。

図6-5-10　作業中のワークスペースの変更内容を生かす

　すべての競合が解消されたら、右上の**「保存」**ボタンを押下してワークスペース
を更新してください。

図6-5-11　すべての競合が解消した

　「バージョンの公開と作成」は、「Chapter8　イベントの計測設定を行う」で行いま
す（p.284）。操作している内容が分からなくなったり競合が発生したりした場合
は、ここまで説明した内容を読み返してみてください。

📊 6-6 Google タグ マネージャーをウェブサイトに導入する

ウェブサイトでGoogle タグ マネージャーを利用するためには、Google タグ マネージャーの**コードスニペット**を各ウェブページに設置する必要があります。

▌コードスニペットを取得・設置する

コードスニペットは**「ワークスペース」**右上の**「GTM-AAAAAAA」**(「コンテナID」のためコンテナによって値は変動)部分を押下して取得してください。

図6-6-1 コードスニペットを取得する

コードスニペットを取得したら、**<script>タグ**で構成されているコードスニペットをウェブページの**<head>タグ**内かつ、**<title>タグ**よりも下に設置してください。**<title>タグよりも上に設置すると、「ページタイトル」を上手く計測できない場合があります**。また**<noscript>タグ**で構成されているコードスニペットは、**<body>**の開始タグの直後に設置してください。

図6-6-2 コードスニペットを設置する

```
<html>
<head>
<title> ~ ~ ~ ~ ~ ~ ~ ~ ~ ~ ~ ~ ~ </title>
```

```
<!-- Google Tag Manager -->
<script>(function(w,d,s,l,i){w[l]=w[l]||[];w[l].push({'gtm.start':
new Date().getTime(),event:'gtm.js'});var f=d.getElementsByTagName(s)[0],
j=d.createElement(s),dl=l!='dataLayer'?'&l='+l:'';j.async=true;j.src=
'https://www.googletagmanager.com/gtm.js?id='+i+dl;f.parentNode.insertBefore(j,f);
})(window,document,'script','dataLayer','GTM-AAAAAAA');</script>
<!-- End Google Tag Manager -->
```

```
~~~~~~~~~~~~~~~~~~~~~~~~~
</head>
<body>
```

```
<!-- Google Tag Manager (noscript) -->
<noscript><iframe src="https://www.googletagmanager.com/ns.html?id=GTM-AAAAAAA"
height="0" width="0" style="display:none;visibility:hidden"></iframe></noscript>
<!-- End Google Tag Manager (noscript) -->
```

```
~~~~~~~~~~~~~~~~~~~~~~~~~
</body>
</html>
```

　なお、1つのウェブページに複数のコードスニペットを設置することも可能です。**複数のコードスニペットを設置する場合は、図6-6-3のとおり各コンテナのコードスニペットを並べて設置するようにしてください。**

図 6-6-3 複数のコードスニペットを設置する

```
<html>
<head>
<title> ～ ～ ～ ～ ～ ～ ～ ～ ～ ～ ～ ～ </title>
```

```
<!-- Google Tag Manager -->
<script>(function(w,d,s,l,i){w[l]=w[l]||[];w[l].push({'gtm.start':
new Date().getTime(),event:'gtm.js'});var f=d.getElementsByTagName(s)[0],
j=d.createElement(s),dl=l!='dataLayer'?'&l='+l:'';j.async=true;j.src=
'https://www.googletagmanager.com/gtm.js?id='+i+dl;f.parentNode.insertBefore(j,f);
})(window,document,'script','dataLayer','GTM-AAAAAAA');</script>
<!-- End Google Tag Manager -->
```

```
<!-- Google Tag Manager -->
<script>(function(w,d,s,l,i){w[l]=w[l]||[];w[l].push({'gtm.start':
new Date().getTime(),event:'gtm.js'});var f=d.getElementsByTagName(s)[0],
j=d.createElement(s),dl=l!='dataLayer'?'&l='+l:'';j.async=true;j.src=
'https://www.googletagmanager.com/gtm.js?id='+i+dl;f.parentNode.insertBefore(j,f);
})(window,document,'script','dataLayer','GTM-BBBBBBB');</script>
<!-- End Google Tag Manager -->
```

```
～～～～～～～～～～～～～～～～～～～～～～～
</head>
<body>
```

```
<!-- Google Tag Manager (noscript) -->
<noscript><iframe src="https://www.googletagmanager.com/ns.html?id=GTM-AAAAAAA"
height="0" width="0" style="display:none;visibility:hidden"></iframe></noscript>
<!-- End Google Tag Manager (noscript) -->
```

```
<!-- Google Tag Manager (noscript) -->
<noscript><iframe src="https://www.googletagmanager.com/ns.html?id=GTM-BBBBBBB"
height="0" width="0" style="display:none;visibility:hidden"></iframe></noscript>
<!-- End Google Tag Manager (noscript) -->
```

```
～～～～～～～～～～～～～～～～～～～～～～～
</body>
</html>
```

　一方のコードスニペットを <head> タグ内に設置し、もう一方のコードスニペットを <body> の終了タグの直前に設置するなどして設置位置が離れると、それぞれのコードスニペットが読み込まれるまでに時差が発生し、意図しない動作を引き起こす場合があります。

　なお、Google タグ マネージャーには意図しない動作が発生していないか検証するための機能「プレビューモード」が用意されています。このプレビューモードについては「Chapter8 イベントの計測設定を行う」で説明します（p.267）。

ユーザーの権限管理を行う

Google アナリティクスやGoogle タグ マネージャーには、Google アカウントを使用してアクセスします。また、複数人で利用したい場合は各人が持つGoogle アカウントに個々のサービスに対する権限を設定する必要があります。そこで、本章では権限の設定方法と設定時の注意点について説明します。

o—– **keyword**

- ユーザーの権限管理のポイント
- Google アナリティクスの
  ユーザー権限体系
- Google タグ マネージャーの
  ユーザー権限体系
- ユーザー権限の追加・編集・削除

🔍 7-1 ユーザー管理の基本的な考え方

本節では、ユーザーの権限管理を行う際の留意点について説明します。

ユーザー権限管理のポイント

Google アナリティクスおよびGoogle タグ マネージャーにおける、ユーザーの権限管理のポイントは以下の3点です。

▶ ① 誰がどの Google アカウントを使用しているのか、わかるようにしておく

Google アナリティクスやGoogle タグ マネージャーのユーザー管理画面には、**「名前」**（Google アカウントのプロフィールで設定されている場合のみ）と**「メールアドレス」**しか表示されません。このため、自社・代理店・制作会社など所属が異なるユーザーを数多く追加していくと、過去に追加した「○○○@gmail.com」というユーザーが誰なのかわからず、ユーザーの棚卸しができないといったような状況に陥りがちです。こういった状況を回避するために、**できる限り Google アカウントは「○○○@nri-net.com」のような法人ドメインで作成してもらうようにしてください。また、管理しなければならないユーザーが非常に多い場合は、ユーザー管理台帳のようなものを別途用意しておくとよいでしょう。**

▶ ② 不要な権限を渡さないようにする

管理者でないユーザーには、個々のユーザーの作業内容に応じた必要最低限の権限のみを設定するようにしましょう。不用意に「管理者」権限や「編集者」「公開」権限を渡すと、以下のような問題が起きる恐れがあります。

- 第三者に権限が設定されてしまう。
- Google アナリティクスやGoogle タグ マネージャーの設定が誤って修正され、計測内容に影響が出てしまう。
- Google タグ マネージャーにウェブサイトの挙動に影響を与えるような設定が追加されてしまう。

▶ ③ 「管理者」権限が設定された Google アカウントは複数用意しておく

退職や異動によって管理者がいなくなることもあるでしょう。その際に**「管理者」**権限が設定されたGoogle アカウントを利用できるユーザーが誰もいなくなってしまい、アカウントの管理がままならなくなるケースが稀にあります。こういった状

況を回避するために、**「管理者」権限が設定されたGoogle アカウントは必ず複数用意しておくようにしてください。**

7-2　Google アナリティクスのユーザーを管理する

　ここからは、Google アナリティクスのユーザー権限体系やユーザーを管理する方法について、具体的に説明します。

Google アナリティクスのユーザー権限体系

　Google アナリティクス4のユーザー管理は、**「管理→アカウントのアクセス管理」**あるいは**「管理→プロパティのアクセス管理」**から行います。**「アカウントのアクセス管理」**ではアカウント単位で、**「プロパティのアクセス管理」**ではプロパティ単位でユーザーの権限を追加・削除できるようになっています。

図7-2-1　「アカウントのアクセス管理」と「プロパティのアクセス管理」

管理	ユーザー		
アカウント　**+ アカウントを作成**		プロパティ　**+ プロパティを作成**	
サンプルアカウント	▼	サンプルプロパティ (XXXXXXXXX)	▼
アカウント設定	→	設定アシスタント	
アカウントのアクセス管理		プロパティ設定	
すべてのフィルタ		プロパティのアクセス管理	

　設定できる権限は、以下のとおりです。

表7-2-1　Google アナリティクスで設定可能なユーザー権限

権限	説明
管理者	ユーザー管理も含め、アカウント／プロパティのすべてを管理できる権限です。「編集者」の権限が含まれます。
編集者	アカウント／プロパティの設定を編集できる権限です。ユーザーを管理することはできません。「マーケティング担当者」の権限が含まれます。
マーケティング担当者	「オーディエンス」「コンバージョン」「アトリビューションモデル」「ルックバックウィンドウ」「イベント」設定の編集が可能な権限です。「アナリスト」の権限が含まれます。
アナリスト	「アナリスト」以上の権限を所有しているユーザーは、「データ探索ツール」で作成したレポートを他のユーザーに共有できます。「閲覧者」の権限が含まれます。
閲覧者	レポートの表示・操作が可能な権限です。

また、GA4プロパティについては下記のオプションも選択できます。

表 7-2-2 Google アナリティクス 4 でのみ選択可能なオプション

オプション	説明
コスト指標なし	費用に関連する指標（例：Google 広告の費用、Google 広告のクリック単価）が表示できなくなります。
収益指標なし	収益に関連する指標（例：合計収益、eコマースの収益）が表示できなくなります。

ポイントは下記の2点です。**親階層には最低限の権限のみを追加し、必要に応じて子階層の権限を上げていくとよいでしょう。**

▶**ポイント①**

親階層の権限は子階層に引き継がれます。たとえばあるユーザーにアカウントの**「編集者」**権限を設定すると、そのユーザーには当該アカウント配下のプロパティの**「編集者」**権限も設定されます。

図 7-2-2 親階層の権限は子階層に引き継がれる

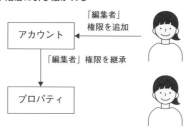

▶**ポイント②**

子階層では親階層より上位の権限を設定することはできますが、親階層より下位の権限を設定することはできません。たとえばあるユーザーにアカウントの**「アナリスト」**権限が設定されている場合、そのアカウント配下にあるプロパティに対して**「管理者」「編集者」**権限を追加で設定することは可能です。一方、特定のプロパティだけ権限を**「閲覧者」**に絞ることはできません。

図7-2-3 子階層では親階層より下位の権限を設定することはできない

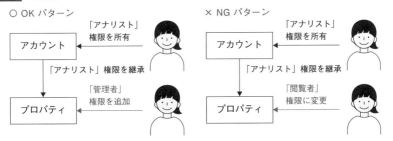

Google アナリティクス 4のユーザーを管理する

前述したとおり、Google アナリティクス 4のユーザーは**「管理→アカウントのアクセス管理」**あるいは**「管理→プロパティのアクセス管理」**から管理できます。

「アカウントのアクセス管理」と「プロパティのアクセス管理」のどちらを押下したかによって、ユーザーを追加／権限を編集／削除する階層が決まります。いずれかを押下すると、図7-2-4下部のような画面が表示されます。

図7-2-4 アカウントとプロパティのアクセス管理

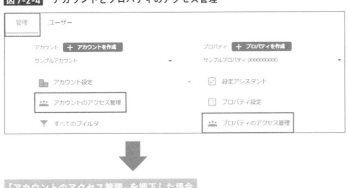

ユーザーを追加／権限を編集する場合は、本章の冒頭で述べたとおり、必要以上の権限を設定しないよう注意しましょう。

▶ **ユーザーを追加する**

図7-2-4で「アカウントのアクセス管理」を押下した場合を例に、ユーザー管理の方法について解説します。ユーザーを追加したい場合は、「＋」アイコン、「ユーザーを追加」を押下してください。

図7-2-5 「ユーザーを追加」を押下する

図7-2-6のような**「役割とデータ制限の追加」**画面が表示されるので、追加したいユーザーの**「メールアドレス」** ❶（Google アカウント）を入力後、**必要な権限** ❷を選択して**「追加」** ❸を押下してください。

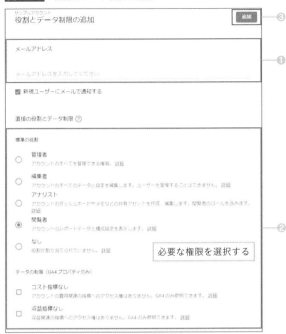

図7-2-6 役割とデータ制限の追加

以上でユーザーの追加は完了です。

▶ユーザーの権限を編集する

ユーザーの権限を編集したい場合は、権限を編集したい**ユーザー行を選択**してください。

図7-2-7 権限を編集したいユーザー行を選択する

名前 ↑	メール	役割とデータ制限 ⑦	
―	○○○@nri-net.com	管理者	⋮
―	△△△@nri-net.com	閲覧者	⋮

図7-2-8のような画面が表示されるので、権限を編集して**「保存」**を押下してください。

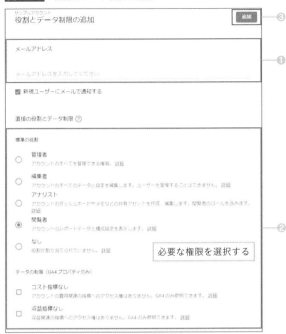

図7-2-8 ユーザー権限の編集を行う

以上でユーザー権限の編集は完了です。

▶ユーザーを削除する

ユーザーを削除したい場合は、図7-2-9のように削除したい**ユーザー**行の「⋮」アイコン、「**アクセス権を削除**」を押下してください。

図7-2-9 「アクセス権を削除」を押下する

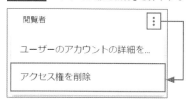

以下のような**「アクセス権の削除」画面**が表示されるので、確認の上「削除」を押下してください。

図7-2-10 ユーザーの権限を削除する

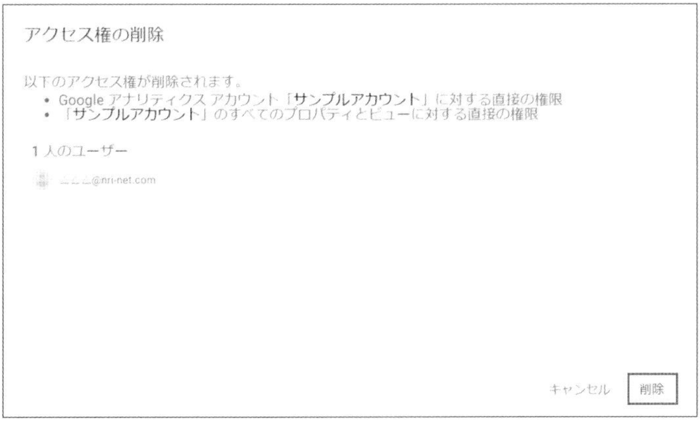
アクセス権の削除
以下のアクセス権が削除されます。
• Google アナリティクス アカウント「サンプルアカウント」に対する直接の権限
• 「サンプルアカウント」のすべてのプロパティとビューに対する直接の権限
1 人のユーザー
@nri-net.com
キャンセル
削除

以上でユーザーの削除は完了です。

7-3 Google タグ マネージャーのユーザーを管理する

続いて、Google タグ マネージャーのユーザー権限体系やユーザーを管理する方法について、具体的に説明します。

Google タグ マネージャーのユーザー権限体系

Google タグ マネージャーのユーザー管理は**「管理→ユーザー管理」**から行います。Google タグ マネージャーでは、図7-3-1のとおり**「アカウント」「コンテナ」**それぞれの単位でユーザーの権限を追加・削除できるようになっています。

図7-3-1 Google タグ マネージャーにおけるユーザー管理

ワークスペース
バージョン
管理
サンプルアカウント
アカウント設定
アカウント アクティビティ
ユーザー管理
サンプルコンテナ
GTM-AAAAAAA
コンテナの設定
コンテナ アクティビティ
ユーザー管理

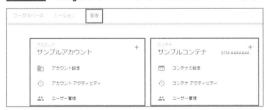

設定できる権限は、アカウント・コンテナそれぞれ以下のとおりです。

表7-3-1 アカウントの権限

権限	説明
管理	アカウント設定の変更やユーザー管理を行うことができます。
ユーザー	アカウント設定やユーザーの管理状況を確認できます。

表7-3-2 コンテナの権限

権限	説明
公開	バージョンとワークスペースの作成・編集・公開を自由に行うことができます。
承認	バージョンとワークスペースを作成・編集できますが、公開することはできません。
編集	ワークスペースを作成・編集できますが、バージョンの作成や公開を行うことはできません。
読み取り	コンテナが表示され、設定されているタグ・変数・トリガーを確認できますが、編集することはできません。

Google タグ マネージャーのユーザーを管理する

前述したとおり、Google タグ マネージャーのユーザーは「**管理→ユーザー管理**」から管理できます。

アカウント列の「**ユーザー管理**」を押下した場合は、アカウントとそのアカウントに属するコンテナすべて、**コンテナ**列の「**ユーザー管理**」を押下した場合は、当該コンテナのみについてユーザーを追加／権限を編集／削除できるようになっています。いずれかを押下すると、図7-3-2のような画面が表示されます。

図7-3-2 アカウントとコンテナのユーザー管理

ユーザーを追加／権限を編集する場合は、本章の冒頭で述べたとおり、必要以上の権限を設定しないよう注意しましょう。

▶ユーザーを追加する

アカウント列の「ユーザー管理」を押下した場合を例に、ユーザー管理の方法について解説します。ユーザーを追加したい場合は、「＋」アイコン、「ユーザーを追加」を押下してください。

図7-3-3 「ユーザーを追加」を押下する

「ユーザーを追加」を押下すると、以下のような**「招待状の送信」**画面が表示されるので、追加したいユーザーの**「メールアドレス」**❶（Google アカウント）を入力後、必要な権限❷を選択して**「招待する」**❸を押下してください。

図7-3-4　「招待状の送信」画面

「招待する」を押下すると、追加したユーザーのメールアドレスに**「notify-noreply@google.com」**から**「You've been invited to access a Google Tag Manager account」**という件名の招待メールが届きます。招待を受けたユーザーは、Google タグ マネージャーにログインしてください。ログイン後に**「招待」**、**「承諾する」**を押下して招待を承諾できます。

図7-3-5　招待を承諾する

以上でユーザーの追加は完了です。

▶ユーザーの権限を編集する

ユーザーの権限を編集したい場合は、権限を編集したい**ユーザー行**を押下してください。

図7-3-6　権限を編集したいユーザー行を選択する

図7-3-7のような画面が表示されるので、権限を編集して「**保存**」を押下してください。

図7-3-7　ユーザー権限の編集を行う

以上でユーザー権限の編集は完了です。

▶ユーザーを削除する

ユーザーを削除したい場合は、削除したいユーザー行の「⋮」アイコン、「アクセス権を削除」を押下してください。

図 7-3-8 「アクセス権を削除」を押下する

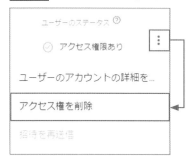

以下のような**「アクセス権の削除」画面**が表示されるので、確認の上「削除」を押下してください。

図 7-3-9 ユーザーの権限を削除する

以上でユーザーの削除は完了です。

イベントの計測設定を行う

Google アナリティクス 4ではすべてのデータを「イベント」という形で計測します。本章ではイベントの種類と、Google タグ マネージャーにて計測設定〜公開を行う方法について解説していきます。本章に記載のとおり、計測設定後は必ず動作検証してから「バージョンの公開と作成」を行うようにしましょう。

O━ **keyword**

- 自動的に収集されるイベント と推奨イベント
- ワークスペースの作成と設定
- ページタイトルと URLの情報の上書き
- イベントの命名ルール
- プレビューモードとDebugView
- バージョンの公開と作成

8-1　イベントの種類と各種イベントの詳細

本節では、Google アナリティクス 4で計測可能なイベントの種類について説明します。

▌イベントの分類

「Chapter1 Google アナリティクス 4とは」で説明したとおり、GA4におけるイベントは以下の3種類に分類されます。

▶①自動的に収集されるイベント

GA4プロパティの**管理画面の設定**と**基本的なタグ**のみで自動的に計測される、下記のようなイベントです。**「拡張計測機能によるイベント」**も含みます。

- セッションの開始（session_start）
- ページビュー（page_view）
- スクロール（scroll）
- 動画エンゲージメント（video_start, video_progress, video_complete）
- ファイルのダウンロード（file_download）

▶②推奨イベント

Google社が計測を推奨している下記のようなイベントです。あらかじめ決められたルールに則って、**イベント名**や**イベントパラメータ**を設定します。

- ログイン（login）
- 購入完了（purchase）

▶③カスタムイベント

独自に作成するイベントです。**「自動的に収集されるイベント」**や**「推奨イベント」**に該当するものがない場合に使用します。

「自動的に収集されるイベント」、**「推奨イベント」**、**「カスタムイベント」**すべてにおいて、下記のイベントパラメータが自動的に計測されます。

表8-1-1 すべてのイベントにおいて計測されるイベントパラメータ

イベントパラメータ	対応するディメンション	概要
language	言語	ユーザーのブラウザまたはデバイスの言語名(「Japanese」「English」など)
page_location	ページの場所	イベントが発生したページのURL
page_referrer	ページの参照URL	イベントが発生したページへの流入元となったページのURL
page_title	ページタイトル	イベントが発生したページのタイトル
screen_resolution	画面の解像度	ユーザーが閲覧している画面の幅と高さ(ピクセル単位)(「1920×1080」「1440×900」など)

自動的に収集されるイベント

ウェブサイトにおける**「自動的に収集されるイベント」**に属するイベントは表8-1-2のとおりです。

表8-1-2 ウェブサイトにおける「自動的に収集されるイベント」

イベント	自動的に計測されるタイミング
first_visit	ユーザーがウェブサイトを初めて訪問したとき
session_start	ユーザーがウェブサイトを訪問したとき
user_engagement	ユーザーがページから移動したとき(ユーザーがタブやウィンドウを閉じたとき、または別のページや画面に移動したとき)

また**「拡張計測機能によるイベント」**に属するイベントは以下のとおりです。

▶ページビュー数(page_view)

ページが読み込まれるたびに**「page_view」イベント**を計測します。標準では**History API**というAPI(アプリケーション・プログラミング・インターフェース)による**pushState・popState・replaceState**(ページの読み込みが発生しない動的なページ遷移)も検知して、**「page_view」イベント**を計測できます。詳細については「Chapter5 Googleアナリティクス4の利用を開始する」を参照してください。

▶スクロール数(scroll)

ウェブページが一番下(90%)までスクロールされるたびに、**「scroll」イベント**を計測します。下記のイベントパラメータも付随して計測されます。

表8-1-3 「scroll」イベントに付随して計測されるイベントパラメータ

イベントパラメータ	対応するディメンション	概要
percent_scrolled	スクロール済みの割合	ユーザーがページをスクロールした割合。ページの90%以上がスクロールされた場合、「90」という値が計測されます。

▶離脱クリック（click）

ユーザーが現在のドメインから移動するリンクをクリックするたびに、「click」イベントを計測します。ただし「Chapter5 Google アナリティクス 4の利用を開始する」で説明した**「クロスドメイン測定」**の対象となっているドメインへのリンクをクリックした場合は、このイベントは計測されません。下記のイベントパラメータも付随して計測されます。

表8-1-4 「click」イベントに付随して計測されるイベントパラメータ

イベントパラメータ	対応するディメンション	概要
link_classes	リンクのクラス	ユーザーがクリックしたリンクのclass属性
link_domain	リンクドメイン	ユーザーがクリックしたリンクのドメイン
link_id	リンクID	ユーザーがクリックしたリンクのid属性
link_url	リンク先URL	ユーザーがクリックしたリンクのリンク先URL
outbound	送信	離脱クリックかどうかを判定するためのフラグ。離脱クリックの場合「true」という値が計測されます。

▶サイト内検索（view_search_results）

ユーザーがサイト内検索を行うたびに、（クエリパラメータにもとづいて）「view_search_results」イベントを計測します。下記のイベントパラメータも付随して計測されます。詳細については「Chapter5 Google アナリティクス 4の利用を開始する」を参照してください。

表8-1-5 「view_search_results」イベントに付随して計測されるイベントパラメータ

イベントパラメータ	対応するディメンション	概要
search_term	検索キーワード	サイト内検索時に使用されたキーワード
q_{{追加のクエリパラメータ}}	標準では対応するディメンションなし[1]	サイト内検索時に使用されたカテゴリなど

※1 本書執筆時点（2022年5月）

▶**動画エンゲージメント（video_start、video_progress、video_complete）**

　ウェブページに埋め込まれた**JS APIサポート**が有効な**YouTube動画**をユーザーが視聴すると、「**video_start**」**イベント**、10%・25%・50%・75%きざみの「**video_progress**」**イベント**、「**video_complete**」**イベント**を計測します。下記のイベントパラメータも付随して計測されます。

表8-1-6　「video_ ～」イベントに付随して計測されるイベントパラメータ

イベントパラメータ	対応するディメンション	概要
video_current_time	標準では対応するディメンションなし[※1]	動画の再生時間（秒）
video_duration	標準では対応するディメンションなし[※1]	動画全体の時間（秒）
video_percent	標準では対応するディメンションなし[※1]	動画の再生割合。ユーザーが動画の50%まで再生した場合、「50」という値が計測されます。
video_provider	動画プロバイダ	再生された動画のソース（「youtube」など）
video_title	動画のタイトル	再生された動画のタイトル
video_url	動画URL	再生された動画のURL
visible	表示	再生中の動画がブラウザの表示領域に表示されているかどうかを判定するためのフラグ。「true」または「false」という値が計測されます。

▶**ファイルのダウンロード（file_download）**

　PDFなどのファイルをダウンロードするリンクがクリックされるたびに、「**file_download**」**イベント**を計測します。**正規表現**「pdf|xlsx?|docx?|txt|rtf|csv|exe|key|pp(s|t|tx)|7z|pkg|rar|gz|zip|avi|mov|mp4|mpe?g|wmv|midi?|mp3|wav|wma」に一致する拡張子のファイルが対象となります。下記のイベントパラメータも付随して計測されます。

表8-1-7 「file_download」イベントに付随して計測されるイベントパラメータ

イベントパラメータ	対応するディメンション	概要
file_extension	ファイル拡張子	ダウンロードされたファイルの拡張子(「pdf」や「txt」など)
file_name	ファイル名	ダウンロードされたファイルのページ階層(「/menus/dinner-menu.pdf」など)
link_classes	リンクのクラス	ファイルをダウンロードするリンクのclass属性
link_domain	リンクドメイン	ファイルをダウンロードするリンクのドメイン
link_id	リンクID	ファイルをダウンロードするリンクのid属性
link_text	リンクテキスト	ファイルをダウンロードするリンクのテキスト
link_url	リンク先URL	ファイルをダウンロードするリンクのリンク先URL

推奨イベント

　ウェブサイトにおける**「推奨イベント」**に属するイベントは以下のとおりです。**ユーザーの行動に応じて推奨イベントを幅広く収集することで、GA4に実装されている機械学習モデルの強化と予測精度の向上に役立ちます。**

▶すべてのプロパティ

　これらのイベントはすべてのプロパティで計測が推奨されています。

表8-1-8　すべてのプロパティで計測が推奨されているイベント

イベント	計測するタイミング
login	ユーザーがログインしたとき
select_content	ユーザーがコンテンツを選択したとき
share	ユーザーがコンテンツを共有したとき
sign_up	ユーザーが会員登録したとき

▶オンライン販売

　これらのイベントは小売・eコマース・教育・不動産・旅行業などにおける、オンライン販売にかかわる状況の計測に役立ちます。

表8-1-9 オンライン販売サイトで計測が推奨されているイベント

イベント	計測するタイミング
view_item_list	ユーザーが商品やサービスの一覧を表示したとき
select_item	ユーザーがリストから商品を選択したとき
view_item	ユーザーが商品を表示したとき
add_to_wishlist	ユーザーがほしいものリストに商品を追加したとき
generate_lead	ユーザーが問い合わせフォームから問い合わせを行ったとき
add_to_cart	ユーザーがカートに商品を追加したとき
remove_from_cart	ユーザーがカートから商品を削除したとき
view_cart	ユーザーがカートを表示したとき
begin_checkout	ユーザーが購入手続きを開始したとき
add_payment_info	ユーザーが支払い情報を送信したとき
add_shipping_info	ユーザーが配送情報を送信したとき
purchase	ユーザーが購入を完了したとき
refund	ユーザーが払い戻しを受けたとき
view_promotion	ユーザーにプロモーションが表示されたとき
select_promotion	ユーザーがプロモーションを選択したとき

▶ゲーム

　これらのイベントはゲームサイトの計測を行うプロパティで、計測が推奨されています。

表8-1-10 ゲームサイトで計測が推奨されているイベント

イベント	計測するタイミング
tutorial_begin	ユーザーがチュートリアルを開始したとき
tutorial_complete	ユーザーがチュートリアルを完了したとき
join_group	ユーザーがグループに参加したとき
level_start	ユーザーがゲームで新しいレベルを開始したとき
level_end	ユーザーがゲームで1つのレベルを完了したとき
level_up	ユーザーがゲームでレベルアップしたとき
post_score	ユーザーがスコアを投稿したとき
unlock_achievement	ユーザーが実績を達成したとき
earn_virtual_currency	ユーザーが仮想通貨(コイン、ジェム、トークンなど)を獲得したとき
spend_virtual_currency	ユーザーが仮想通貨(コイン、ジェム、トークンなど)を使ったとき

個々の**「推奨イベント」**の詳細については、下記のヘルプページを参照してください。

 https://support.google.com/analytics/answer/9267735

📊 8-2 「自動的に収集されるイベント」の計測設定を追加する

イベントの計測設定は下記の流れで行います。

1.Google タグ マネージャーに計測設定を追加する
2.プレビューモードでタグの動作検証を行う
3.「バージョンの公開と作成」を行う

まずは**「自動的に収集されるイベント」**（「拡張計測機能によるイベント」も含む）を計測するための設定を、Google タグ マネージャーに追加していきましょう。

ステップ1 ▶ ワークスペースを作成する

Google タグ マネージャーのコンテナを選択後、**「ワークスペース→Default Workspace」**を押下して、ワークスペースの選択画面を表示してください。

図8-2-1 ワークスペースの選択画面を表示する

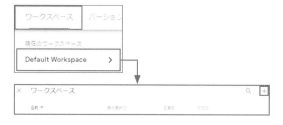

右上の**「＋」ボタン**を押下すると、図8-2-2のようなワークスペース作成画面が表示されます。

図8-2-2　ワークスペース作成画面が表示される

「**名前のないワークスペース**」部分を『『サンプルストリーム（G-XXXXX）』イベントの計測設定」❶など、これから行う設定の内容がわかる名前に変更して「**保存**」❷を押下してください。

図8-2-3　ワークスペースの名前を変更して保存する

　ワークスペースの作成が完了すると、図8-2-4のとおり「**現在のワークスペース**」が設定したワークスペース名に切り替わります。

図8-2-4　「現在のワークスペース」が切り替わる

ステップ2 ▶「Google アナリティクス：GA4設定」タグを作成する

　それでは、作成したワークスペースで**「自動的に収集されるイベント」**の計測設定を行いましょう。まずは**「Google アナリティクス：GA4設定」タグ**を作成します。Google タグ マネージャーにおいて、**「タグ」**画面の「**新規**」ボタンを押下してください。

図8-2-5 「タグ」画面の「新規」ボタンよりタグを作成する

　図8-2-6のような画面が表示されるので、「**タグの設定**」部分を押下してください。

図8-2-6 「タグの設定」部分を押下する

　「タグタイプ」は**「Google アナリティクス：GA4設定」**を選択しましょう。

238

図8-2-7　「Google アナリティクス：GA4設定」を選択する

「Google アナリティクス：GA4設定」を選択すると、図8-2-8のような画面が表示されます。

図8-2-8　「Google アナリティクス：GA4設定」のテンプレート

❶「Google アナリティクス 4 - GA4設定」のような分かりやすいタグの名前を入力してください。

❷計測先となるGA4プロパティ（ウェブストリーム）の「測定ID」を入力します。

「測定ID」❷は、Google アナリティクスで確認できます。図8-2-9のようにGoogleアナリティクスを開き「管理→（GA4プロパティ列の）データストリーム」を押下す

ると、**データストリームの一覧**が表示されるので**ウェブストリームを選択してくだ**さい。**「ウェブストリームの詳細」画面**に表示される「測定ID」をコピーしましょう。Google タグ マネージャーに戻り、コピーした「測定ID」を図8-2-8の「測定ID」❷に貼り付けてください。

図8-2-9 ウェブストリームを選択する

図8-2-10 「測定ID」箇所にあるIDをコピーする

各値の入力を完了すると、図8-2-11のような状態になります。

図8-2-11 各値を入力後の「Google アナリティクス：GA4設定」のテンプレート

続いて「トリガー」部分を押下して「**トリガーの選択**」**画面**を表示してください。

図8-2-12　「トリガー」部分を押下する

「Initialization - All Pages」を選択することで、Google タグ マネージャーの**コードスニペット**が設置されたウェブページすべてで「**自動的に収集されるイベント**」が計測できるようになります。

図8-2-13　「Initialization - All Pages」を選択する

	名前 ↑	タイプ	フィルタ
☐			
⊚	All Pages	ページビュー	--
⊚	Consent Initialization - All Pages	同意の初期化	--
⏻	Initialization - All Pages	初期化	--

× トリガーの選択

なお「Initialization - All Pages」は「All Pages」よりも早く発火するため、**他の「Google アナリティクス：GA4 イベント」タグより早く読み込まれるべき「Google アナリティクス：GA4 設定」タグでは「Initialization - All Pages」を使用することが推奨されています**。各トリガーの詳細については「Appendix2 Google タグ マネージャーの『タグ』『変数』『トリガー』」を参照してください。図8-2-14のような状態になったら「保存」を押下します。

241

図8-2-14 完成した「自動的に収集されるイベント」計測用のタグ

以上で**「自動的に収集されるイベント」**計測用のタグの作成は完了です。

8-3. 計測されるページタイトルとURLの情報を上書きする

本節では「Google アナリティクス:GA4設定」タグをカスタマイズして、計測されるページタイトルとURLの情報を上書きする方法について説明します。

例▶各画面のページタイトルとURLが同一の申し込みフォーム

たとえばウェブサイトに、図8-3-1のような申し込みフォームがあったとします。

図8-3-1 申し込みフォーム

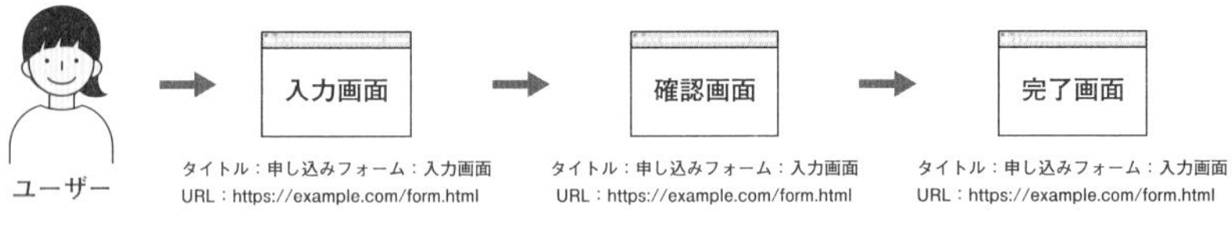

ユーザー → 入力画面 → 確認画面 → 完了画面

タイトル：申し込みフォーム：入力画面　　タイトル：申し込みフォーム：入力画面　　タイトル：申し込みフォーム：入力画面
URL：https://example.com/form.html　　URL：https://example.com/form.html　　URL：https://example.com/form.html

「入力画面」「確認画面」「完了画面」のページタイトルとURLが同一のため、Google アナリティクスでは個々のウェブページを区別できず、図8-3-2のような集計結果となります。

図8-3-2　すべての画面が同一のページとして扱われる

↓　ページ遷移＋クエリ文字列	ページ タイトル	表示回数
合計		3 全体の100%
1　/form.html	申し込みフォーム：入力画面	3

計測されるページタイトルとURLの情報の上書きについて

「確認画面」「完了画面」のページタイトルとURLの情報をGoogle タグ マネージャーで上書きすると、前述のようなケースにおいてそれぞれのウェブページで**別々のページタイトルとURL**が計測できるようになります。

図8-3-3　ページタイトルとURLの情報をGoogle タグ マネージャーで上書きする

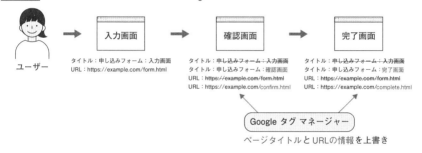

これにより、図8-3-4のように**「入力画面」「確認画面」「完了画面」**ごとに実績値を集計することが可能となります。

図8-3-4　画面ごとに実績値を集計することが可能となる

↓　ページ遷移＋クエリ文字列	ページ タイトル	表示回数
合計		3 全体の100%
1　/form.html	申し込みフォーム：入力画面	1
2　/confirm.html	申し込みフォーム：確認画面	1
3　/complete.html	申し込みフォーム：完了画面	1

以上のように、**コンテンツは異なるがページタイトルやURLは同一のウェブページ**を区別して集計したい場合は、情報を上書きして計測する設定を行いましょう。

計測されるページタイトルとURLの情報を上書きする設定を追加する

　計測されるページタイトルとURLの情報を上書きする設定は、下記の2ステップによって完了します。

　1.「データレイヤーの変数」をウェブページに実装する
　2.Google タグ マネージャーに設定を追加する

　それぞれの対応方法について、前述した申し込みフォームを例に説明します。

ステップ1 ▶ 「データレイヤーの変数」をウェブページに実装する

　申し込みフォームの「確認画面」と「完了画面」に、以下のような**「データレイヤーの変数」**に任意のページタイトルとURLを格納するコードを実装してください。なお、**実装位置はGoogle タグ マネージャーのコードスニペットよりも上にしてください。**

コード 8-3-1　「データレイヤーの変数」に上書きする情報を格納するコード

```
<script>
window.dataLayer = window.dataLayer || [];
dataLayer.push({
  'page_title' : '○○○',
  'page_location': '△△△'
});
</script>
```

　「○○○」部分には計測したいページのタイトル、「△△△」部分には計測したいページのURLを入力します。本書の場合はサンプルとして、確認画面では「申し込みフォーム：確認画面」と「https://www.example.com/**confirm.html**」、完了画面では「申し込みフォーム：**完了画面**」と「https://www.example.com/**complete.html**」を入力します。

ステップ2 ▶ Google タグ マネージャーに設定を追加する

まずは「8-2『自動的に収集されるイベント』の計測設定を追加する」で作成したタグ「Google アナリティクス 4 - GA4 設定」を選択します。

図8-3-5　「タグ」画面にてタグ「Google アナリティクス 4 - GA4設定」を選択する

続いて「設定フィールド→行を追加」を押下して、「イベントパラメータ：page_title」で「申し込みフォーム：確認画面」のようなページタイトルを計測する設定を進めます。

図8-3-6　「行を追加」を押下する

「フィールド名」に「page_title」❶と入力し、「値」❷箇所にあるブロックのようなアイコンを押下してください。

図8-3-7　「フィールド名」を入力して「値」箇所にあるブロックのようなアイコンを押下する

245

利用可能な変数の一覧が表示されます。

「ステップ1『データレイヤーの変数』をウェブページに実装する」のコードによって、「データレイヤーの変数：**page_title**」に格納された**任意のページタイトルを取得する変数**が存在しないので、「＋」ボタンを押下してユーザー定義変数を作成します。

図 8-3-8　「変数を選択」画面で「＋」ボタンを押下する

「無題の変数」箇所に「Data layer - page_title」❶のような分かりやすい名前を入力して「変数の設定」❷を押下してください。

図 8-3-9　分かりやすい変数名をつけて「変数の設定」部分を押下する

ここでは「データレイヤーの変数：**page_title**」に格納された値を取得したいので、変数タイプ「**データレイヤーの変数**」を選択します。

図 8-3-10　変数タイプ「データレイヤーの変数」を選択する

図8-3-11のように**「データレイヤーの変数名」**に「page_title」❶と入力して**「保存」**❷を押下してください。

図8-3-11 各値を入力後の変数「Data layer - page_title」

ページのURLの情報も上書きするため、さらに**「行を追加」**❶からフィールド行を追加して**「フィールド名」**に「page_location」❷と入力し、**「値」**❸箇所にあるブロックのようなアイコンを押下してください。

図8-3-12 「フィールド名：page_location」の設定を進める

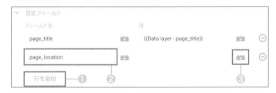

「page_title」と同様の手順で図8-3-13のような変数「Data layer - page_location」を作成・保存してください。

図8-3-13　各値を入力後の変数「Data layer - page_location」

図8-3-14のような状態になったら保存ボタンを押して「**Google アナリティクス 4
- GA4 設定**」タグの設定を保存してください。

図8-3-14　各値を入力後の「Google アナリティクス 4 - GA4 設定」タグ

以上で計測されるページタイトルとURLの情報を上書きする設定は完了です。後述の手順で「バージョンの公開と作成」（p.284）を行うと、GA4の「ライフサイクル→エンゲージメント→ページとスクリーン」レポートなどで、上書きされた情報が確認できるようになります。なお、UAではページのURLではなくページのパスを上書きすることでこのような設定を実現していました。**しかしGA4でページのパス（page_path）を上書きしても計測されるURLの情報を上書きすることはできないため、上記で説明したようにページの URL（page_location）を上書きするようにしてください。**

📊 8-4　任意のイベントの計測設定を追加／変更する

本節では、任意の「推奨イベント」または「カスタムイベント」の計測設定を追加する方法と、「自動的に収集されるイベント」の計測内容を変更する方法について説明します。ユーザーの任意の操作をイベントとして計測したい場合は、まず**「イベント名」や「イベントパラメータ名」の命名ルールについて検討しましょう。イベントの命名ルールを定めることで、計測不具合やレポーティングを行う際の混乱を予防することができます。**

┃ イベントの命名ルールを検討する際の留意点

命名ルールを検討する際には、下記の4点に留意してください。

▶ **①できるだけ「自動的に収集されるイベント」「拡張計測機能によるイベント」「推奨イベント」を利用する**

適当な名前をつける前に「自動的に収集されるイベント」「拡張計測機能によるイベント」「推奨イベント」のいずれかを利用できないか検討しましょう。既存のレポートの一部（例：ライフサイクル→収益化）は、「自動的に収集されるイベント」「拡張計測機能によるイベント」や「推奨イベント」を使用している場合にのみ利用できます。また、今後追加される機能の一部についても「カスタムイベント」を使用している場合は利用できない可能性があります。

▶ **②収集と設定の上限に留意する**

たとえば下記のような上限があり、これらを超過すると超過分の文字列が削除されます。

◎ イベント名とイベントパラメーター名の上限

対象	上限
イベント名	40文字
イベントパラメータ名	40文字

　収集と設定の上限の詳細については、下記のヘルプページを参照してください。

 https://support.google.com/analytics/answer/9267744

▶③ 予約された接頭辞または名前を使用しない

　「**イベント名**」として下記にあるような予約された接頭辞または名前は使用できません。

◎ 予約された接頭辞とイベント名

接頭辞	イベント名
_（アンダースコア）	app_remove
firebase_	app_store_refund
ga_	app_store_subscription_cancel
google_	app_store_subscription_convert
	app_store_subscription_renew
	first_open
	first_visit
gtag.	in_app_purchase
	session_start
	user_engagement

▶④ 英数字とアンダースコア（_）のみを含め、先頭を英字にする

　下記の開発者向けのGoogle社公式サイトに、「**イベント名**」と「**イベントパラメータ名**」は英数字とアンダースコア（_）のみを含め、先頭を英字にする必要がある旨の記載があります。

 https://developers.google.com/analytics/devguides/collection/protocol/ga4/sending-events#limitations

下記のように「イベント名」や「イベントパラメータ名」に日本語・半角スペース・ハイフン (-) などを使用すると、コンバージョンイベントの設定時や「Chapter13 Google アナリティクス 4プロパティに Google 広告アカウントをリンクする」で紹介する「オーディエンス」の作成時にエラーが発生することを確認しています。

● 不適切な命名の例

不適切なイベント名	不適切なイベントパラメータ名
チャットボットクリック	リンク ID
chatbot click	link id
chatbot-click	link-id

　なお、著者は「自動的に収集されるイベント」（例：page_view）の命名ルールにならい、原則「目的語 (O) _動詞 (V)」（すべて小文字）というルールで「カスタムイベント」の名前をつけるようにしています。「イベントパラメータ名」についても同様に、できるだけ標準で計測される「イベントパラメータ名」に名前のつけ方を寄せておくとよいでしょう。

例1 ウェブページ内のリンクのクリックを計測する

　それでは、ウェブページ内に実装しているチャットボットを例として「ウェブページ内のリンクのクリックを計測する」方法について説明します。前提となるチャットボットの仕様は図8-4-1のとおりです[2]。

図 8-4-1　チャットボットの仕様

■ チャットボットアイコンの HTML

```
<a href= "〜" id= "cbicon" > 〜 </a>
```

■ 質問を送信するボタンの HTML

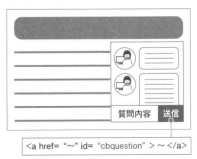

```
<a href= "〜" id= "cbquestion" > 〜 </a>
```

※2　計測対象となるリンクには、図8-4-1のとおり便宜上HTMLのid属性を設定しています。

251

ここでは**「チャットボットアイコンのクリック」**と**「質問を送信するボタンのク**
リック」を計測する設定を、Google タグ マネージャーに追加します。イベントの
命名ルールはたとえば表8-4-1のようにするとよいでしょう。

表8-4-1　チャットボットのリンククリック計測時の設定例

計測内容	イベント名	イベントパラメータ名	イベントパラメータで計測する値
チャットボットアイコンのクリック	chatbot_click	link_id	cbicon（HTMLのid属性の値）
質問を送信するボタンのクリック	chatbot_click	link_id	cbquestion（HTMLのid属性の値）

　まずは**「タグ」画面**の**「新規」**ボタンを押下してタグの作成を進めます。

図8-4-2　「タグ」画面の「新規」ボタンよりタグを作成する

　図8-4-3のような画面が表示されたら**「タグの設定」**部分を押下してください。

図8-4-3　「タグの設定」部分を押下する

252

「タグタイプ」は「Google アナリティクス：GA4イベント」を選択しましょう。

図8-4-4　「Google アナリティクス：GA4イベント」を選択する

　「Google アナリティクス：GA4イベント」を選択すると、図8-4-5のような画面が表示されます。

図8-4-5　「Google アナリティクス：GA4イベント」のテンプレート

❶「Google アナリティクス 4 - chatbot_clickイベント」のような分かりやすいタグの名前を入力してください。

❷任意の「Google アナリティクス：GA4設定」タグを選択してください。ここでは前出のページで作成した「Google アナリティクス 4 - GA4設定」を選択します。

❸任意のイベント名を入力してください。ここでは「chatbot_click」とします。

各値の入力を完了すると、図8-4-6のような状態になります。

図 8-4-6 各値を入力後の「Google アナリティクス 4 - chatbot_clickイベント」タグ

続いて「イベントパラメータ→行を追加」を押下して、「**イベントパラメータ：link_id**」で「**cbicon**」のようなHTMLのid属性の値を計測する設定を進めます。

図 8-4-7 「行を追加」を押下する

「**パラメータ名**」に「**link_id**」❶と入力して、「**値**」❷箇所にあるブロックのようなアイコンを押下してください。

図8-4-8　「パラメータ名」を入力して「値」箇所にあるブロックのようなアイコンを押下する

利用可能な変数の一覧が表示されます。クリックされたリンク（<a>タグ）のid属性を取得するための変数は「Click ID」です。「**変数を選択**」**画面**には表示されていないので「**組み込み変数**」を押下します。

図8-4-9　「変数を選択」画面で「組み込み変数」を選択する

「組み込み変数の選択」画面が表示されたら「Click ID」を選択してください。**この選択で組み込み変数「Click ID」が有効になります。**

図8-4-10　「Click ID」行を選択する

名前	カテゴリ ↑	タイプ	有効
Click Classes	クリック	データレイヤーの変数	
Click ID	クリック	データレイヤーの変数	
Click Target	クリック	データレイヤーの変数	

組み込み変数「Click ID」を有効にすると、図8-4-11のような状態になるので、「トリガー」部分を押下してトリガーの設定を進めます。

図8-4-11 「トリガー」部分を押下する

「＋」ボタンを押下してタグ「**Google アナリティクス 4 - chatbot_clickイベント**」用のトリガーを作成します。

図8-4-12 「＋」ボタンを押下する

「**無題のトリガー**」箇所に「**リンククリック - チャットボット関連**」❶のような分かりやすい名前を入力して「**トリガーの設定**」❷を押下してください。

図8-4-13 分かりやすいトリガー名をつけて「トリガーの設定」部分を押下する

ここではリンク（<a>タグ）のクリックをトリガーの条件として設定したいので、トリガーのタイプ「**リンクのみ**」を選択します。**もしリンク（<a>タグ）以外のクリックも含めトリガーの条件として設定したい場合は「すべての要素」を選択してください。**

図8-4-14 トリガーのタイプ「リンクのみ」を選択する

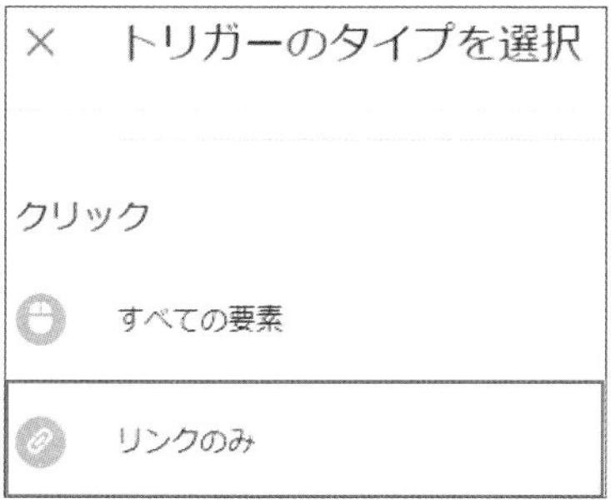

```
×   トリガーのタイプを選択


クリック

🖱  すべての要素

🔗  リンクのみ
```

「**トリガーの設定**」画面に戻るので、「**このトリガーの発生場所**」❶を設定します。図8-4-15のトリガーは、クリックされたリンク（<a>タグ）のid属性が「**cbicon**」または「**cbquestion**」の場合にのみ動作するようになっています。設定が完了したら「**保存**」❷を押下してください。

図8-4-15 各値を入力後の「リンククリック - チャットボット関連」トリガー

タグが図8-4-16のような状態になったら「保存」を押下します。

図8-4-16 完成した「Google アナリティクス 4 - chatbot_clickイベント」タグ

以上でチャットボット関連のリンククリックの計測設定は完了です。

例2　ウェブページのスクロールが任意のページ・割合で計測されるよう設定を変更する

GA4のウェブストリームでは「**Google アナリティクス：GA4 設定**」タグが配信されていれば、「**拡張計測機能**」によってウェブページのスクロール（「scroll」イベント）が自動的に計測されます。

ただし、自動的に計測されるのは全ページの「90%」スクロールのみとなっています。そのため、**計測対象ページを絞り込みたい場合**や、「**90%**」ではなく「**25%**」「**50%**」「**75%**」「**100%**」のような形でスクロール率を計測したい場合は、まず「**拡張計測機能**」による「**スクロール数**」の計測を停止する必要があります。「**拡張計測機能**」による「**スクロール数**」の計測を停止するためには、Google アナリティクスの「**管理→（GA4プロパティ列の）データストリーム**」にて、ウェブストリームを選択してください。

図8-4-17　ウェブストリームを選択する

「**ウェブストリームの詳細**」画面が表示され、「**拡張計測機能**」の「測定中」箇所で「**ページビュー数**」や「**スクロール数**」が計測される設定になっていることが確認できます。これらの設定を変更したい場合は、図8-4-18の歯車アイコンを押下してください。

図8-4-18 「ウェブストリームの詳細」画面

　ここでは図8-4-19のように「**スクロール数**」❶をオフにして「**保存**」❷を押下します。

図8-4-19 「スクロール数」をオフにして「保存」を押下する

　続いてGoogle タグ マネージャーに「25％」「50％」「75％」「100％」スクロールの計測設定を追加します。イベントの命名ルールとしては、**「拡張計測機能」の「スクロール数」**の命名ルールにあわせて下記のようにするとよいでしょう。

●ウェブページのスクロール計測時の設定例

イベント名	イベントパラメータ名	イベントパラメータで計測する値
scroll	percent_scrolled	スクロール率 例）25

　まずは**「タグ」画面の「新規」ボタン**を押下してタグを作成します。

図8-4-20 「タグ」画面の「新規」ボタンよりタグを作成する

図8-4-21のような画面が表示されたら「タグの設定」部分を押下してください。

図8-4-21 「タグの設定」部分を押下する

「**タグタイプ**」は「Google アナリティクス：GA4 イベント」を選択しましょう。

図8-4-22 「Google アナリティクス：GA4イベント」を選択する

「Google アナリティクス：GA4 イベント」を選択すると、の図8-4-23のような画面が表示されます。

図8-4-23 「Google アナリティクス：GA4 イベント」のテンプレート

❶「Google アナリティクス 4 - scrollイベント」のような分かりやすいタグの名前を入力してください。

❷任意の「Google アナリティクス：GA4設定」タグを選択してください。ここでは前出のページで作成した「Google アナリティクス 4 - GA4設定」を選択します。

❸「scroll」と入力してください。

各値の入力を完了すると、図8-4-24のような状態になります。

図8-4-24 各値を入力後の「Google アナリティクス 4 - scrollイベント」タグ

続いて「**イベントパラメータ→行を追加**」を押下して、「**イベントパラメータ：percent_scrolled**」で「**25**」のようなスクロール率を計測する設定を進めます。

図8-4-25　「行を追加」を押下する

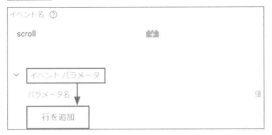

「パラメータ名」に「percent_scrolled」❶と入力して、「値」❷箇所にあるブロックのようなアイコンを押下してください。

図8-4-26　「パラメータ名」を入力して「値」箇所にあるブロックのようなアイコンを押下する

利用可能な変数の一覧が表示されます。スクロール率を取得するための変数は「Scroll Depth Threshold」です。**「変数を選択」画面**には表示されていないので**「組み込み変数」**を押下します。

図8-4-27　「変数を選択」画面で「組み込み変数」を選択する

「組み込み変数の選択」画面が表示されたら「Scroll Depth Threshold」を選択してください。**この選択で組み込み変数「Scroll Depth Threshold」が有効になります。**

図8-4-28 「Scroll Depth Threshold」行を選択する

×	組み込み変数の選択			
	名前	カテゴリ ↑	タイプ	有効
⟨⟩	Click Text	クリック	自動イベント変数	
📄	Scroll Depth Threshold	スクロール	データレイヤーの変数	
📄	Scroll Depth Units	スクロール	データレイヤーの変数	

　組み込み変数「**Scroll Depth Threshold**」を有効にすると図8-4-29のような状態になるので、「トリガー」部分を押下してトリガーの設定を進めます。

図8-4-29 「トリガー」部分を押下する

　「＋」ボタンを押下してタグ「**Google アナリティクス 4 - scrollイベント**」用のトリガーを作成します。

図8-4-30 「+」ボタンを押下する

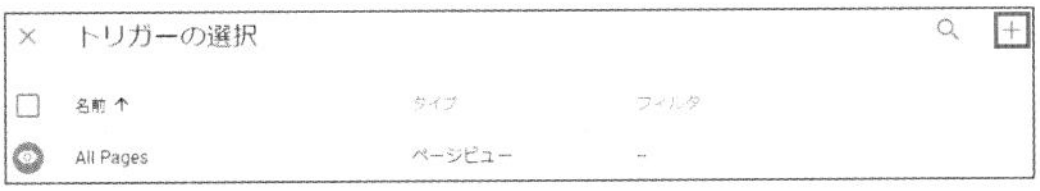

×	トリガーの選択			🔍	⊞
☐	名前 ↑	タイプ	フィルタ		
◉	All Pages	ページビュー	–		

「**無題のトリガー**」箇所に「縦方向スクロール - 25, 50, 75, 100%」❶のような分かりやすい名前を入力して「トリガーの設定」❷部分を押下してください。

図8-4-31 分かりやすいトリガー名をつけて「トリガーの設定」部分を押下する

ここでは**ウェブページのスクロール**率をトリガーの条件として設定したいので、トリガーのタイプ「**スクロール距離**」を選択します。

図8-4-32 トリガーのタイプ「スクロール距離」を選択する

「**トリガーの設定**」**画面**に戻るので、図8-4-33のように設定します。

図 8-4-33　各値を入力後の「縦方向スクロール - 25, 50, 75, 100%」トリガー

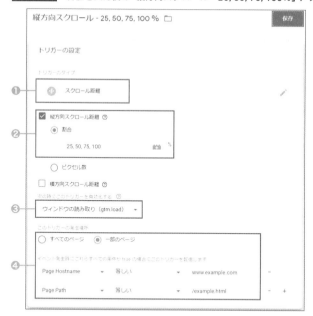

❶「スクロール距離」を選択してください。

❷「縦方向スクロール距離」、「割合」を選択してください。割合に「25, 50, 75, 100」とカンマ (,) 区切りで設定してください。

❸「ウィンドウの読み取り (gtm.load)」のままにしてください。

❹「一部のページ」を選択し、トリガーの条件を設定してください。

　割合❷は、カンマ (,) 区切りで設定することで、ウェブページが「25, 50, 75, 100%」縦方向にスクロールされたことを検知できるようになります。

　「次の時にこのトリガーを有効にする」❸は「**ウィンドウの読み取り (gtm.load)**」以外に「**コンテナの読み取り (gtm.js)**」か「**DOM準備完了 (gtm.dom)**」を選択することも可能ですが、基本的にこの設定は変える必要はありません。

　「**すべてのページ**」❹**でスクロールを小刻みに計測すると、イベント数が大きく増える可能性があります。イベント数が大きく増えるとサンプリングが発生する原因などにもなりかねないため、トリガーの配信条件は「一部のページ」(スクロールの計測が必要なページ) に絞っておくことをおすすめします。**

　本書では組み込み変数「**Page Hostname**」と「**Page Path**」を利用し、トリガーの配信条件を「**www.example.com/example.html**」に限定しています。

トリガーを保存し、タグが図8-4-34のような状態になったら「**保存**」を押下します。

図8-4-34　完成した「Google アナリティクス 4 - scrollイベント」タグ

以上でウェブページのスクロールの計測設定は完了です。

8-5　プレビューモードでタグの動作検証を行う

計測設定が完了したら Google タグ マネージャーの「**プレビューモード**」(デバッグコンソール) とGA4の「**DebugView**」で動作を検証しましょう。

プレビューモードの使い方

プレビューモードは図8-5-1にある「**プレビュー**」を押下することで有効にできます。

図 8-5-1 「プレビュー」を押下する

図8-5-2のような画面に遷移したら「**Your website's URL**」箇所に検証を行いたいウェブページのURLを入力して「**Connect**」を押下してください。

図 8-5-2 URLを入力して「Connect」を押下する

新しいタブ（または新しいウィンドウ）で当該URLのウェブページが開かれ、画面右下に「**Tag Assistant Connected**」というメッセージが表示されます[3]。

図 8-5-3 「Tag Assistant Connected」というメッセージが表示される

このメッセージはプレビューモードを有効にしているブラウザにしか表示されません。また、この段階では前出のページで追加したイベントの計測設定も同ブラウザにしか反映されません。メッセージが表示されたことを確認したら、元々表示していた「Tag Assistant」画面に戻って「Continue」を押下してください。

図 8-5-4 「Continue」を押下する

図8-5-5のデバッグコンソールで表示されている内容について、簡単に説明します。

図 8-5-5 デバッグコンソールに表示されている内容

図8-5-5の左ナビゲーションバーにある「Summary」❶を押下し、中央ナビゲーションバーにある「Tags」❷を選択すると、表示しているページで発火しているタグと発火していないタグの一覧が「Tags Fired」と「Tags Not Fired」部分で確認できるようになります。

たとえば今回の場合は「Tags Fired」部分に「Google アナリティクス 4 - GA4 設定」があるため、前出のページで作成した「Google アナリティクス 4 - GA4 設定」というタグが発火していることがわかります。また、これにより「自動的に収集されるイベント」がGA4プロパティで計測されます。

一方「Google アナリティクス 4 - scroll イベント」と「Google アナリティクス 4 - chatbot_click イベント」は「Tags Not Fired」部分に表示されているため、このページでは発火していないことがわかります。

「Google アナリティクス 4 - GA4 設定」❸を押下すると、図8-5-6のようにタグ「Google アナリティクス 4 - GA4 設定」の詳細が確認できます。

図 8-5-6 タグ「Google アナリティクス 4 - GA4 設定」の詳細が確認できる

続いて、図8-5-7のように左ナビゲーションバーから「Windows Loaded」❶など
を押下すると、選択した「Tags」や「Variables」❷に応じて、「**Windows Loaded**」
のタイミングでどのような状況になっているか確認できるようになります。
　たとえば「**Variables**」タブでは図8-5-7のように、それぞれの変数（Variable）に、
どのような値（Value）がセットされているか表示できます。

図8-5-7　「Windows Loaded」時の状況が確認できる

　なお左ナビゲーションバーにある「**Consent Initialization**」「**Initialization**」
「**Container Loaded**」「**DOM Ready**」「**Window Loaded**」は、それぞれ以下のような
タイミングとなっています。

表8-5-1　タグが配信されるタイミング

デバックコンソール上の 表示名	概要
Consent Initialization	最速のタイミング
Initialization	「Consent Initialization」を除いて最も早いタイミング
Container Loaded	Google タグ マネージャーのコードスニペットが読み込まれたタイミング
DOM Ready	ウェブページの読み込みおよび、DOM（Document Object Model）の構築が完了したタイミング
Window Loaded	ウェブページの読み込み（画像ファイルなどを含む）がすべて完了したタイミング

　**GA4の計測設定を追加した場合は、計測先GA4プロパティの「設定→DebugView」
（あるいは「リアルタイム」レポート）にて、データが正しく計測されているか確認
しておきましょう。**

DebugView の使い方

「設定→DebugView」では図8-5-8のように、プレビューを行っているブラウザで発生したイベントをほぼリアルタイムで詳細にモニタリングできます。

図8-5-8 「設定→DebugView」でイベントをモニタリングする

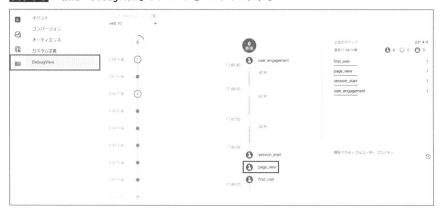

タイムラインに流れてくる「**page_view**」のような任意のイベントを選択すると、図8-5-9のようにそのイベントと共に計測されている**イベントパラメータ**の詳細も確認できます。

図8-5-9 イベントと共に計測されているイベントパラメータの詳細が確認できる

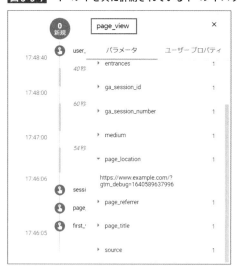

なお、Google タグ マネージャーのデバッグコンソール画面左上の「×」ボタン
を押下して、「Stop debugging」❷を選択するとプレビューモードを終了できるの
で、検証が終わったら忘れずに押下しておいてください。

図8-5-10　「Stop debugging」からプレビューモードを終了する

任意のイベントの計測設定を検証する

　それでは「8-4 任意のイベントの計測設定を追加／変更する」で設定した内容を検
証してみましょう。

▶チャットボットのリンククリックの計測を検証する

　計測対象のウェブページに戻りチャットボットのアイコンをクリックすると、
Google タグ マネージャーの**デバッグコンソール**に図8-5-11のとおり「**Link Click**」
と表示されます。

　「Link Click」❶を選択すると、「**Tags Fired**」の中に「**Google アナリティクス 4
- chatbot_clickイベント**」と表示されます。この手順で「**Link Click**」のタイミング
で「**Google アナリティクス 4 - chatbot_clickイベント**」タグが発火したことが確
認できます。

図8-5-11 「Link Click」時に「Google アナリティクス 4 - chatbot_clickイベント」タグが発火していることが確認できる

また「Google アナリティクス 4 - chatbot_clickイベント」❷を押下して「Display Variables as Values」を選択すると、図8-5-12のとおりイベントパラメータ「link_id」で「cbicon」という値が計測されていることも分かります。

図8-5-12 イベントパラメータ「link_id」で「cbicon」という値が計測されている

続いてウェブページでチャットボットに質問を送信すると、「Link Click」が追加
で表示されます。「7」として追加で表示された「Link Click」❶を選択すると「Tags
Fired」の中に「Google アナリティクス 4 - chatbot_clickイベント」と表示され、
「Link Click」のタイミングで再び「Google アナリティクス 4 - chatbot_clickイベ
ント」タグが発火したことが確認できます。

図8-5-13　「Link Click」時に「Google アナリティクス 4 - chatbot_clickイベント」タグが発火してい
ることが確認できる

　また「Google アナリティクス 4 - chatbot_clickイベント」❷を押下して「Display
Variables as Values」を選択すると、図8-5-14のとおりイベントパラメータ「link_
id」で「cbquestion」という値が計測されていることも分かります。

図 8-5-14 イベントパラメータ「link_id」で「cbquestion」という値が計測されている

▶スクロールの計測を検証する

さらに「https://www.example.com/example.html」に遷移してウェブページをスクロールしていくと、「25％」「50％」「75％」「100％」スクロールのタイミングで、図8-5-15のように**「Scroll Depth」**の表示が増えていきます。

「Scroll Depth」❶を選択すると、**「Google アナリティクス 4 - scrollイベント」**タグが発火していることが確認できます。

図 8-5-15 「Scroll Depth」が表示されて「Google アナリティクス 4 - scrollイベント」タグが発火していることが確認できる

また「Google アナリティクス 4 - scrollイベント」❷を押下して、図8-5-16で「Display Variables as Values」を選択すると、イベントパラメータ「percent_scrolled」で「100」のような**スクロール率**が計測されていることも分かります。

図 8-5-16　イベントパラメータ「percent_scrolled」で「100」のようなスクロール率が計測されている

デバッグコンソールでイベントの計測内容に問題がない旨の確認ができたら、計測先GA4プロパティの「設定→DebugView」（あるいは「リアルタイム」レポート）でも計測状況を確認しておきましょう。これにより、正しいプロパティで値が計測されているか、イベントパラメータ名・値が文字数の上限を超過して文字列が削られていないかなどをチェックできます。

「DebugViewの使い方」（p.272）と同様に、まず「設定→DebugView」に移動したら、「chatbot_click」イベントを選択してください。**「パラメータ」**の中にある**「link_id」**❶を押下すると、図8-5-17のように**「cbquestion」**などという値が計測されていることが分かります。

図 8-5-17 「chatbot_click」イベントと「link_id」パラメータの計測状況

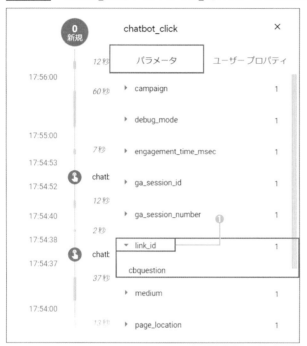

同様に「scroll」イベントを選択して**「パラメータ」**の中にある「percent_scrolled」
❶を押下すると、図8-5-18のように「25」「50」「75」「100」のいずれかの値が計測され
ていることが分かります。

図8-5-18 「scroll」イベントと「percent_scrolled」パラメータの計測状況

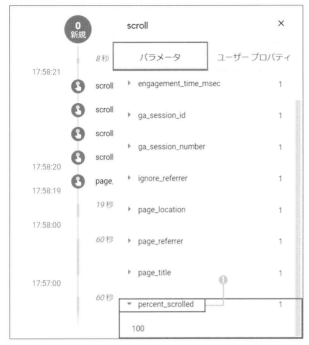

▶ **計測されるページタイトルとURLの情報を上書きする設定を検証する**

　続いて申し込みフォームの**「入力画面」「確認画面」「完了画面」**と遷移していくと、図8-5-19のようにデバッグコンソールに**「申し込みフォーム：入力画面」**というブロックが3つ表示されました。

図8-5-19 「申し込みフォーム：入力画面」というブロックが3つ表示された

　それぞれのブロックにある「Initialization」を選択して、「任意のイベントの計測設定を検証する」（p.273）と同様に、**「Tags Fired」**箇所にある「Google アナリティクス 4 - GA4 設定」を押下しましょう。図8-5-20のとおり**「確認画面」**と**「完了画面」**では**「page_title」**と**「page_location」**が上書きされていることが確認できます。

図8-5-20　「page_title」と「page_location」の上書き状況

計測先GA4プロパティの「設定→DebugView」(あるいは「リアルタイム」レポート)でも「page_view」イベントを選択し、上書き状況を確認しましょう。

図8-5-22「パラメータ」の中にある「page_title」と「page_location」を押下すると、「page_title」と「page_location」がそれぞれ「申し込みフォーム：完了画面」と「https://www.example.com/complete.html」のような値で上書きされていることが分かります。

図8-5-21　「DebugView」で「page_view」イベントを選択する

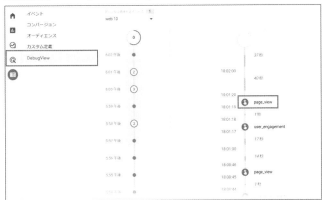

図8-5-22 上書きされていることを確認

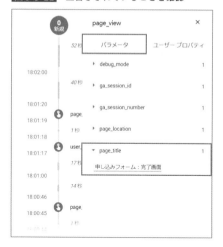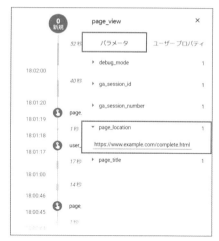

　意図していないデータが計測されていた場合は、Google タグ マネージャーの設定を見直すようにしましょう。また、**プレビューモードで検証する際はウェブページの表示崩れや動作不良が発生していないかなども、あわせて確認しておくことをおすすめします。**

別の端末やブラウザでも検証を行う

　一通り検証できたら同じように別の端末やブラウザでも検証してみましょう。デバッグコンソールの右上にある「[:]→Share」を押下してください。

図8-5-23 「[:]→Share」を押下する

　図8-5-24のような**「Share debug session」画面**が表示されるので**「Copy Link」**を押下してください。

図8-5-24　「Share debug session」画面で「Copy Link」を押下する

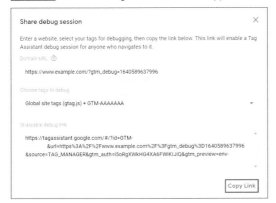

　コピーしたリンクを別の端末やブラウザで開くと図8-5-25のような画面に遷移します。「**Your website's URL**」箇所のURLを確認の上「**Connect**」を押下してください。

図8-5-25　URLを確認して「Connect」を押下する

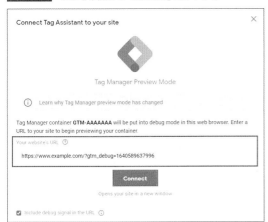

　以降の検証の流れは前述したとおりですが、ブラウザの設定などによってはプレビューモードが上手く動作しない場合があります。そういった場合は下記のヘルプページの「**Troubleshoot connection issues**」を参照してください。

https://support.google.com/tagassistant/answer/10039345#troubleshoot

8-6 「バージョンの公開と作成」を行う

　プレビューモードで動作を検証できたら「バージョンの公開と作成」を行って、すべてのユーザーのブラウザに設定を反映しましょう。

■「バージョンの公開と作成」の手順と留意点

　「バージョンの公開と作成」はGoogle タグ マネージャーのワークスペース画面右上の「公開」ボタンから行うことができます。

図8-6-1　「公開」ボタンを押下する

　図8-6-1で「公開」ボタンを押下すると、図8-6-2のように「変更の送信」という画面が表示されます。

図8-6-2　「変更の送信」画面が表示される

284

「バージョン名」には標準で「ワークスペース名」が入力されています。内容に問題がないことを確認したら図8-6-2で「公開」ボタンを押下してください。公開が完了すると以下のように新しいバージョンが作成されます。

図 8-6-3 新しいバージョンが作成される

「バージョンの公開と作成」を行った際は、予期せぬ設定不備による被害を最小限に抑えるため、最低限「リアルタイム」レポートで計測されているデータに大きな変動がないかを確認するようにしてください。また、計測結果を分析しやすいよう、必要に応じて各イベントパラメータはイベントスコープのカスタムディメンションとして登録しておくようにしましょう。カスタムディメンションの設定方法については「Chapter10 ユーザー ID・カスタム定義・コンテンツグループの計測設定を行う」を参照してください。なお、公開済みの設定を検証したい場合は「Google Analytics Debugger」という Google Chrome の拡張機能が便利です。

図8-6-4 拡張機能「Google Analytics Debugger」

　下記のChromeウェブストアよりインストールして有効にすると、ウェブサイトにアクセスした際のデータが**DebugView**で確認できるようになるので、試してみてください。

 https://chrome.google.com/webstore/detail/google-analytics-debugger/
jnkmfdileelhofjcijamephohjechhna

コンバージョンイベントの
計測設定を行う

ウェブサイトは様々な目的を持って運営されており、通常はそれぞれの目的に
応じたコンバージョン（目標）が存在します。本章ではそういったコンバージョ
ンを計測するための機能「コンバージョンイベント」の概要と設定方法につい
て解説していきます。

○━ keyword

- コンバージョンイベント
- コンバージョンのタイプ：
  到達ページ

- コンバージョンとして
  マークを付ける
- 「イベントを作成」機能
- オーディエンストリガー

本節では「コンバージョンイベント」の概要と、UA・GA4で設定可能なコンバージョンのタイプの違いについて説明します。

代表的なコンバージョンと「コンバージョンイベント」の概要

表9-1-1は代表的なウェブサイトのカテゴリごとに、目的と主なコンバージョンをまとめたものです。

表9-1-1 ウェブサイトのカテゴリごとのコンバージョン例

ウェブサイトのカテゴリ	目的	主なコンバージョン
申し込み受付サイト	サービスやキャンペーンに申し込んでもらう	資料請求/申し込み
採用サイト	自社を知ってもらい、応募してもらう	採用応募
カスタマーサポートサイト	顧客満足度を高める	サポート完了
会員サイト	顧客満足度を高める 顧客とのコミュニケーションをはかる	会員登録/会員サービス利用
ECサイト	商品を販売する	会員登録/商品の購入
ブランドサイト	商品・サービスに関する情報を消費者に伝え、印象づける	商品の認知
メディアサイト	コンテンツを読んでもらう 掲載している広告をクリックしてもらう	コンテンツの読了 掲載している広告のクリック

ウェブサイトを運営する際、コンバージョンが達成されているのかどうかを確認し、達成されている／いないのであれば何が要因なのかを明らかにして、次の施策につなげていくことは非常に重要です。GA4では上記のようなウェブサイトのコンバージョンを「コンバージョンイベント」という機能によって計測します。表9-1-2は、よく設定される「コンバージョンイベント」の一覧です。

表9-1-2 よく設定される「コンバージョンイベント」

主なコンバージョン	コンバージョンイベント
資料請求	資料請求完了画面の表示
申し込み	申し込み完了画面の表示
サポート完了	サポート完了メッセージの表示
会員登録	会員登録完了画面の表示
会員サービス利用	会員限定キャンペーンの応募完了
商品の購入	購入完了画面の表示
商品の認知	商品詳細画面の表示 商品サイトに一定時間滞在
コンテンツ読了	コンテンツの読了（スクロール）完了
掲載している広告のクリック	掲載している広告のクリック

　事前に「コンバージョンイベント」を設定しておくと、その「コンバージョンイベント」の発生状況が確認できるだけでなく、「コンバージョンイベント」を発生させたセッション・ユーザーと発生させなかったセッション・ユーザーを切り分けて、その要因を分析できるようになります。なお「コンバージョン"イベント"」とあるとおり、コンバージョンとして設定可能なタイプは「イベント」のみとなっています。UAでは標準で設定可能だった「到達ページ」「滞在時間」「ページビュー数 / スクリーンビュー数（セッションあたり）」「スマートゴール」相当の内容をコンバージョンとして設定したい場合は、個別に設定方法の検討が必要になります。

表9-1-3 UA・GA4で設定可能なコンバージョンタイプの比較

コンバージョンのタイプ	計測概要	UA	GA4
到達ページ	特定のページやスクリーン（例：申し込み完了画面）が読み込まれた場合に、コンバージョンを計測します。	○	×
滞在時間	セッションが一定時間以上（例：10分以上）継続した場合に、コンバージョンを計測します。	○	×
ページビュー数 / スクリーンビュー数 （セッションあたり）	1回のセッションで一定数以上のページやスクリーン（例：5ページまたは5スクリーン以上）が表示された場合に、コンバージョンを計測します。	○	×
イベント	特定のイベント（例：チャットボットへの質問を送信するボタンのクリック）が発生した場合に、コンバージョンを計測します。	○	○
スマートゴール	Google アナリティクスが機械学習で個々のセッションをスコアリングして、スコアが高いセッションにコンバージョンを割り当てます。	○	×

本章では例として「到達ページ」にもとづき「コンバージョンイベント」の計測設定を行う方法についても解説します。なお、UAでは「到達ページ」にもとづく「目標」（コンバージョン）の設定時に、到達ページに至るまでの経路もあわせて設定することで、その経路における遷移・離脱状況を下図のように可視化できる「目標到達プロセス」という機能がありました。

図 9-1-1 UAの「目標到達プロセス」レポート

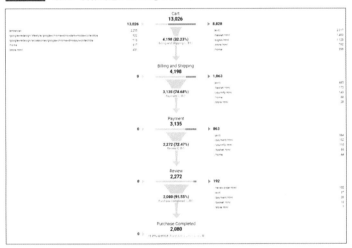

同様のレポートをGA4で再現したい場合は、「Chapter4 Google アナリティクス4の『データ探索ツール』でデータを詳細に分析する」を参考に「データ探索ツール」で「目標到達プロセスデータ探索」レポートを作成してください。

9-2 任意のイベントを「コンバージョンイベント」に設定する

本節からは「コンバージョンイベント」の設定方法について説明します。

イベントにコンバージョンとしてマークを付ける

「コンバージョンイベント」は「設定→イベント」より設定できます。図9-2-1のよ

うに当該GA4プロパティで計測されている**イベントの一覧**が表示されるので、「**コンバージョンイベント**」として設定したいイベント行の「コンバージョンとしてマークを付ける」をオンにしてください。

図9-2-1 「設定→イベント」の設定画面

また、これから計測する予定のイベントをあらかじめ「**コンバージョンイベント**」として設定しておきたい（マークをつけておきたい）場合は、「設定→コンバージョン」にて「新しいコンバージョンイベント」を押下してください。

図9-2-2 「設定→コンバージョン」の設定画面

図9-2-3のダイアログが表示されたら、「新しいイベント名」❶に「コンバージョンイベント」として設定したいイベント名を入力し、「保存」❷を押下してください。

図9-2-3 新しいコンバージョンイベントを設定する

なお、**UAではビューごとに20個まで「目標」（コンバージョン）を設定できますが、GA4の「コンバージョンイベント」はプロパティごとに30個まで（有償版の場合は50個まで）しか設定できない点に注意してください。**

「到達ページ」にもとづいて「コンバージョンイベント」の計測設定を行いたい場合、**まずユーザーがその「到達ページ」を表示した際に、独自の名前を持つ推奨イベントまたはカスタムイベントを計測する必要があります**。本章では下記の2つの計測設定例を紹介します。

1. GA4プロパティの「イベントを作成」機能を使用する
2. Google タグ マネージャーを使用する

設定例1 ▶ GA4 プロパティの「イベントを作成」機能を使用する

「到達ページ」の条件がそれほど複雑でない場合は、GA4プロパティの**「設定→イベント」**画面より**「イベントを作成」**機能を使用することで、簡単に**「コンバージョンイベント」**の計測設定を行うことができます。

図9-3-1 イベントを作成する

図9-3-2のような画面が表示されたら**「作成」**を押下してください。

図9-3-2 イベントを作成する

292

例として「https://www.example.com/member/registration/complete.html」を
「到達ページ」として、**「会員登録」**を計測する**「コンバージョンイベント」**の設定手
順を説明します。

まず、図9-3-3の画面で**「カスタムイベント名」❶**、**「一致する条件」❷**を設定して
「作成」を押下してください。**「カスタムイベント名」**に入力した名前がそのまま**「コ
ンバージョンイベント名」**になります。

Chapter 9　コンバージョンイベントの計測設定を行う

図 9-3-3 「sign_up」イベントを計測する設定例

❶任意の推奨イベント、
またはカスタムイベ
ント名を入力してく
ださい。

❷・event_name：
等しい：page_view

・page_location：
任意の演算子：
『到達ページ』と
して指定したい
URLを設定して
ください。

続いて「設定→コンバージョン」にて**「新しいコンバージョンイベント」**を押下し
てください。

図 9-3-4 「設定→コンバージョン」の設定画面

図9-3-5のようなダイアログが表示されたら、**「新しいイベント名」**に先ほど図
9-3-3で入力した**「カスタムイベント名」❶**を入力して**「保存」❷**を押下してください。

図9-3-5 「sign_up」イベントを「コンバージョンイベント」に設定する

以上で「**コンバージョンイベント：sign_up**」の設定は完了です。これにより「**到達ページ：https://www.example.com/member/registration/complete.html**」へのアクセスを「**会員登録**」のコンバージョンとして計測可能になりました。なお、「**イベントを作成」機能によって作成可能なイベントは最大50個という点には留意**してください。

設定例2 ▶ Google タグ マネージャーを使用する

正規表現の利用が必要になる場合など「到達ページ」の条件が複雑なときは、Google タグ マネージャーを使用して独自の名前を持つ推奨イベントまたはカスタムイベントの計測設定を新しく追加してください。

たとえば、地域ごとの情報をまとめたウェブサイトで、資料請求をコンバージョンとして計測したい場合について考えてみましょう。「/request/document/**tokyo**/complete.html」などの「/request/document/**{{関東地方}}**/complete.html」の閲覧を「**コンバージョンイベント：page_view_kanto_req_doc_complete**」として計測する方法を説明します。

▶①GTMで計測用のタグを作成する

まずはGoogle タグ マネージャーに新しい**ワークスペース**を作成します。現在のワークスペース「**Default Workspace**」を押下して、ワークスペースの選択画面を表示してください。

図9-3-6 ワークスペースの選択画面を表示する

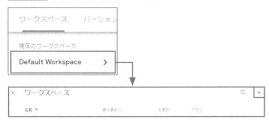

図9-3-6の「＋」ボタンを押下すると、図9-3-7のような**ワークスペース作成画面**が表示されます。

図 9-3-7 ワークスペース作成画面が表示される

「名前のないワークスペース」部分は、これから行う設定の内容がわかる名前に変更してください。ここでは「『到達ページ』にもとづくコンバージョンイベントの計測設定」❶として「保存」❷を押下します。

図 9-3-8 ワークスペースの名前を変更して保存する

ワークスペースの作成が完了すると、図9-3-9のとおり**「現在のワークスペース」**が設定した**「『到達ページ』にもとづくコンバージョンイベントの計測設定」**に切り替わります。

図 9-3-9 「現在のワークスペース」が切り替わる

「**タグ**」画面の「新規」ボタンを押下してタグの作成を進めます。

図9-3-10 「タグ」画面の「新規」ボタンよりタグを作成する

図9-3-11のような画面が表示されたら「**タグの設定**」部分を押下してください。

図9-3-11 「タグの設定」部分を押下する

「**タグタイプ**」は「Google アナリティクス：GA4イベント」を選択しましょう。

図9-3-12　「Google アナリティクス：GA4 イベント」を選択する

「Google アナリティクス 4 - page_viewコンバージョンイベント」❶のような分かりやすいタグの名前を入力して任意の「Google アナリティクス：GA4 設定」タグ❷を選択したら、「イベント名」❸箇所にあるブロックのようなアイコンを押下してください。

図9-3-13　「イベント名」箇所にあるブロックのようなアイコンを押下する

利用可能な変数の一覧が表示されたら、「＋」ボタンを押下してユーザー定義変数を作成します。

図9-3-14 「変数を選択」画面で「+」ボタンを押下する

×	変数を選択	Q 組み込み変数	+
	名前 ↑	タイプ	
▣	Click ID	データレイヤーの変数	

「無題の変数」箇所に「RegEx table - event name with page_view」❶のような分かりやすい名前を入力して「変数の設定」❷部分を押下してください[※1]。

図9-3-15 分かりやすい変数名をつけて「変数の設定」部分を押下する

ここではURLの情報をもとに**コンバージョンイベント名**として計測する値を設定したいので、変数タイプ「正規表現の表」を選択します。

図9-3-16 変数タイプ「正規表現の表」を選択する

たとえば、図9-3-17のように「入力変数：{{Page URL}}」❶を選択して「**パターン**」に「到達ページ」の条件❷、「**出力**」に「コンバージョンイベント名」❸を設定して「**保存**」❹を押下します。

※1 「RegEx table」は「正規表現の表」の意です。後に変数タイプ「正規表現の表」を選択するため、分かりやすいよう頭に「RegEx table - 」とつけています。

図9-3-17 変数「RegEx table - event name with page_view」の設定例

なお、**複数パターンで条件が重複する場合は、上にあるパターンの出力が優先される点に注意してください。**

また「Chapter8 イベントの計測設定を行う」で紹介した**「計測されるURLの情報を上書きする」**設定を行っている場合は、上書き後のURLをもとに条件判定を行うために、事前に図9-3-14からの変数作成手順を参考に、図9-3-18のような変数**「Custom JavaScript - page_location」**を作成してください。作成した変数**「Custom JavaScript - page_location」**を、図9-3-17「入力変数」❶に設定するとよいでしょう。

図9-3-18 変数「Custom JavaScript - page_location」

続いて「トリガー」部分を押下してトリガーの設定を進めます。

図9-3-19 「トリガー」部分を押下する

「＋」ボタンを押下してタグ「Google アナリティクス 4 - page_viewコンバージョンイベント」用のトリガーを作成します。

図9-3-20 「＋」ボタンを押下する

「無題のトリガー」箇所に「ページビュー - コンバージョンイベント用」❶のような分かりやすい名前を入力して「トリガーの設定」❷部分を押下してください。

図9-3-21 分かりやすいトリガー名をつけて「トリガーの設定」部分を押下する

ここでは**ページビュー**をトリガーの条件として設定したいので、トリガーのタイプ「ページビュー」を選択します。

図9-3-22 トリガーのタイプ「ページビュー」を選択する

「トリガーの設定」画面に戻るので、図9-3-23のように設定して「保存」を押下してください。

図 9-3-23 「『コンバージョンイベント』用のページビュー」トリガー

タグが図9-3-24のような状態になったら「保存」を押下します。

図 9-3-24 完成した「Google アナリティクス 4 - page_view コンバージョンイベント」タグ

Google アナリティクス 4 - page_view コンバージョンイベント 🗀　保存

タグの設定

タグの種類

.ıl　**Google** アナリティクス: GA4 イベント
　　Google マーケティング プラットフォーム

設定タグ ⑦
Google アナリティクス 4 - GA4 設定

イベント名 ⑦
{{RegEx table - event name with page_view}}

トリガー

配信トリガー

👁　ページビュー・コンバージョンイベント用
　　ページビュー

以上で、Google タグ マネージャーで計測用のタグの作成は完了です。

▶②GA4プロパティにコンバージョンイベントを設定する

　続いてGA4プロパティの「設定→コンバージョン」にて「新しいコンバージョン
イベント」を押下してください。

図 9-3-25　「設定→コンバージョン」の設定画面

　図9-3-26のようなダイアログが表示されたら、**「新しいイベント名」**に先ほど図
9-3-17の**「コンバージョンイベント名」❸**でGoogle タグ マネージャーに設定した**イ
ベント名❶**を入力して**「保存」❷**を押下してください。

図 9-3-26　「page_view_kanto_req_doc_complete」イベントを「コンバージョンイベント」に設定する

　計測設定が完了したら、**「プレビューモード」**と**「DebugView」**で検証していきま
しょう。プレビューモードは図9-3-27にある**「プレビュー」**を押下することで有効に
できます。

図9-3-27 「プレビュー」を押下する

プレビューモードとDebugViewの基本的な使い方については「Chapter8 イベント
の計測設定を行う」を参照してください。プレビューモードを有効にして「/request/
document/tokyo/complete.html」に遷移すると、図9-3-28のとおり DebugViewにて
正しい「コンバージョンイベント：page_view_kanto_req_doc_complete」が計測
できていることが確認できました。

図9-3-28 コンバージョンイベントの計測状況

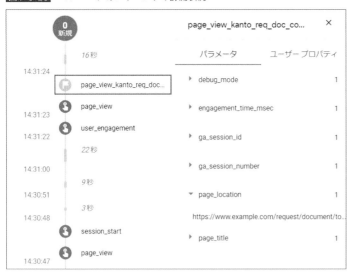

念のため別のページや端末、ブラウザでも検証を行ったら「**バージョンの公開と作成**」を行って、すべてのユーザーのブラウザに設定を反映しましょう。

これによりGoogle タグ マネージャーを使用した「**到達ページ**」にもとづく「**コンバージョンイベント**」の計測設定が完了します。「**バージョンの公開と作成**」はGoogle タグ マネージャーのワークスペース画面右上の「**公開**」ボタンから行うことができます。

図9-3-29　「公開」ボタンから「バージョンの公開と作成」を行う

「**バージョンの公開と作成**」を行った際は、予期せぬ設定不備による被害を最小限に抑えるため、最低限「**リアルタイム**」レポートで計測されているデータに大きな変動がないかを確認するようにしてください。

9-4　「オーディエンストリガー」にもとづいて 「コンバージョンイベント」の計測設定を行う

GA4プロパティには「**オーディエンス**」という任意の条件を満たしたユーザーのリストを作成する機能があります（「オーディエンス」の詳細については「Chapter13 Google アナリティクス 4プロパティに Google 広告アカウントをリンクする」で解説します）。

「オーディエンストリガー」の設定

この「**オーディエンス**」に「**オーディエンストリガー**」という設定を追加することで、ユーザーが任意の条件を満たして「**オーディエンス**」に追加された際に、任意のイベントを計測できるようになります。

図9-4-1 「オーディエンス」の設定画面

　たとえば、下記のように**ライフタイムバリュー**(ユーザーから生涯にわたって得られる収益)や一連の行動にもとづいて、ユーザーが**「オーディエンス」**に追加された際に任意のイベントを計測することができます。また、このイベントを**「コンバージョンイベント」**として計測することもできます[2]。

図9-4-2 「オーディエンストリガー」の活用例

■ 累計購入金額が1万円を超えた

■ 商品Aを購入した後、30日以内に商品Bを購入した

　このようなコンバージョンの設定をUAで行いたい場合、非常に複雑な実装が必要で有識者とエンジニアの協力が必要不可欠でした。GA4では**「オーディエンストリガー」**を使用することで比較的簡単かつ柔軟に対応できるようになっています。

※2　図9-4-2のように商品の購入にかかわる条件を設定したい場合は、事前に商品の購入を計測する「purchase」イベントの計測設定が必要となります。詳細は「Chapter11 eコマーストラッキングの設定を行う」を参照してください。

「オーディエンストリガー」を使用したい場合は、まず「設定→オーディエンス」より「オーディエンス」を押下してください。

図9-4-3 「設定→オーディエンス」画面

「**オーディエンスの新規作成**」画面が表示されたら、いずれかの項目を選択してください。ここでは「**カスタムオーディエンスを作成する**」を選択します。

図9-4-4 「オーディエンス」の新規作成画面

たとえば「**累計購入金額が1万円を超えた**」際にイベントを計測したい場合は、「オーディエンスの名前」❶、「オーディエンス」の条件❷を図9-4-5のように入力します。

図 9-4-5 「累計購入金額が1万円を超えたユーザー」を条件とする「オーディエンス」の作成画面

「オーディエンストリガー」箇所の「＋新規作成」❸を押下すると図9-4-6のような画面が表示されるので、「イベント名」に任意のイベント名❶を入力して保存ボタン❷を押下してください。**ここで入力した名前がそのまま「コンバージョンイベント名」になります。**

図 9-4-6 「オーディエンストリガー」の設定画面

また、**「オーディエンスのメンバーシップが更新されると追加のイベントがログに記録されます」**をチェックすると、ユーザーが過去（「オーディエンス」の有効期間内）に「オーディエンス」の条件を満たしている場合も、条件を満たすたびに（1日1回まで）イベントが計測されるようになります。以下のような状態になったら図9-4-7で「保存」を押下します。

図9-4-7　「累計購入金額が1万円を超えたユーザー」を条件とする「オーディエンス」を保存する

　以上で「オーディエンストリガー」の設定は完了です。これにより「累計購入金額が1万円を超えたユーザー」を「オーディエンス」に追加し、「オーディエンストリガー」により「purchase_total_above_10000」というイベントを計測することが可能となりました。なお**「オーディエンストリガー」はプロパティあたり20個までしか作成できない点に注意してください**。続いて「設定→コンバージョン」にて「新しいコンバージョンイベント」を押下し、「purchase_total_above_10000」を「コンバージョンイベント」に設定します。

図9-4-8　「設定→コンバージョン」の設定画面

　図9-4-9のようなダイアログが表示されたら、**「新しいイベント名」**に先ほど**「オーディエンストリガー」の設定画面**で入力した**「カスタムイベント名：purchase_total_above_10000」❶**を入力して**「保存」❷**を押下してください。

図9-4-9　「purchase_total_above_10000」イベントを「コンバージョンイベント」に設定する

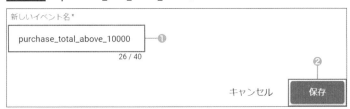

以上で「オーディエンストリガー」にもとづく「コンバージョンイベント：purchase_total_above_10000」の計測設定は完了です。ここまで説明してきたとおり、「コンバージョンイベント」の設定方法は多岐にわたります。どこでどのように設定しているのか分からなくならないように、別途設計書などを作成して管理しておくことをおすすめします。

ユーザーID・カスタム定義・
コンテンツグループの計測設定を行う

本章では「ユーザー ID」「カスタムディメンション」「カスタム指標」「コンテンツグループ」の計測設定を行う際の手順について説明します。これらの計測設定は、Google アナリティクス 4 がもつレポートにかかわる機能を最大限利活用するために非常に重要となります。一方で落とし穴も多いため、留意事項も含めて学んでいきましょう。

○━ keyword

- ユーザー ID
- ユーザープロパティ
- カスタムディメンション、
  カスタム指標

- コンテンツグループ
- データインポート

10-1 ユーザー IDの計測設定を行う

　本節では、まずGoogle アナリティクス 4における「レポート用識別子」について
おさらいした上で、ユーザー IDを計測する際の注意点と計測設定の手順について
説明します。

レポート用識別子とユーザーの計測

　「Chapter1 Google アナリティクス 4とは」で紹介したとおり、GA4では下記の3
種類の識別子を組み合わせることにより、従来よりも高精度でユーザーを識別でき
るようになっています。

表10-1-1　GA4の識別子

識別子	概要
デバイスID	**ウェブの場合** ユーザーが利用している端末のブラウザごとに発行される、ファーストパーティCookieに格納されるID（クライアントID）です。 **アプリの場合** ユーザーが利用している端末にインストールされたアプリごとに、発行されるID（アプリインスタンスID）です。
Googleシグナル ※1	Google アカウントにログインしているユーザーから得られるデータです。 Googleシグナルのデータを利用できる場合、Google アナリティクスはユーザーから収集したデータを、ログイン中のユーザーのGoogle アカウントと関連付けます（ユーザーがGoogle アカウントの設定で「広告のカスタマイズ」をオンにしている場合のみ）。
ユーザー ID	ウェブサイトやアプリで発行される、ユーザーを一意に識別可能な固有のID（会員番号など）です。

　ユーザー IDは標準では計測されません。**ユーザー ID**を使用したい場合は本章に
記載の手順で計測設定を追加する必要があります。

　UAでも**ユーザー ID**や**Googleシグナル**は利用可能でしたが、利用できる機能や
レポートが限られており、基本的には**デバイスID**をもとにユーザーを識別してい
ました。

※1　Googleシグナルを使用したい場合は、「Chapter5 Google アナリティクス 4の利用を開始する」に記載の手順
　　でGoogleシグナルのデータ収集を有効にする必要があります。

図10-1-1　UAとGA4におけるユーザーの計測

■ UAにおけるユーザーの計測

■ GA4におけるユーザーの計測

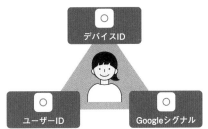

ユーザーIDの計測を検討する際の注意点

　ウェブサイトとアプリで共通の**ユーザーID**があれば、ウェブサイトとアプリの双方を回遊しているユーザーの識別（クロスプラットフォームトラッキング）も可能ですが、**ユーザーID**の計測を検討する際は下記の3点に注意してください。

①ウェブサイトやアプリの利用者ごとに、デバイス（ブラウザ）やプラットフォームをまたいで識別できる**固有のIDを割り当てる仕組み**が必要となるため、ユーザーを一意に識別できない（ログイン機能がない）ウェブサイトやアプリでは使用できません。

②下記のページに記載されている**ガイドラインとポリシー**が適用されます。自社サイトの**プライバシーポリシーの変更**などの対応が必要となる場合があるため、法務担当者と相談して計測設定を行ってください。

　https://developers.google.com/analytics/devguides/collection/ga4/policy

③GA4プロパティに送信する**ユーザーID**は、256文字以下の**Unicode文字**でなければなりません。

ユーザーIDの計測設定を行う

ユーザーIDの計測設定は、下記の流れで行います。

1.ウェブページのHTMLにユーザーIDを出力する
2.Google タグ マネージャーに計測設定を追加する

ステップ1 ウェブページのHTMLにユーザーIDを出力する

ユーザー ID の計測を行いたい場合、Google タグ マネージャーの設定に加えて、ウェブページの HTMLにユーザー IDを出力する対応が必要になります。

具体的には「データレイヤーの変数」にユーザー IDを格納します。

以下のようなコードを、ユーザー IDを計測したいすべてのページで出力してください。「XXXXXX」部分は個々のユーザーのユーザー IDにあわせて動的に出力する必要があります。

コード10-1-1 「データレイヤーの変数」にユーザー IDを格納する

```
<script>
window.dataLayer = window.dataLayer || [];
dataLayer.push({'user_id': 'XXXXXX'});
</script>
```

なお、ログイン前のページなどユーザー IDを出力できないページがある場合は、そのページでは「dataLayer.push ～」行を出力しないようにしてください。仮に「dataLayer.push({'user_id': ''});」や「dataLayer.push({'user_id': null})」のように空文字やnull値をセットすると、本来のユーザー IDが上書きされてしまい、計測結果に不具合が生じてしまいます。

また、本書では詳細は割愛しますが、ファーストパーティ Cookieなど「データレイヤーの変数」以外の場所にユーザー IDを出力している場合は、そちらを流用できる可能性があります。実装方法については、ウェブサイトのシステム担当者とも相談の上決めるようにしてください。

ステップ2 Google タグ マネージャーに計測設定を追加する

続いてGoogle タグ マネージャーに新しいワークスペースを作成して、計測設定を追加していきます。現在のワークスペース「Default Workspace」を押下して、ワークスペースの選択画面を表示してください。

図 10-1-2 ワークスペースの選択画面を表示する

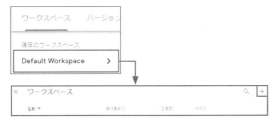

図10-1-2の「**＋**」ボタンを押下すると、図10-1-3のような**ワークスペース作成画面**が表示されます。

図 10-1-3 ワークスペース作成画面が表示される

「**名前のないワークスペース**」部分は、これから行う設定の内容がわかる名前に変更してください。後のページで説明する「**コンテンツグループ**」の計測設定についても同ワークスペースで作業するため、ここでは「**ユーザー ID・コンテンツグループの計測設定**」❶として「**保存**」❷を押下します。

図 10-1-4 ワークスペースの名前を変更して保存する

ワークスペースの作成が完了すると、図10-1-5のとおり「**現在のワークスペース**」が切り替わります。

図 10-1-5　「現在のワークスペース」が切り替わる

「**タグ**」画面にて前出のページ（p.238）で作成したタグ「Google アナリティクス 4 - GA4 設定」を選択します。

図 10-1-6　「タグ」画面にてタグ「Google アナリティクス 4 - GA4 設定」を選択する

続いて「設定フィールド→行を追加」を押下して、**ユーザー ID**を計測する設定を進めます。

図 10-1-7　「行を追加」を押下する

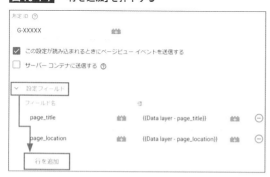

「フィールド名」に「user_id」❶と入力して「値」❷箇所にあるブロックのような
アイコンを押下してください。

図10-1-8　「フィールド名」を入力して「値」箇所にあるブロックのようなアイコンを押下する

利用可能な変数の一覧が表示されます。「ステップ1 ウェブページのHTMLに
ユーザーIDを出力する」のコードによって、**「データレイヤーの変数：user_id」**に
格納された**ユーザーID**を取得する変数が存在しないので、「＋」ボタンを押下して
ユーザー定義変数を作成します。

図10-1-9　「変数を選択」画面で「＋」ボタンを押下する

「**無題の変数**」箇所に「**Data layer - user_id**」❶のような分かりやすい名前を入力
して「**変数の設定**」❷部分を押下してください。

図10-1-10　分かりやすい変数名をつけて「変数の設定」部分を押下する

ここでは「**データレイヤーの変数：user_id**」に格納された値を取得したいので、変数タイプ「**データレイヤーの変数**」を選択します。

　変数タイプ「データレイヤーの変数」を選択する

図10-1-12のように「**データレイヤーの変数名**」に「**user_id**」❶と入力して「**保存**」❷を押下してください。

　各値を入力後の変数「Data layer - user_id」

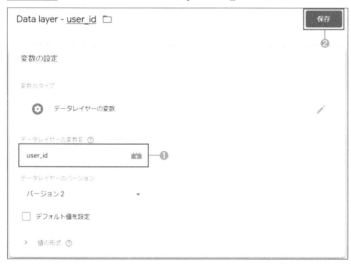

図10-1-13のような状態になったら、「**保存**」を押下して**ユーザー ID**の計測設定は完了です。

図10-1-13　「user_id」を設定後の「Google アナリティクス 4 - GA4 設定」タグ

　「user_id」というフィールド（ユーザープロパティ）で**ユーザー ID**を計測することで、本章の冒頭で説明したようにユーザーを高精度で識別することが可能となります。**ただし「user_id」というフィールド（ユーザープロパティ）を使用可能なレポートは一部に限定されています。もしユーザー IDを用いて柔軟に分析を行いたいようであれば、次に説明する「crm_id」というユーザースコープのカスタムディメンションでも、同様の値を計測してください。**これによりたとえば、図10-1-14のようにセグメントの条件として「crm_id：完全に一致（＝）：123456」を設定して、**ユーザー ID**が「123456」のユーザーだけを詳細に分析するようなことも可能となります。

図 10-1-14　カスタムディメンション「crm_id」の使用例

図 10-1-14　カスタムディメンション「crm_id」の使用例

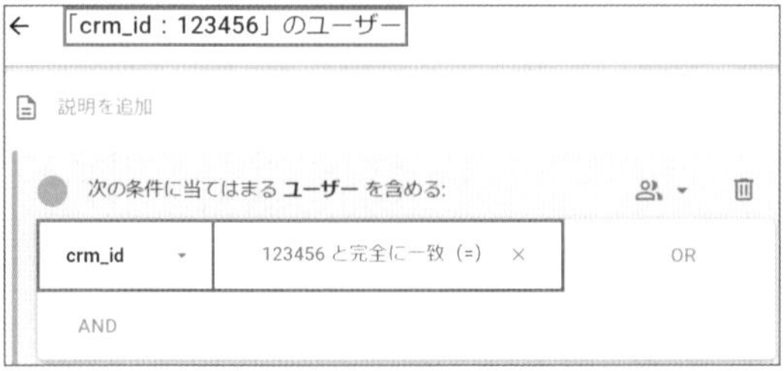

　ただし、ユーザー IDのように値の種類が多いものをカスタムディメンションで計測すると、GA4のシステム上の制限によって一部のデータが「(other)」に集約され、「Chapter2 Google アナリティクス 4のレポートを確認する」で説明した標準レポートに「(other)」行が表示されるようになる恐れがあります。そのため、何を優先するのかよく考えてから設定を行うようにしてください。以降のページでは参考として、このままユーザースコープのカスタムディメンション「crm_id」の計測設定を行います。

10-2 カスタム定義の計測設定を行う

　「カスタム定義」には「カスタムディメンション」と「カスタム指標」が含まれます。それぞれ標準で用意されていないディメンション・指標を自前で作成するための機能です。まずは、カスタムディメンション・指標を作成する上で重要となる「スコープ」という考え方について説明します。

カスタム定義のスコープ

　GA4のディメンションと指標にはそれぞれ**スコープ**（値が紐づく範囲）があります。スコープの種類は「**イベント**」「**セッション**」「**ユーザー**」「**商品**」の4つです。

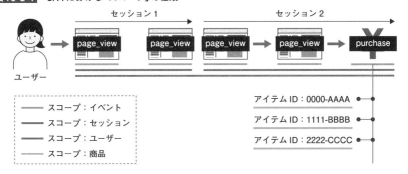

図10-2-1 GA4における「スコープ」の種類

たとえば**「ユーザーID：XXXXXX」**という一意のIDを持つリピーターが、Google 検索からウェブサイトを再訪して、**「アイテムID：0000-AAAA」**と**「アイテムID： 1111-BBBB」**という商品を総額1万円で購入したとします。このとき**「ユーザー ID：XXXXXX」**はそのリピーター（ユーザー）に紐づく値なので**ユーザースコープ**、 Google 検索はセッション（訪問）に紐づく値なので**セッションスコープ**のディメン ションとなります。

また、1万円という総額は**購入（purchase）**というイベントに紐づく収益額なの で**イベントスコープ**の指標、**「アイテムID：0000-AAAA」**と**「アイテムID：1111-BBBB」**というIDは個々の商品に紐づく値なので**商品スコープ**のディメンションと なります[2]。

カスタムディメンションを作成する際に本書執筆時点（2022年5月）で設定可能 なスコープは、**「イベント」**と**「ユーザー」**のみで、**「セッション」「商品」**スコープに ついては今後使用できるようになる見込みです。また**カスタム指標**については、現 時点では**「イベント」スコープ**のみ利用可能です。

ユーザースコープのカスタムディメンションの計測設定を行う

ユーザースコープのカスタムディメンションでは、ユーザーIDや会員ランクと いったような**ユーザーごとの属性情報**を計測します。計測設定時はまずGoogleタ グ マネージャーの**「GA4設定」**、または**「GA4イベント」**タグの**「ユーザープロパ ティ」**箇所に設定を追加してください。

※2　ここでは便宜上、正式なディメンション・指標名では表記していません。

たとえばユーザースコープのカスタムディメンション「crm_id」でユーザーIDを計測したい場合は、図10-2-2のように「プロパティ名」に「crm_id」、値に「Data layer - user_id」を設定します。設定手順は、「ユーザーIDの計測設定を行う」の「ステップ2 Google タグ マネージャーに計測設定を追加する」でフィールドを設定したのと同様です（値はステップ2で作成しているので、図10-1-9の画面で「Data layer - user_id」を選択してください）。

図 10-2-2 「ユーザープロパティ「crm_id」を設定する

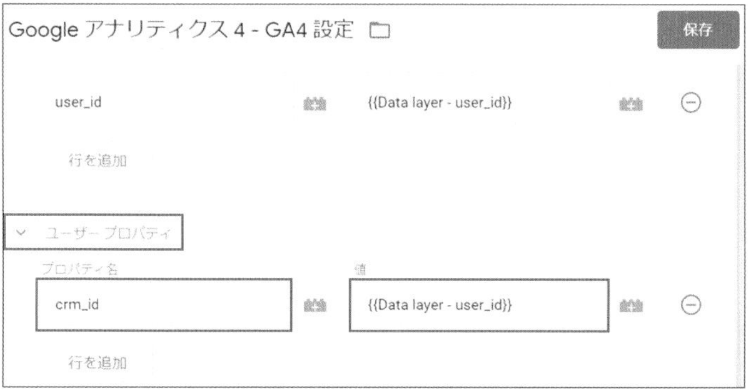

なお、標準的な「user_id」というフィールド（ユーザープロパティ）とは違い、ユーザースコープのカスタムディメンションでは最大36文字までしか計測できず、37文字目からは削除されます。ユーザーIDの文字数が37文字以上ある場合は途中までしか計測されないため、文字列の短縮などを検討してください。

図10-2-3のような状態になったら、「保存」を押下して一旦「Google アナリティクス 4 - GA4設定」タグの設定を保存してください。

図10-2-3　「crm_id」を設定後の「Google アナリティクス 4 - GA4 設定」タグ

続いて、計測先GA4プロパティの「設定→カスタム定義」にて「カスタムディメ
ンションを作成」を押下します。

図10-2-4　「設定→カスタム定義」の設定画面

図10-2-5のように「**範囲**」を「**ユーザー**」❶に変更して「**ディメンション名**」と「**ユー
ザープロパティ**」に「**crm_id**」❷❸と入力し、「**説明**」に任意の説明❹を追加したら
「**保存**」を押下してください。なお、**以前は「ユーザープロパティ」として「user_
id」を指定することも可能でしたが、本書執筆現在(2022年5月)は「user_id」は指
定できないようになっています。**

図 10-2-5 「カスタムディメンション：crm_id」を作成する

以上でユーザースコープのカスタムディメンション「**crm_id**」の計測設定は完了です。後述の手順でGoogle タグ マネージャーの「**バージョンの公開と作成**」を行うと、「**crm_id**」で計測した**ユーザー ID**を通常のディメンションと同様にレポート上で使用できるようになります。

イベントスコープのカスタムディメンションの計測設定を行う

イベントスコープのカスタムディメンションは、**イベントパラメータ**として計測している値をレポート上で確認・使用できるようにするために設定します。計測したい**イベントパラメータに相当する**ディメンションが下記ヘルプページに存在しない場合は、イベントスコープの**カスタムディメンション**を設定してください。

 https://support.google.com/analytics/answer/9143382

たとえば「Chapter8 イベントの計測設定を行う」で紹介した**「拡張計測機能によるイベント」によって計測されるイベントパラメータの中にも、video_percentのように標準で対応するディメンションがないものがあります（2022年5月本書執筆現在）。そういったものはイベントスコープのカスタムディメンションとして登録しておかないと、レポート上でほとんど確認・使用できないため注意してください。独自で計測するイベントパラメータについても同様です。**イベントスコープのカスタムディメンションも「設定→カスタム定義」の「カスタムディメンションを作成」より作成できます。

図 10-2-6 「設定→カスタム定義」の設定画面

たとえば「**video_percent**」をカスタムディメンションとして登録したい場合は、図10-2-7のように「**範囲**」が「**イベント**」❶であることを確認し、「**ディメンション名**」と「**イベントパラメータ**」に「video_percent」❷❸と入力、「**説明**」に任意の説明❹を追加して「**保存**」を押下してください。

図 10-2-7 「カスタムディメンション：video_percent」を作成する

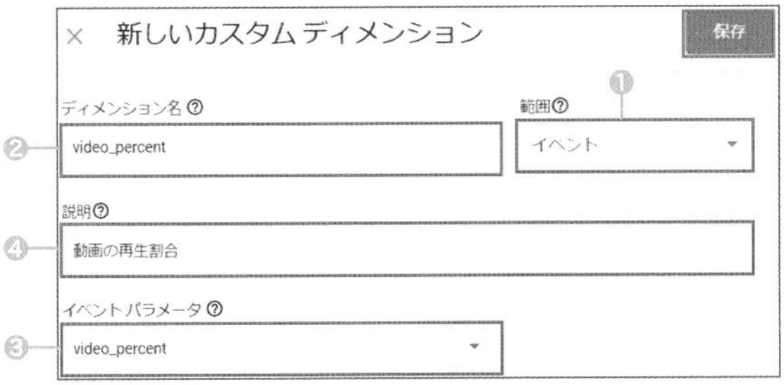

以上でイベントスコープのカスタムディメンション「**video_percent**」の設定は完了です。これにより「**video_percent**」が計測されたら、図10-2-8のようにレポートに表示できるようになります。

図 10-2-8 レポートにおける「video_percent」の表示例

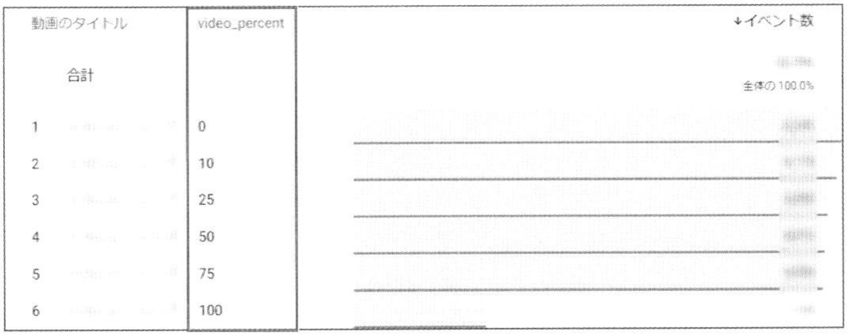

325

その他にもたとえば、下記のような**イベントパラメータ**も**カスタムディメンション**として登録しておくと、レポート上で柔軟に利活用できるようになり便利です。**ただし、値の種類が多いものをカスタムディメンションで計測すると、GA4のシステム上の制限によって一部のデータが「(other)」に集約され、「Chapter2:Googleアナリティクス 4のレポートを確認する」で説明した標準レポートに「(other)」行が表示されるようになる恐れがあります。**そのため、何を優先するのかよく考えてから設定を行うようにしてください。

表 10-2-1　カスタムディメンションとして登録すると便利なイベントパラメータ

イベントパラメータ	説明
page_location	ページのURL
page_referrer	前のページのURL
video_current_time	動画の再生時間 (秒)
video_duration	動画全体の時間 (秒)
source	参照元 (イベントスコープ)
medium	メディア (イベントスコープ)
campaign	キャンペーン (イベントスコープ)
term	キーワード (イベントスコープ)
content	広告のコンテンツ (イベントスコープ)
ga_session_id	一意のセッション識別子
ga_session_number	セッションの発生順序
traffic_type	社内関係者のIPアドレスによるトラフィック (internal) ／それ以外

┃カスタム指標の計測設定を行う

カスタム指標は**イベントパラメータ**として計測している数値・通貨・距離(フィート・マイル・メートル・キロメートル)・時刻(ミリ秒・秒・分・時間)をレポート上で確認・使用できるようにするために設定します。計測したい**イベントパラメータに相当する指標**が下記のヘルプページに存在しない場合は、**カスタム指標**の設定を行ってください。

 https://support.google.com/analytics/answer/9143382

たとえば「**推奨イベント：post_score**」(ユーザーによるスコアの投稿) およびイベントパラメータ「**score**」を計測している場合に、「**score**」の値をレポート上で確

認できるようにするためには、**カスタム指標**を設定する必要があります。**カスタム指標**は「設定→カスタム定義」の「カスタム指標→カスタム指標を作成」より作成できます。

図10-2-9　「設定→カスタム指標」の設定画面

「score」を例にすると、図10-2-10のように「**範囲**」が「**イベント**」❶であることを確認し、「**指標名**」と「**イベントパラメータ**」に「score」❷❸と入力、「**説明**」に任意の説明❹を追加して「保存」を押下してください。

図10-2-10　「カスタム指標：score」を作成する

以上でカスタム指標「**score**」の設定は完了です。これにより「**score**」が計測されたら、図10-2-11のようにレポートに表示できるようになります。

図10-2-11　レポートにおける「score」の表示例

日付	イベント名	score
合計		**440,901** 全体の 100%
1　20220307	post_score	12,526
2　20220308	post_score	12,800

「コンテンツグループ」はウェブサイト上のコンテンツをURLなどの情報をもとにグループ化する機能です。

コンテンツグループを使用するメリットと設定手順

コンテンツグループを使用すると、ディレクトリが異なる複数のページをひとまとまりにして簡単に評価できるようになります。たとえば「/android/」を含むページと「/android.html」で終わるページを「Android」、「/ios/」を含むページと「/ios.html」で終わるページを「iOS」というコンテンツグループでまとめると、「ライフサイクル→エンゲージメント→ページとスクリーン」レポートなどで図10-3-1のように確認できるようになります。

図10-3-1 コンテンツグループの表示例

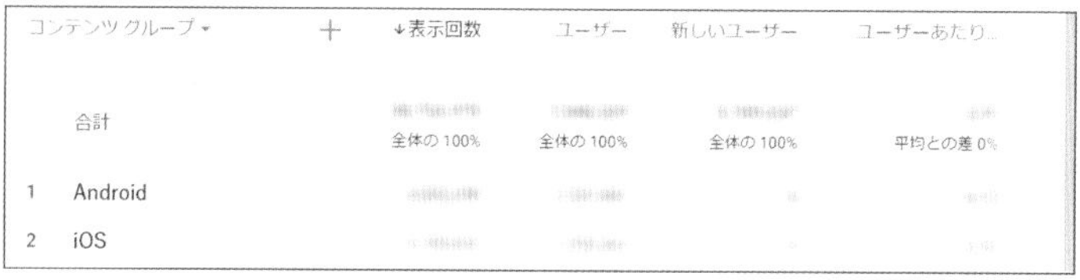

コンテンツ グループ ▼	＋	↓表示回数	ユーザー	新しいユーザー	ユーザーあたり...
合計		全体の100%	全体の100%	全体の100%	平均との差 0%
1　Android					
2　iOS					

UAではGoogle アナリティクスの管理画面上でビューあたり5つまでコンテンツグループを作成できましたが、GA4では Google タグ マネージャーの設定やトラッキングコードへのコードの追加などによって、1つのコンテンツグループのみ計測可能となっています。もしコンテンツグループに相当するものを複数種類計測したい場合は、カスタムディメンションを使用してください。ここではGoogle タグ マネージャーを利用したコンテンツグループの設定方法の一例を紹介します。まずは「タグ」画面にて前出のページで作成したタグ「Google アナリティクス 4 - GA4設定」を選択してください。

図10-3-2 「タグ」画面にてタグ「Google アナリティクス 4 - GA4設定」を選択する

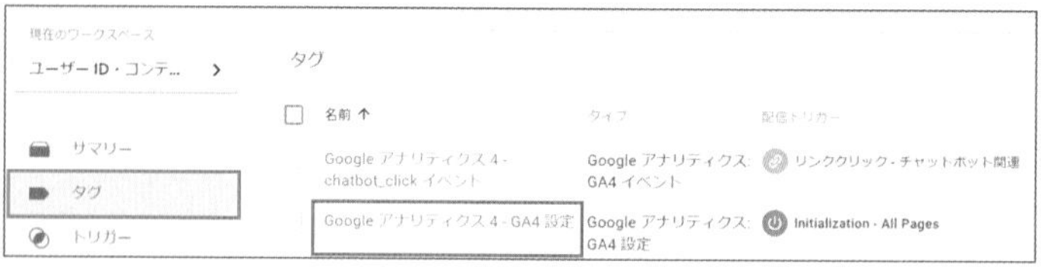

現在のワークスペース		タグ		
ユーザー ID・コンテ... ＞				
		□ 名前 ↑	タイプ	配信トリガー
サマリー		Google アナリティクス 4 - chatbot_click イベント	Google アナリティクス GA4 イベント	🔗 リンククリック・チャットボット関連
タグ		Google アナリティクス 4 - GA4 設定	Google アナリティクス GA4 設定	ⓤ Initialization - All Pages
トリガー				

「**設定フィールド**」に「**フィールド名：content_group**」❶を追加して、同行の「**値**」❷箇所にあるブロックのようなアイコンを押下してください。

図10-3-3 「フィールド名：content_group」を追加して「値」箇所にあるブロックのようなアイコンを押下する

利用可能な変数の一覧が表示されたら、「**＋**」ボタンを押下してユーザー定義変数を作成します。

図10-3-4 「変数を選択」画面で「＋」ボタンを押下する

「**無題の変数**」箇所に「**RegEx table - content_group**」❶のような分かりやすい名前を入力して「**変数の設定**」❷部分を押下してください[3]。

図10-3-5 分かりやすい変数名をつけて「変数の設定」部分を押下する

---

[3] 「RegEx table」は「正規表現の表」の意です。後に変数タイプ「正規表現の表」を選択するため、分かりやすいよう頭に「RegEx table - 」とつけています。

ここでは**URL**の情報をもとにコンテンツグループとして計測する値を設定したいので、変数タイプ「正規表現の表」を選択します。

図 10-3-6　変数タイプ「正規表現の表」を選択する

　たとえば、図10-3-7のように設定して「保存」を押下します。

図 10-3-7　コンテンツグループの設定例

　なお「Chapter8　イベントの計測設定を行う」で紹介した「**計測されるURLの情報を上書きする**」設定を行っている場合は、上書き後のURLをもとに条件判定を行うために、図10-3-8のような**変数「Custom JavaScript - page_location」**を作成し、図10-3-7の画面で「**入力変数**」に設定するとよいでしょう。

図10-3-8 変数「Custom JavaScript - page_location」

図10-3-9のような状態になったら、「**保存**」を押下してコンテンツグループの計測設定は完了です。

図10-3-9 「content_group」を設定後の「Google アナリティクス 4 - GA4 設定」タグ

📊 10-4 計測設定の検証と公開を行う

計測設定が完了したら「プレビューモード」と「DebugView」で検証しましょう。

検証と公開の手順

Google タグ マネージャーのプレビューモードは、図10-4-1にある「プレビュー」を押下することで有効にできます。

図10-4-1 「プレビュー」を押下する

プレビューモードとDebugViewの基本的な使い方については「Chapter8 イベントの計測設定を行う」を参照してください。プレビューモードを有効にして「/android.html」と「/ios.html」に遷移すると、図10-4-2のとおりDebugViewにて正しい「content_group」が計測できていることが確認できました。

図10-4-2 「content_group」の計測状況

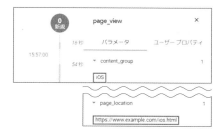

またユーザー IDが出力されているページを表示したところ、「user_id」と「crm_id」というユーザープロパティでユーザー ID「123456」が計測されていることも確認できました。

図10-4-3　ユーザー IDの計測状況

念のため別のページや端末、ブラウザでも検証を行ったら「バージョンの公開と作成」を行って、すべてのユーザーのブラウザに設定を反映しましょう。「バージョンの公開と作成」はGoogle　タグ　マネージャーのワークスペース画面右上の「公開」ボタンから行うことができます。

図10-4-4　「公開」ボタンから「バージョンの公開と作成」を行う

「バージョンの公開と作成」を行った際は、予期せぬ設定不備による被害を最小限に抑えるため、最低限「リアルタイム」レポートで計測されているデータに大きな変動がないかを確認するようにしてください。

10-5 ユーザーデータをインポートする

「データインポート」という機能を利用すると、**ユーザー ID**や**クライアントID**を
キーとして、Google アナリティクスの任意のカスタムディメンションに**ユーザー
の属性情報**（CSVファイルに記載）をインポートできます。

図 10-5-1 「データインポート」機能の概要

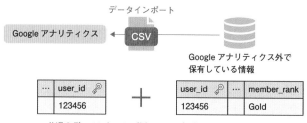

ただし、**個人を特定できる情報（氏名、メールアドレスなど）をインポートする
ことは禁じられている点に注意してください**。カスタムディメンションにインポー
トした属性情報は、通常のディメンションと同様にレポート上で使用することが可
能です。**ウェブサイトの仕様などにより通常どおり計測することは難しいが、分析
に使いたい情報がある場合などに利用を検討してください**。

ユーザーデータのインポート手順

例としてここでは**ユーザー ID**をキーに**「会員ランク」**（member_rank）情報をイン
ポートする手順を紹介します。まずはGA4プロパティの**「設定→カスタム定義」**よ
り図10-5-2のような**ユーザースコープ**のカスタムディメンションを作成してくださ
い。

図10-5-2 「カスタムディメンション：member_rank」を作成する

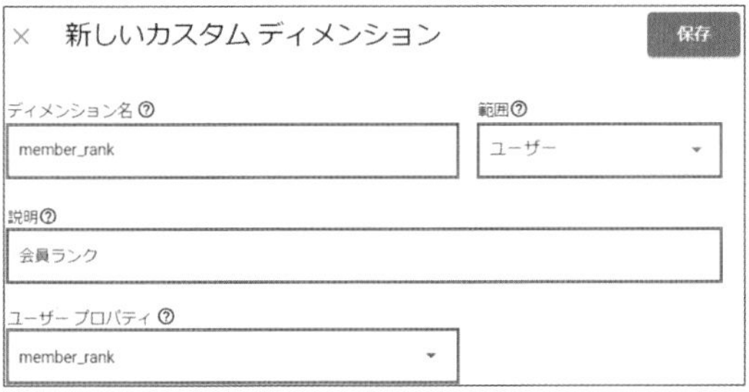

続いて「管理→データインポート」を開いて「データソースを作成」を押下します。

図10-5-3 「管理→データインポート」画面

「データソースを作成」画面が表示されたら、任意の「データソース名」❶を入力して「データの種類：ユーザーID別のユーザーデータ」❷を選択してください。図10-5-4のように「利用規約を確認してください」と表示された場合は、そちらを押下して確認を進めてください。

図 10-5-4　「データソース名」を入力して「データの種類」を選択する

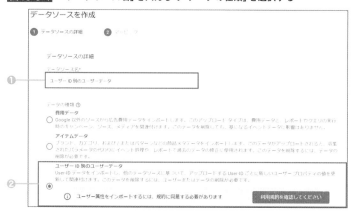

インポートするCSVファイルは、図10-5-5の「CSVをアップロード」を押下して選択します。

図 10-5-5　「CSVをアップロード」を押下する

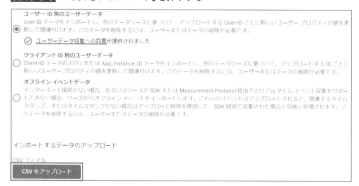

図10-5-6のような内容のCSVファイルを用意しておき、そちらを選択するようにしましょう。

図10-5-6 CSVファイルの内容

	A	B
1	user_id	member_rank
2	111111	Gold
3	222222	Silver
4	333333	Standard

　CSVファイルの選択が完了したら図10-5-7で**「次へ」**を押下して、「マッピング」の設定画面に遷移します。

図10-5-7 「次へ」から「マッピング」の設定画面へ遷移する

　図10-5-8のようにマッピングできたら**「インポート」**を押下してください。

図10-5-8 マッピングできたら「インポート」を押下する

　図10-5-9のとおりデータのインポートが完了したことを確認できました。CSVファイルを追加でアップロードしたい場合は**「今すぐインポート」**より作業を行ってください。

図 10-5-9 データインポートの完了が確認できた

　以上により「**会員ランク**」(member_rank) 情報を、通常のディメンションと同様にレポート上で使用できるようになります。たとえば、図10-5-10のようにセグメントの条件として「**member_rank：完全に一致 (=)：Gold**」を設定して、「Gold」ランクのユーザーだけを分析するようなことも可能となります。

図 10-5-10 「会員ランク」(member_rank) 情報の使用例

　「**ユーザー ID別のユーザーデータ**」の場合、インポートしたデータはインポート後に計測されたデータとのみ結合されます。過去のデータとは結合されない点に留意してください。また、データソースを作成した後は「マッピング」の設定を編集できなくなります。もし「マッピング」の設定を編集したい場合は、作成したデータソースを選択後「□→削除」からデータソースを削除して作り直してください。

図 10-5-11 データソースを削除する

eコマーストラッキングの
設定を行う

ECサイトを運営している場合は、eコマーストラッキングの設定を行うこと
で、ウェブサイト上で商品が認知されてから購入されるまでの一連の流れを、
詳細に分析できるようになります。本章ではeコマーストラッキングの概要
と、「商品情報の表示」「商品のカート追加」「商品の購入」の計測設定手順につい
て説明していきます。

○— keyword

- eコマーストラッキング
- 商品情報の表示、
  商品のカート追加、商品の購入
- 商品アイテムパラメータ
- データレイヤーの変数

11-1 Google アナリティクス 4の
eコマーストラッキング

本節ではまず、eコマーストラッキングの概要について説明します。

eコマーストラッキングで計測可能な接点

eコマーストラッキングで計測可能な接点は、表11-1-1のとおりです。

表11-1-1 計測可能な接点と計測内容

接点（推奨イベント名）	計測内容
商品リストの表示 （view_item_list）	商品のランキングやカテゴリごとの一覧、商品検索結果画面などで商品リストが表示されたことを計測します。
商品リンクのクリック （select_item）	商品の詳細画面などに遷移するリンクがクリックされたことを計測します。
商品情報の表示 （view_item）	商品の詳細画面などで商品の情報が表示されたことを計測します。
商品のほしい物リスト追加 （add_to_wishlist）	ほしい物リストへの商品の追加が行われたことを計測します。
商品のカート追加／削除 （add_to_cart / remove_from_cart）	ショッピングカートへの商品の追加や削除が行われたことを計測します。
カートの表示 （view_cart）	ショッピングカートが表示されたことを計測します。
購入手続きの開始 （begin_checkout）	ユーザーが購入手続きを開始したことを計測します。
支払い情報の追加 （add_payment_info）	ユーザーが購入手続き中に、支払い情報を追加したことを計測します。
配送先情報の追加 （add_shipping_info）	ユーザーが購入手続き中に、配送先情報を追加したことを計測します。
購入手続きの完了 （purchase）	商品の購入手続きが完了したことを計測します。
購入した商品の払い戻し （refund）	ユーザーが購入した商品を払い戻したこと（キャンセル）を計測します。一部払い戻しと全部払い戻しの計測が可能です。
プロモーションのインプレッション （view_promotion）	プロモーション（セールを宣伝するバナーなど）が表示（インプレッション）されたことを計測します。
プロモーションのクリック （select_promotion）	プロモーション（セールを宣伝するバナーなど）がクリックされたことを計測します。

eコマーストラッキングで計測可能な項目

eコマースの接点ごとに計測可能な項目は異なります。ここからはそれぞれの接点でどのような項目が計測可能か説明します。

▶商品リストの表示・商品リンクのクリック

「商品リストの表示」と「商品リンクのクリック」の概要は、表11-1-2のとおりです。

表11-1-2 各接点の概要

接点（推奨イベント名）	計測内容
商品リストの表示 （view_item_list）	商品のランキングやカテゴリごとの一覧、商品検索結果画面などで商品リストが表示されたことを計測します。
商品リンクのクリック （select_item）	商品の詳細画面などに遷移するリンクがクリックされたことを計測します。

それぞれの接点に付随して計測可能な項目（パラメータ）は、表11-1-3のとおりです。

表11-1-3 各接点で計測可能な項目

パラメータ名	対応するディメンション／指標	タイプ	必須	計測値の例	概要
item_list_id	アイテムリストID	string	×	related_products	ユーザーに表示された商品リストのID
item_list_name	アイテムリスト名	string	×	Related products	ユーザーに表示された商品リストの名前
items		Array<Item>	○		商品情報 詳細は「商品アイテムパラメータ」として後述します。

▶商品情報の表示・商品のほしい物リスト追加・商品のカート追加/削除・カートの表示

「商品情報の表示」「商品のほしい物リスト追加」「商品のカート追加/削除」「カートの表示」の概要は、表11-1-4のとおりです。

表11-1-4 各接点の概要

接点（推奨イベント名）	計測内容
商品情報の表示 （view_item）	商品の詳細画面などで商品の情報が表示されたことを計測します。
商品のほしい物リスト追加 （add_to_wishlist）	ほしい物リストへの商品の追加が行われたことを計測します。
商品のカート追加／削除 （add_to_cart / remove_from_cart）	ショッピングカートへの商品の追加や削除が行われたことを計測します。
カートの表示（view_cart）	ショッピングカートが表示されたことを計測します。

それぞれの接点に付随して計測可能な項目（パラメータ）は、表11-1-5のとおりです。

表11-1-5 各接点で計測可能な項目

パラメータ名	対応するディメンション／指標	タイプ	必須	計測値の例	概要
currency	標準では対応するディメンションなし[1]	string	×	JPY	通貨（3文字のISO 4217形式） 「value」を設定する場合は、イベントの値が正確に計算されるように「currency」を指定する必要があります。
value	イベントの値	number	×	777	各接点（イベント）の金銭的価値
items		Array<Item>	○		商品情報 詳細は「商品アイテムパラメータ」として後述します。

▶購入手続きの開始・支払い情報の追加・配送先情報の追加

「購入手続きの開始」「支払い情報の追加」「配送先情報の追加」の概要は、表11-1-6のとおりです。

表11-1-6 各接点の概要

接点（推奨イベント名）	計測内容
購入手続きの開始 （begin_checkout）	ユーザーが購入手続きを開始したことを計測します。
支払い情報の追加 （add_payment_info）	ユーザーが購入手続き中に、支払い情報を追加したことを計測します。
配送先情報の追加 （add_shipping_info）	ユーザーが購入手続き中に、配送先情報を追加したことを計測します。

それぞれの接点に付随して計測可能な項目（パラメータ）は、表11-1-7のとおりです。

表11-1-7　各接点で計測可能な項目

パラメータ名	対応するディメンション／指標	タイプ	必須	計測値の例	概要
currency	標準では対応するディメンションなし[※1]	string	×	JPY	通貨（3文字のISO 4217形式）「value」を設定する場合は、イベントの値が正確に計算されるように「currency」を指定する必要があります。
value	イベントの値	number	×	777	各接点（イベント）の金銭的価値
coupon	オーダークーポン	string	×	SUMMER_FUN	各接点（イベント）に関連付けられたクーポンの名前またはコード
payment_type	標準では対応するディメンションなし[※1]	string	×	Credit Card	選択した支払い方法「支払い情報の追加（add_payment_info）」用のパラメータです。
shipping_tier	標準では対応するディメンションなし[※1]	string	×	お急ぎ便	配送方法で選択されている送料区分（お急ぎ便、本州・四国（離島を除く）など）「配送先情報の追加（add_shipping_info）」用のパラメータです。
items		Array<Item>	○		商品情報詳細は「商品アイテムパラメータ」として後述します。

▶購入手続きの完了・購入した商品の払い戻し

「購入手続きの完了」と「購入した商品の払い戻し」の概要は、表11-1-8のとおりです。

表11-1-8　各接点の概要

接点（推奨イベント名）	計測内容
購入手続きの完了（purchase）	商品の購入手続きが完了したことを計測します。
購入した商品の払い戻し（refund）	ユーザーが購入した商品を払い戻したこと（キャンセル）を計測します。一部払い戻しと全部払い戻しの計測が可能です。

購入完了画面の再読み込みなどが原因で、同じユーザーによって同じ「transaction_id」を持つ「購入手続きの完了（purchase）」イベントが計測された場合は重複排除が行われ、はじめに計測された「購入手続きの完了（purchase）」イベントだけがレポートに表示されます。それぞれの接点に付随して計測可能な項目（パラメータ）は、表11-1-9のとおりです。

表11-1-9 各接点で計測可能な項目

パラメータ名	対応するディメンション／指標	タイプ	必須	計測値の例	概要
currency	標準では対応するディメンションなし※2	string	○	JPY	通貨（3文字のISO 4217形式）
transaction_id	取引ID	string	○	T_12345	取引（トランザクション）を一意に識別するID
value	eコマースの収益 払い戻し金額	number	○	1650	収益または払い戻し金額「購入手続きの完了（purchase）」の場合は「eコマースの収益」、「購入した商品の払い戻し（refund）」の場合は「払い戻し金額」という指標で計測されます。
affiliation	標準では対応するディメンションなし※2	string	×	Google Store	仕入れ先業者や店舗情報
coupon	オーダークーポン	string	×	SUMMER_FUN	イベントに関連付けられたクーポンの名前またはコード
shipping	標準では対応するディメンション・指標なし※2	number	×	300	取引（トランザクション）に関連付けられた送料
tax	標準では対応するディメンション・指標なし※2	number	×	150	取引（トランザクション）に関連付けられた税金
items		Array<Item>	○		商品情報「購入手続きの完了（purchase）」のみ必須です。詳細は「商品アイテムパラメータ」として後述します。

▶ **プロモーションのインプレッション・プロモーションのクリック**

　「プロモーションのインプレッション」と「プロモーションのクリック」の概要は、表11-1-10のとおりです。

表11-1-10 各接点の概要

接点（推奨イベント名）	計測内容
プロモーションのインプレッション（view_promotion）	プロモーション（セールを宣伝するバナーなど）が表示（インプレッション）されたことを計測します。
プロモーションのクリック（select_promotion）	プロモーション（セールを宣伝するバナーなど）がクリックされたことを計測します。

それぞれの接点に付随して計測可能な項目（パラメータ）は、表11-1-11のとおりです。

表11-1-11 各接点で計測可能な項目

パラメータ名	対応するディメンション／指標	タイプ	必須	計測値の例	概要
creative_name	アイテムのプロモーション（クリエイティブ名）	string	×	summer_banner2	プロモーション用のクリエイティブの名前
creative_slot	アイテムのプロモーション（クリエイティブのスロット）	string	×	featured_app_1	プロモーション用のクリエイティブスロットの名前
location_id	アイテムの地域ID	string	×	L_12345	地域のID
promotion_id	アイテムプロモーションID	string	×	P_12345	プロモーションのID
promotion_name	アイテムプロモーション名	string	×	Summer Sale	プロモーションの名前
items		Array<Item>	○		商品情報 「プロモーションのインプレッション（view_promotion）」のみ必須です。詳細は「商品アイテムパラメータ」として後述します。

▶ **商品アイテムパラメータ**

各接点に付随して計測可能な**商品アイテム（items）パラメータ**は、表11-1-12のとおりです。**items配列の中に201個以上の商品データを設定した場合、計測されるのは200番目の商品までとなる点に注意してください。**

表11-1-12 各接点で計測可能な商品アイテム（items）パラメータ

パラメータ名	対応するディメンション／指標	タイプ	必須	計測値の例	概要
item_id	アイテムID	string	△	SKU_ 12345	商品のID 「item_id」または「item_name」が必要です。
item_name	アイテム名	string	△	Stan and Friends Tee	商品の名前 「item_id」または「item_name」が必要です。
affiliation	標準では対応するディメンションなし※3	string	×	Google Store	仕入れ先業者や店舗情報
coupon	アイテムのクーポン	string	×	SUMMER_ FUN	商品に関連付けられたクーポンの名前またはコード
currency	標準では対応するディメンションなし※3	string	×	JPY	商品の通貨（3文字のISO 4217形式）
creative_ name	アイテムのプロモーション（クリエイティブ名）	string	×	summer_ banner2	商品に関連付けられたプロモーション用のクリエイティブの名前
creative_ slot	アイテムのプロモーション（クリエイティブのスロット）	string	×	featured_ app_1	商品に関連付けられたプロモーション用のクリエイティブスロットの名前
discount	標準では対応するディメンション・指標なし※3	number	×	222	商品に関連付けられた割引額
index	アイテムリスト位置	number	×	5	商品リスト内の商品のインデックスまたは位置
item_brand	アイテムのブランド	string	×	Google	商品のブランド
item_ category	Item category [アイテムのカテゴリ]	string	×	Apparel	商品のカテゴリ
item_ category2	アイテムのカテゴリ2	string	×	Adult	商品のカテゴリの第2階層 「item_category」が「アパレル／メンズ／サマー／シャツ／Tシャツ」の場合は「メンズ」
item_ category3	アイテムのカテゴリ3	string	×	Shirts	商品のカテゴリの第3階層 「item_category」が「アパレル／メンズ／サマー／シャツ／Tシャツ」の場合は「サマー」
item_ category4	アイテムのカテゴリ4	string	×	Crew	商品のカテゴリの第4階層 「item_category」が「アパレル／メンズ／サマー／シャツ／Tシャツ」の場合は「シャツ」
item_ category5	アイテムのカテゴリ5	string	×	Short sleeve	商品のカテゴリの第5階層 「item_category」が「アパレル／メンズ／サマー／シャツ／Tシャツ」の場合は「Tシャツ」
item_list_id	アイテムリストID	string	×	related_ products	ユーザーに商品が表示された商品リストのID

※3 本書執筆時点（2022年5月）

パラメータ名	対応するディメンション/指標	タイプ	必須	計測値の例	概要
item_list_name	アイテムリスト名	string	×	Related products	ユーザーに商品が表示された商品リストの名前
item_variant	標準では対応するディメンションなし※3	string	×	green	商品のバリエーションまたは固有のコード、あるいはその他の詳細やオプションに関する説明
location_id	アイテムの地域ID	string	×	L_12345	商品に関連付けられた場所
price	アイテムの収益	number	×	999	指定された「currency」パラメータの単位で表した商品の価格
promotion_id	アイテムプロモーションID	string	×	P_12345	商品に関連付けられたプロモーションのID
promotion_name	アイテムプロモーション名	string	×	Summer Sale	商品に関連付けられたプロモーションの名前
quantity	アイテムの数量	number	×	1	商品の数量

eコマーストラッキングの設定を行う際の注意点

eコマーストラッキングの設定を行う場合、Google タグ マネージャーの設定に加えて、ウェブページに下記のような「データレイヤーの変数」に値を格納するコードを実装する必要があります。

コード 11-1-1 「データレイヤーの変数」にeコマースに関連する値を格納する

```
<script>
window.dataLayer = window.dataLayer || [];
dataLayer.push({ ecommerce: null });  // Clear the previous
ecommerce object.
dataLayer.push({
  event: 'purchase',
  ecommerce: {
    transaction_id: 'T12345',
    affiliation: 'Online Store',
    value: 6270,
    tax: 570,
    shipping: 500,
    currency: 'JPY',
    coupon: 'SUMMER_SALE',
    items: [{
      item_name: 'Triblend Android T-Shirt',
```

```
      item_id: '12345',
      price: 2500,
      item_brand: 'Google',
      item_category: 'Apparel',
      item_variant: 'Gray',
      quantity: 1
    }, {
      item_name: 'Donut Friday Scented T-Shirt',
      item_id: '67890',
      price: 3000,
      item_brand: 'Google',
      item_category: 'Apparel',
      item_variant: 'Black',
      quantity: 1
    }]
  }
});
</script>
```

　日本円（currency: 'JPY'）で計測を行う場合、「value」「price」などの価格を表す
パラメータにおける区切り文字「,」は不要です。

◉価格を表すパラメータの正誤例

例	（正）2000000
	（誤）2,000,000

　「データレイヤーの変数」に格納する各値はカート追加や購入手続きが行われた
商品ごとに出し分ける必要があり、ウェブサイトのシステム担当者との調整および
ウェブページの改修が必須となります。計測する接点と項目については、優先度と
ウェブページの改修の影響度を確認した上で検討してください。なお、UAプロパ
ティで拡張eコマーストラッキングを行っている場合は、ウェブページに出力して
いる「データレイヤーの変数」に値を格納するコードをそのまま流用できる場合が
あります。詳細は下記のヘルプページを参照してください。

https://support.google.com/analytics/answer/10119380

eコマーストラッキングの設定は下記の流れで行います。

1.「データレイヤーの変数」に値を格納するコードを実装する
2. Google タグ マネージャーに計測設定を追加する

ここでは、比較的優先度が高いケースが多い**「商品の購入」「商品のカート追加」「商品情報の表示」**を計測する方法について説明します。

ステップ1 「データレイヤーの変数」に値を格納するコードを実装する

まずは、前述のとおり**「データレイヤーの変数」**に値を格納するコードを実装していきましょう。

▶商品の購入

商品の購入が完了した際に遷移するウェブページ(購入完了画面など)には、コード11-2-1のようなスクリプトを実装してください[4]。

コード11-2-1 「商品の購入」計測用のスクリプト

```
<script>
window.dataLayer = window.dataLayer || [];
dataLayer.push({ ecommerce: null });  // Clear the previous
ecommerce object.
dataLayer.push({
  event: 'purchase',
  ecommerce: {
    transaction_id: 'T12345',
    affiliation: 'Online Store',
    value: 6270,
    tax: 570,
    shipping: 500,
    currency: 'JPY',
    coupon: 'SUMMER_SALE',
```

---

[4] こちらのコードは Google タグ マネージャーのコードスニペットよりも上に実装してください。

```
    items: [{
      item_name: 'Triblend Android T-Shirt',
      item_id: '12345',
      price: 2500,
      item_brand: 'Google',
      item_category: 'Apparel',
      item_variant: 'Gray',
      quantity: 1
    }, {
      item_name: 'Donut Friday Scented T-Shirt',
      item_id: '67890',
      price: 3000,
      item_brand: 'Google',
      item_category: 'Apparel',
      item_variant: 'Black',
      quantity: 1
    }]
  }
});
</script>
```

▶商品のカート追加

ユーザーが商品をカートに追加したタイミングで、コード11-2-2のような処理が
実行されるように実装してください。

コード 11-2-2 「商品のカート追加」計測用のスクリプト

```
dataLayer.push({ ecommerce: null });  // Clear the previous
ecommerce object.
dataLayer.push({
  event: 'add_to_cart',
  ecommerce: {
    items: [{
      item_name: 'Donut Friday Scented T-Shirt',
      item_id: '67890',
      price: 3000,
      item_brand: 'Google',
      item_category: 'Apparel',
      item_variant: 'Black',
      quantity: 1
    }]
  }
});
```

▶商品情報の表示

商品の情報を表示するウェブページ（商品詳細画面など）には、コード11-2-3のようなスクリプトを実装してください[5]。

コード11-2-3 「商品情報の表示」計測用のスクリプト

```
<script>
// Measure a view of product details.
window.dataLayer = window.dataLayer || [];
dataLayer.push({ ecommerce: null });  // Clear the previous
ecommerce object.
dataLayer.push({
  event: 'view_item',
  ecommerce: {
    items: [{
      item_name: 'Donut Friday Scented T-Shirt',
      item_id: '67890',
      price: 3000,
      item_brand: 'Google',
      item_category: 'Apparel',
      item_variant: 'Black'
    }]
  }
});
</script>
```

ステップ2 Google タグ マネージャーに計測設定を追加する

続いてGoogle タグ マネージャーに新しい**ワークスペース**を作成して、計測設定を追加していきます。現在のワークスペース「**Default Workspace**」を押下して、**ワークスペースの選択画面**を表示してください。

[5] こちらのコードは Google タグ マネージャーのコードスニペットよりも上に実装してください。

351

図11-2-1 ワークスペースの選択画面を表示する

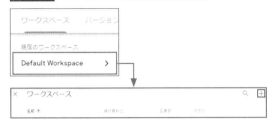

図11-2-1の「＋」ボタンを押下すると、図11-2-2のようなワークスペース作成画面が表示されます。

図11-2-2 ワークスペース作成画面が表示される

「**名前のないワークスペース**」部分は、これから行う設定の内容がわかる名前に変更してください。ここでは「**eコマーストラッキングの設定**」❶として「**保存**」❷を押下します。

図11-2-3 ワークスペースの名前を変更して保存する

ワークスペースの作成が完了すると、図11-2-4のとおり「**現在のワークスペース**」が切り替わります。

図11-2-4 「現在のワークスペース」が切り替わる

まずは「変数」タブより計測設定に必要なユーザー定義変数を作成します。図11-2-5の「新規」を押下してください。

図11-2-5 「新規」を押下する

「無題の変数」箇所に「Data layer - ecommerce.transaction_id」❶のような分かりやすい名前を入力して「変数の設定」❷部分を押下してください。

図11-2-6 分かりやすい変数名をつけて「変数の設定」部分を押下する

ここでは「データレイヤーの変数：ecommerce.transaction_id」に格納された「取引ID」（トランザクションID）の値を取得したいので、変数タイプ「データレイヤーの変数」を選択します。

Chapter 11 eコマーストラッキングの設定を行う

図 11-2-7 変数タイプ「データレイヤーの変数」を選択する

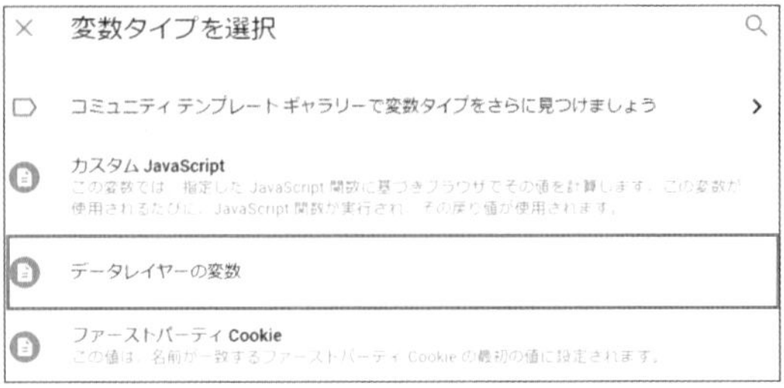

図11-2-8のように「**データレイヤーの変数名**」に「ecommerce.transaction_id」
❶と入力して「**保存**」❷を押下してください。

図 11-2-8 変数「Data layer - ecommerce.transaction_id」

同じように表11-2-1の**ユーザー定義変数**を作成してください[6]。

※6 「変数名」は Google タグ マネージャーの管理画面内における「変数」の名前、「データレイヤーの変数名」は
ウェブページに実装されている「データレイヤーの変数」の変数名を表しています。

表11-2-1　作成が必要なユーザー定義変数

計測する内容	変数名	データレイヤーの変数名
仕入れ先業者や店舗情報	Data layer - ecommerce.affiliation	ecommerce.affiliation
収益	Data layer - ecommerce.value	ecommerce.value
取引（トランザクション）に関連付けられた税金	Data layer - ecommerce.tax	ecommerce.tax
取引（トランザクション）に関連付けられた送料	Data layer - ecommerce.shipping	ecommerce.shipping
通貨（3文字のISO 4217形式）	Data layer - ecommerce.currency	ecommerce.currency
イベントに関連付けられたクーポンの名前またはコード	Data layer - ecommerce.coupon	ecommerce.coupon
商品情報	Data layer - ecommerce.items	ecommerce.items

続いて**「タグ」画面**の**「新規」**ボタンを押下してタグの作成を進めます。

図11-2-9　**「タグ」画面の「新規」ボタンよりタグを作成する**

図11-2-10のような画面が表示されたら**「タグの設定」**部分を押下してください。

図11-2-10　**「タグの設定」部分を押下する**

355

「**タグタイプ**」は「Google アナリティクス：GA4 イベント」を選択しましょう。

図11-2-11 「Google アナリティクス：GA4 イベント」を選択する

「Google アナリティクス 4 - purchaseイベント」❶のような分かりやすいタグの名前を入力して任意の「Google アナリティクス 4 - GA4 設定」タグ❷を選択したら、「**イベント名**」箇所に「purchase」❸と設定してください。

図11-2-12 「イベント名」箇所に「purchase」と設定する

イベントパラメータは計測したい内容に応じて、図11-2-13のように設定してください。

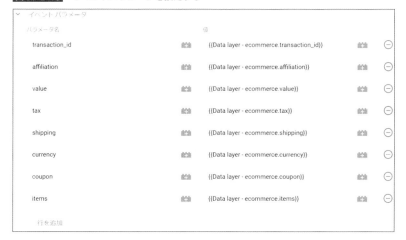

図 11-2-13 イベントパラメータを設定する

続いて「トリガー」部分を押下してトリガーの設定を進めます。

図 11-2-14 「トリガー」部分を押下する

「＋」ボタンを押下してタグ「**Google アナリティクス 4 - purchaseイベント**」用のトリガーを作成します。

図 11-2-15 「＋」ボタンを押下する

「**無題のトリガー**」箇所に「**カスタムイベント - purchase**」❶のような分かりやす
い名前を入力して「**トリガーの設定**」❷部分を押下してください。

図 11-2-16　分かりやすいトリガー名をつけて「トリガーの設定」部分を押下する

　ここでは「ステップ1『データレイヤーの変数』に値を格納するコードを実装す
る」をもとにウェブページに実装した、「**dataLayer.push({ event: 'purchase', 〜**」
のようなコードによる**カスタムイベント**をトリガーの条件として設定したいので、
トリガーのタイプ「**カスタムイベント**」を選択します。

図 11-2-17　トリガーのタイプ「カスタムイベント」を選択する

　「**トリガーの設定**」**画面**に戻るので、図11-2-18のように設定して「**保存**」を押下し
てください。

図 11-2-18 各値を入力後の「カスタムイベント - purchase」トリガー

タグが図11-2-19のような状態になったら「保存」を押下します。

図 11-2-19 完成した「Google アナリティクス 4 - purchaseイベント」タグ

　同じように「**商品のカート追加**」(add_to_cart) と「**商品情報の表示**」(view_item) 用のタグも作成します[7]。

※ 7　イベントパラメータ「transaction_id」～「coupon」は「purchase」イベント用なので、「商品のカート追加」と「商品情報の表示」では設定不要です(図11-2-13)。

設定に必要なイベント名やイベントパラメータ名については、「11-1 Google アナリティクス 4 の e コマーストラッキング」を参照してください。

図11-2-20 「Google アナリティクス 4 - add_to_cartイベント」タグ

図11-2-21 「Google アナリティクス 4 - view_itemイベント」タグ

以上でGoogle タグ マネージャーの設定は完了です。なお、表11-2-2のパラメータ用の**ディメンション・指標**は、本書執筆時点（2022年5月）では標準で用意されていません。必要に応じて「Chapter10 ユーザー ID・カスタム定義・コンテンツグループの計測設定を行う」を参考に、**カスタムディメンション・指標**を作成してレポート上で使用できるようにしてください。

表11-2-2 対応するディメンション・指標が用意されていないパラメータ

パラメータ名	計測値の例	概要
currency	JPY	通貨（3文字のISO 4217 形式）
payment_type	Credit Card	選択した支払い方法
shipping_tier	お急ぎ便	配送方法で選択されている送料区分（お急ぎ便、本州・四国（離島を除く）など）
affiliation	Google Store	仕入れ先業者や店舗情報
shipping	300	取引（トランザクション）に関連付けられた送料
tax	150	取引（トランザクション）に関連付けられた税金

また、表11-2-3の商品アイテムパラメータは、**標準で対応するディメンション・指標がなく、かつ「商品」スコープのカスタムディメンション・指標も作成不可となっているため、レポート上で確認する手段がありません（2022年5月本書執筆時点）**。今後のリリースに期待しましょう。

表11-2-3 レポート上で確認できないパラメータ

パラメータ名	計測値の例	概要
discount	222	商品に関連付けられた割引額
item_variant	green	商品のバリエーションまたは固有のコード、あるいはその他の詳細やオプションに関する説明

計測設定が完了したら「**プレビューモード**」と「**DebugView**」で検証しましょう。プレビューモードは図11-2-22にある「**プレビュー**」を押下することで有効にできます。

図 11-2-22 「プレビュー」を押下する

　プレビューモードとDebugViewの基本的な使い方については「Chapter8 イベントの計測設定を行う」を参照してください。プレビューモードを有効にして**「商品情報の表示」「商品のカート追加」「商品の購入」**を行うと、図11-2-23、図11-2-24、図11-2-25のとおりDebugViewにてeコマースのデータが計測できていることが確認できました[※8]。

図 11-2-23 eコマースのデータの計測状況 view_item

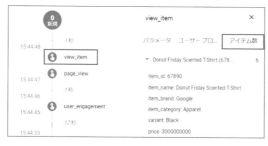

図 11-2-24 eコマースのデータの計測状況 add_to_cart

図11-2-25　eコマースのデータの計測状況 purchase

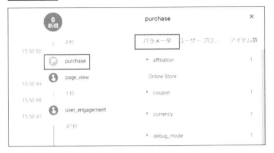

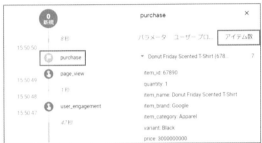

　念のため別のページや端末、ブラウザでも検証を行ったら**「バージョンの公開と作成」**を行って、すべてのユーザーのブラウザに設定を反映しましょう。**「バージョンの公開と作成」**はGoogle タグ マネージャーのワークスペース画面右上の**「公開」**ボタンから行うことができます。

図11-2-26　「公開」ボタンから「バージョンの公開と作成」を行う

　「バージョンの公開と作成」を行った際は、予期せぬ設定不備による被害を最小限に抑えるため、最低限**「リアルタイム」**レポートで計測されているデータに大きな変動がないかを確認するようにしてください。

※8　「price」の値が異常値となっていますが、DebugView以外のレポートでは正常な値が計測されていることを確認しています。

Memo

Google アナリティクス 4プロパティに Search Console をリンクする

Search Consoleは、Google検索の検索結果画面におけるウェブサイトの掲載状況を監視・管理・改善するためのサービスです。GA4プロパティにSearch Consoleをリンクすると、GA4プロパティのレポート画面上でSearch Consoleのデータが確認できるようになります。本章では実際に確認できるようになるデータと、リンクの手順について説明します。

○━ keyword

- Googleオーガニック検索クエリ
- Googleオーガニック検索の
  クリック率

- Googleオーガニック検索の
  平均掲載順位
- SEO（検索エンジン最適化）

12-1 Search Consoleと
Google アナリティクス 4プロパティのレポート

　本節ではSearch Consoleの利用のはじめかたと、GA4プロパティにSearch Consoleをリンクした際に確認できるようになるレポートおよびデータについて紹介します。

GA4プロパティでSearch Consoleのデータを確認する

　Search Consoleは「https://search.google.com/search-console/about」の「今すぐ開始」から利用を開始できます。

図 12-1-1 Search Consoleの利用を開始する

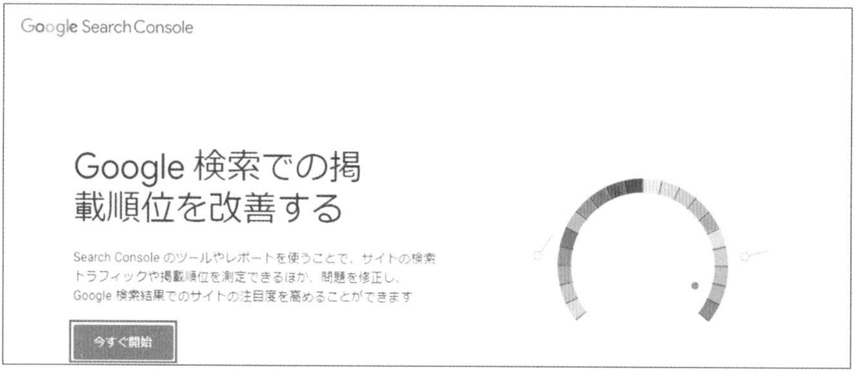

Google Search Console

Google 検索での掲載順位を改善する

Search Console のツールやレポートを使うことで、サイトの検索トラフィックや掲載順位を測定できるほか、問題を修正し、Google 検索結果でのサイトの注目度を高めることができます

今すぐ開始

　ウェブサイトの登録については、以下のヘルプページを参考に進めてください。

 https://support.google.com/webmasters/answer/34592

　GA4プロパティとSearch Consoleをリンクすると、たとえば「集客サマリー」にある「**Google自然検索トラフィックの獲得を表示**」または「**Googleオーガニック検索クエリを表示**」というリンクからSearch Consoleのデータが確認できるようになります。

図12-1-2 集客サマリー

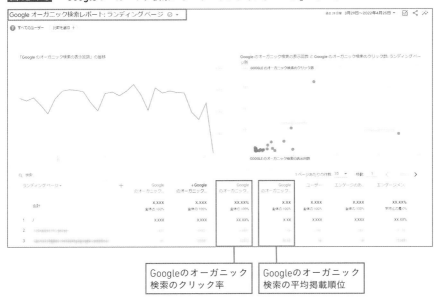

「Google自然検索トラフィックの獲得を表示」①を押下すると、**図12-1-3**のようなレポートで「ランディングページ」（Google検索の検索結果画面に表示されるページ）ごとの**「Googleのオーガニック検索のクリック率」**や**「Googleのオーガニック検索の平均掲載順位」**といったような指標が確認できます。

図12-1-3 「Googleオーガニック検索レポート：ランディングページ」レポート

クリック率や平均掲載順位が低いページについては、SEO（検索エンジン最適化）を検討するとよいでしょう。**また、Google検索の検索結果画面に表示したくないページ（もう使われていない古いページなど）が一覧に表示される場合は、下記のヘルプページを参考に対処してください。**

 https://support.google.com/webmasters/topic/9164606?hl=ja

　図12-1-2の「Googleオーガニック検索クエリを表示」❷を押下すると、図12-1-4のようなレポートで**「Googleのオーガニック検索クエリ」**（Google検索を行う際に入力されたキーワード）ごとの**「Googleのオーガニック検索のクリック率」**や**「Googleのオーガニック検索の平均掲載順位」**といったような指標が表示できます。

図 12-1-4　「クエリ：Googleのオーガニック検索クエリ」レポート

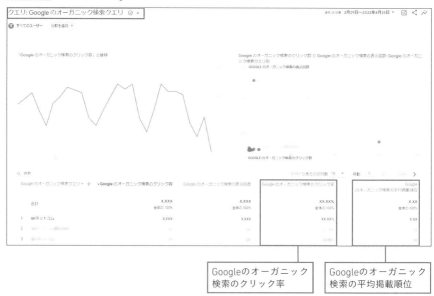

　自社サイトに関連性の高いキーワードで検索が行われた際に、自社サイトが高い位置（掲載順位）に表示され、クリックされているかどうかなどを調べたい場合に確認してください。もし好ましい結果になっていない場合は、SEO（検索エンジン最適化）を検討するとよいでしょう。

12-2 Google アナリティクス 4プロパティに Search Consoleをリンクする

GA4プロパティにSearch Consoleをリンクするためには、使用しているGoogleアカウントが、GA4プロパティの**「編集者」**権限とSearch Consoleの**「オーナー」**権限を所有している必要があります。まずはそれぞれの権限を所有しているか確認し、所有していない場合は両権限を所有しているユーザーにリンクを依頼しましょう。

GA4プロパティにSearch Consoleをリンクする手順

Search Consoleは「管理→（GA4 プロパティ列の）Search Consoleリンク」にある「リンク」ボタンからリンクできます。

図12-2-1 「管理→Search Consoleリンク」画面

図12-2-2のような画面が表示されたら「アカウントを選択」を押下してください。

図12-2-2 Search Consoleとの「リンクの設定」画面

使用しているGoogleアカウントが権限を持つSearch Consoleプロパティの一覧が表示されるので、**リンクするプロパティ**を選択して「**確認**」を押下してください。**なお、GA4プロパティ（ウェブストリーム）とSearch Consoleプロパティは1対1の関係でしかリンクできません。リンクしたいSearch Consoleプロパティが複数ある場合は、取捨選択するようにしてください。**[※1]

図12-2-3 「管理するプロパティにリンク」画面

図**12-2-4**のような画面に戻ったら「**次へ**」❶を押下してください。

続いて「**選択**」❷を押下してSearch Consoleプロパティをリンクする**ウェブストリーム**❸を選択します。複数のウェブストリームがある場合はいずれかを選んでください。

図12-2-4 Search Consoleとのリンクを作成する1

ウェブストリームを選択したら「次へ」❶を押下してください。**「確認して送信」**箇所で**「送信」**❷を押下するとリンク設定が完了します。

図 12-2-5 Search Console とのリンクを作成する 2

※1　同じ Search Console プロパティを、UA プロパティと GA4 プロパティそれぞれにリンクすることは可能です。

Memo

Google アナリティクス 4プロパティに Google 広告アカウントをリンクする

Google 広告は、Google社が提供している広告主向けのオンライン広告配信プラットフォームです。Google アナリティクス 4プロパティにGoogle 広告アカウントをリンクすることで、広告の配信状況にかかわるデータをレポートで確認・分析することが可能となります。本章では、Google 広告にて広告配信を行う際に有用な連携機能について紹介していきます。

○━ keyword

- Google 広告
- コンバージョンデータのインポート
- リマーケティング
- オーディエンス
- 機械学習による予測

13-1 Google 広告とは

本節ではまず、Google 広告の概要について紹介します。

Google 広告の特長とアカウント開設のはじめかた

Google 広告からは、主に「**Google検索**」「**YouTube動画**」や「**Googleディスプレイネットワーク**」（広告を掲載できる200万以上のウェブサイトやアプリの総称）に広告を配信できます。

図 13-1-1 Google 広告からの広告配信概要

Google 広告の最大の特長は、Google社が収集しているオーディエンスデータを用いてターゲティングを行うことができる点です。 このオーディエンスデータには、Google アカウントの情報やブラウザの行動履歴（Google検索で使用したキーワードや、閲覧したウェブサイトなど）から推定された性別・年齢・興味関心の情報が含まれます。「https://adssettings.google.com/authenticated」を開くと、自分（使用しているブラウザ）がどのようなオーディエンスと推定されているかが分かります。※1

※1　ブラウザを複数人で共有している場合（例：家族でパソコンを共用している場合）は、推定結果にズレが生じることもあります。

図13-1-2 広告のカスタマイズに利用する要素

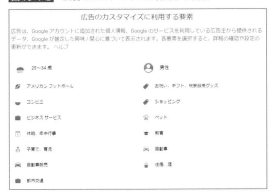

Google 広告のアカウントは「https://ads.google.com/intl/ja_JP/home/」から開設できます。**社内でアカウントが乱立することがないよう、すでに開設されているアカウントがないかどうかはあらかじめ確認するようにしてください。**

図13-1-3 Google 広告アカウントを開設する

アカウントの開設が必要な場合は、以下のヘルプページを参考に初期設定を進めてください。

https://support.google.com/google-ads/answer/6366720

13-2 Google アナリティクス 4 プロパティに Google 広告アカウントをリンクする

Google 広告アカウントの初期設定が完了したら、GA4プロパティとリンクしてみましょう。

Google アナリティクス 4 プロパティと Google 広告アカウントをリンクするメリット

GA4プロパティとGoogle 広告アカウントをリンクすると、以下のようなメリットがあります。

▶メリット①

GA4プロパティの「集客サマリー」や「ユーザー獲得」などのレポートで、Google 広告関連のデータが確認できるようになります。これにより、**GA4プロパティとGoogle 広告アカウントのデータを組み合わせた詳細な分析が可能になります。**

▶メリット②

GA4プロパティで計測されたコンバージョンデータをGoogle 広告アカウントにインポートできるようになるため、Google 広告側のコンバージョン設定が柔軟に行いやすくなります。 また、基本的にはGoogle 広告のコンバージョントラッキング用のタグをウェブサイトに別途設置する必要がなくなります。

▶メリット③

GA4プロパティで計測されたデータをもとに、Google 広告アカウントでリマーケティング広告を配信できるようになるため、データにもとづく多様なターゲティングが行いやすくなります。 また、Google 広告のリマーケティング用のタグをウェブサイトに別途設置する必要がなくなります。

Google 広告関連のデータを確認する

Google 広告関連のデータは、たとえば「集客サマリー」にある「Google 広告キャンペーンを表示」というリンクから確認できるようになります。

図13-2-1 集客サマリー

図13-2-2のとおり「**Google 広告キャンペーン：セッションキャンペーン**」という
レポートが表示され、「**Google 広告のクリック数**」や「**Google 広告の費用**」といっ
たような指標が確認できます。また、これらの指標をGA4プロパティ側で集計さ
れた「**ユーザー**」「**セッション**」「**エンゲージメントのあったセッション数**」などの指
標と組み合わせて分析可能となっていることが分かります。

図13-2-2 「**Google 広告キャンペーン：セッションキャンペーン**」レポート

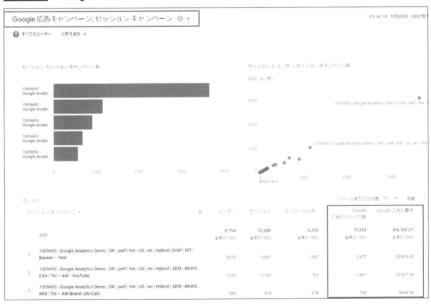

メリット②「GA4プロパティで計測されたコンバージョンデータをGoogle 広告アカウントにインポートできる」については、Google 広告アカウント側での作業となるため、下記のヘルプページを参照してください。

https://support.google.com/analytics/answer/10632359

本章の後半では**メリット③**「GA4プロパティで計測されたデータをもとに、Google 広告アカウントでリマーケティング広告を配信できる」について、GA4プロパティ側の作業を解説します。実際に広告を配信するところはGoogle 広告アカウント側での作業となるため、下記のヘルプページを参考に作業を進めてください。

https://support.google.com/google-ads/answer/2454003?hl=ja

Google アナリティクス 4プロパティに Google 広告アカウントをリンクする

GA4プロパティにGoogle 広告アカウントをリンクするためには、使用しているGoogle アカウントが、GA4プロパティの**「編集者」**権限とGoogle 広告のアカウントの**「管理者」**権限を所有している必要があります。まずはそれぞれの権限を所有しているか確認し、所有していない場合は両権限を所有しているユーザーにリンクを依頼しましょう。Google 広告アカウントは、Google アナリティクスの**「管理→（GA4プロパティ列の）Google 広告とのリンク」**にある**「リンク」**ボタンからリンクできます。

図 13-2-3 「管理→Google 広告とのリンク」画面

図13-2-4のような画面が表示されたら**「Google 広告アカウントを選択」**を押下してください。

図 13-2-4　Google 広告との「リンクの設定」画面

使用している Google アカウントが権限を持つ Google 広告のアカウント一覧が表示されるので、リンクする**アカウント**を選択して**「確認」**を押下してください。

図 13-2-5　「管理している Google 広告アカウントへのリンク」画面

図13-2-6のような画面に戻ったら**「次へ」**を押下してください。

「構成の設定」については原則標準のままで問題ありませんので、再び**「次へ」**を押下します。

図 13-2-6　Google 広告との「リンクの設定」画面

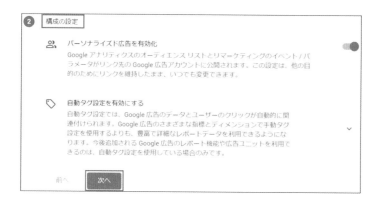

「**確認して送信**」箇所で「**送信**」を押下するとリンク設定が完了します。

図13-2-7 「**リンクの設定**」画面で「**送信**」を押下する

13-3 リマーケティング用の「オーディエンス」を作成する

「リマーケティング（リターゲティング）」は、過去に広告主のウェブサイトやアプリを利用したことがあるユーザーに対して広告を配信するための手法です。自社の商品やサービスに関心があるユーザーに狙いを定めて広告を配信することができるため、コンバージョンを効率的に獲得できる傾向にあります。

Google 広告アカウントにおけるリマーケティングの方法

Google 広告アカウントにおいて、リマーケティングは下記のいずれかの方法で行うことができます。

- Google 広告のリマーケティング用のタグをウェブページに別途設置して利用する。
- Google アナリティクスで作成した「オーディエンス」(リマーケティングの対象となるユーザーのリスト)を、Google 広告アカウントに連携して利用する。

前者の方法をとった場合はウェブページに新たにタグを設置する手間が発生し、管理も煩雑になります。

一方、後者の方法をとった場合は、Google アナリティクスで計測されたデータを使用することができるため、ウェブページに新しくタグを設置する必要はありません。また「Chapter4 Google アナリティクス 4の『データ探索ツール』でデータを詳細に分析する」で紹介したセグメントと同様に、**「特定のページを閲覧したユーザー」**や**「特定のキャンペーンからアクセスしたユーザー」**など、様々な条件でオーディエンスを作成し、Google 広告に連携してリマーケティング広告の配信を行うことができます。**そのため、Google アナリティクスを利用している場合は後者の方法をおすすめします。**

Google アナリティクス 4プロパティでオーディエンスを作成する

それではp.376で紹介したメリット③「GA4プロパティで計測されたデータをもとに、Google 広告アカウントでリマーケティング広告を配信できる」について、GA4プロパティ側の作業を解説します。

▶カスタムオーディエンスを作成する

オーディエンスは「設定→オーディエンス」画面より作成できます。標準で「All Users」と「Purchasers」というオーディエンスが作成されていますが、任意のオーディエンスを作成したい場合は「オーディエンス」ボタンを押下します。

図 13-3-1 「設定→オーディエンス」画面

図13-3-2のような**オーディエンスの新規作成画面**が表示されます。テンプレートを利用してオーディエンスを作成したい場合は「**オーディエンスの候補**」の中からテンプレートを選択します。ここではゼロから作成したいので「**カスタムオーディエンスを作成する**」を押下します。

図 13-3-2 「オーディエンスの新規作成」画面

続いて図13-3-3のような画面でこのオーディエンスに**データをためる条件**を指定します。条件はディメンションと指標を複合的に組み合わせて作成できます。

図 13-3-3　オーディエンスにデータをためる条件を指定する

　設定方法は「Chapter4 Google アナリティクス 4の『データ探索ツール』でデータを詳細に分析する」で紹介した「ユーザーセグメント」p.139とほぼ同様です。たとえば「『『/basket.html』を閲覧したが『purchase』に至らなかったユーザー」を条件とするオーディエンスは図13-3-4のとおりです。

図 13-3-4　オーディエンスの作成例

　図13-3-4の赤枠内では、条件を満たしたユーザーをオーディエンスに保存しておく**「有効期間」**を**「1 〜 540 日」**の間で自由に設定できます。一般的にはキャンペーンの期間・内容や、ユーザーが対象商材の購入・申し込み検討にかける平均期間をもとに設定を行いますが、**「有効期間」**を分けて（7日、30日、60日、90日、180日、360日、540日など）同一条件のオーディエンスを作成し、Google 広告で広告を配信

しながら最も効果が高い有効期間を模索する場合もあります。また**「オーディエンス名」は任意の値で構いませんが、「『/basket.html』を閲覧したが『purchase』に至らなかったユーザー(30日)」**のようにオーディエンスの**「条件と有効期間」**を入力しておくと、後々 Google 広告アカウントで利用する際にわかりやすくなります。

　なお、「ユーザーセグメント」と同様に図13-3-5の「次の条件に当てはまるユーザーを一時的に除外する」は「次の条件に当てはまるユーザーを完全に除外する」に変更することもできます。

図 13-3-5　「次の条件に当てはまるユーザーを一時的に除外する」部分は変更可

　それぞれ下記のような意味合いとなるので、必要に応じて変更してください。

○「一時的に除外する」と「完全に除外する」の違い

次の条件に当てはまるユーザーを一時的に除外する	指定した条件を満たしたユーザーをオーディエンスから一時的に除外します。条件を満たさなくなった場合は、オーディエンスにもう一度追加されます。
次の条件に当てはまるユーザーを完全に除外する	指定した条件を満たしたユーザーをオーディエンスから恒久的に除外します。

▶予測オーディエンスを作成する

　GA4には機械学習を活用した**予測機能**が実装されており、図13-3-6にあるような**予測オーディエンス**を作成してGoogle 広告に連携し、リマーケティング広告の配信に活用できるようになっています。

図13-3-6 予測オーディエンス

通常のオーディエンスでは「キャンペーンページを閲覧した」や「カートに商品を追加したが、購入前に離脱した」といったような事実にもとづく条件設定しかできません。一方「**予測オーディエンス**」を用いると、「**購入する可能性が高い**」や「**離脱する可能性が高い**」といったような機械学習による予測にもとづく条件設定が可能となります。また、これまでは機械学習を活用した広告配信を自前で行うためにはかなりの工程が必要でしたが、GA4の予測機能によってデータが蓄積次第すぐに広告配信を開始できるようになりました。

図13-3-7 予測機能の活用有無による工程の比較

これまで

GA4の予測機能を活用した場合

たとえば「設定→オーディエンスタブ→オーディエンスボタン→予測可能タブ」から、「**7日以内に離脱する可能性が高いユーザー**」という予測オーディエンスを選

択すると、図13-3-8のように**オーディエンスの設定画面**に遷移します。

図 13-3-8 予測オーディエンス「7日以内に離脱する可能性が高いユーザー」

図13-3-8の赤枠部分を押下すると、図13-3-9のように**予測に関するサマリー**と**詳細設定**が確認できます。標準では（図13-3-9の場合離脱する可能性が最も高い）上位20%のユーザーを対象とする設定になっていますが、このしきい値は必要に応じて変更可能です。

図 13-3-9 予測に関するサマリーと詳細設定

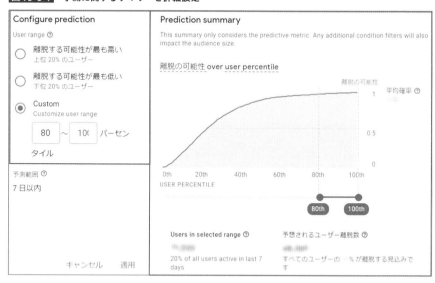

なお、**予測オーディエンス**を使用するためには下記のような**「予測指標」**の前提条件を満たす必要があります。

- 関連する予測条件（「purchase」イベントの計測など）を満たしたリピーターが過去28日の間の7日間で1,000人以上、満たしていないリピーターが1,000人以上必要です。
- 予測を行う機械学習モデルの品質が一定期間維持されている必要があります。
- 「購入の可能性」を使用するためには「purchase」か「in_app_purchase」イベントの少なくともどちらか一方を計測する必要があります。「purchase」イベントを計測する場合は、「value」と「currency」パラメータもあわせて計測する必要があります。

前提条件を満たしていない場合、オーディエンスの作成画面に**「予測可能」タブ**が表示されないか、個々の予測オーディエンスの**「利用条件のステータス」**箇所に**「利用不可」**と表示されます。

図13-3-10　予測オーディエンスが利用できない場合の表示

Memo

Google アナリティクス 4プロパティに Google オプティマイズコンテナをリンクする

Google オプティマイズは、ウェブサイトで「A/Bテスト」や「パーソナライゼーション」を行うためのサービスです。Google オプティマイズを利用するためには、いずれかのGoogle アナリティクプロパティとリンクする必要があります。本章では、Google アナリティクス 4プロパティにGoogle オプティマイズをリンクし、Google オプティマイズの利用を開始するメリットと手順について紹介します。

○━ keyword

- Google オプティマイズ
- A/Bテスト
- パーソナライゼーション
- オプティマイズスニペットの設置
- エクスペリエンスの作成開始

14-1 Google オプティマイズとは

本節ではまず、A/Bテスト・パーソナライゼーションと、Google オプティマイズの概要について紹介します。なお、2023年9月をもってGoogle オプティマイズはサービスを終了する予定です。ただし、2023年2月現在、Google社では「AB Tasty」「Optimizely」「VWO」のようなA/Bテストツールのプロバイダと連携し、GA4プロパティと外部のA/Bテストツールを統合できるよう検討を進めています。今後の展開については、Google社からのアナウンスを確認してください。

A/Bテスト

ウェブサイトにおける**A/Bテスト**は、あるURLにアクセスしたユーザーに**デザインやコンテンツが異なるページ**をランダムに出し分けて、その結果を検証することにより、より良い(コンバージョンにつながる)パターンを明らかにするための手法です。

図14-1-1 A/Bテストの概要

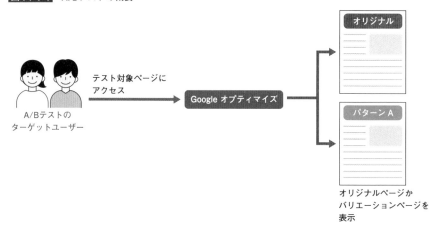

パーソナライゼーション

ウェブサイトにおける**パーソナライゼーション**は、ターゲットユーザーがあるURLにアクセスした際に**他のユーザーとは異なるページ**を表示する手法です。それぞれのユーザー(群)に対して最適化されたページを表示できるため、**顧客満足度やコンバージョンの最大化**につながります。

図14-1-2 パーソナライゼーションの概要

Google オプティマイズ以外にも **A/Bテスト**や**パーソナライゼーション**を行うことができるサービスはありますが、Google オプティマイズは以下のような点で強みがあります。

- 無料で利用できる。
- Google アナリティクスにA/Bテストやパーソナライゼーションに関するデータを連携し、詳細な分析を行うことができる。
- テストの目標にGoogle アナリティクスで設定したコンバージョンを流用できるため、サービス間で同じようなコンバージョン設定を重複して行う必要がない。
- Google アナリティクスで作成したオーディエンスをターゲットに設定できるため、複雑な条件であっても簡単にターゲティングできる場合がある。

Google アナリティクスで作成したオーディエンスをターゲットに設定する機能は、もともと有償版のGoogle オプティマイズでのみ利用可能でしたが、GA4プロパティとリンクする場合は無償版でも利用可能となっています。

Google オプティマイズでは、図14-1-3にある**「A/Bテスト」「多変量テスト（MVT）」「リダイレクトテスト」**という3つのテストのタイプを用いてテストを設定できます。また、パーソナライゼーションについては**「カスタマイズ」**または**「バナーテンプレート」**より設定を行います。

図 14-1-3　Google オプティマイズのテストのタイプ

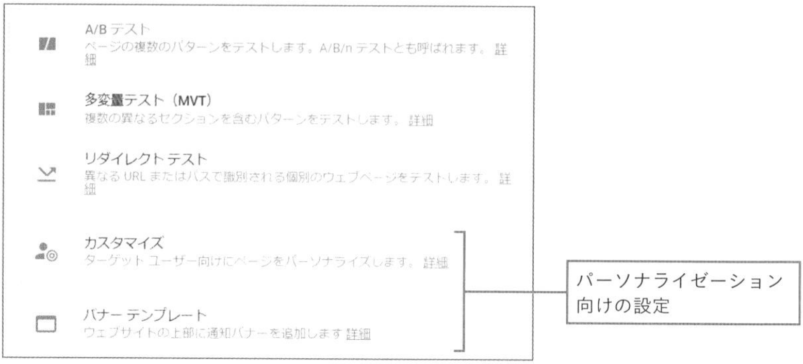

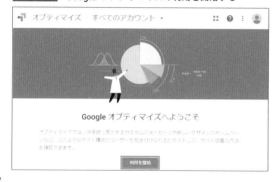

A/B テスト
ページの複数のパターンをテストします。A/B/n テストとも呼ばれます。詳細
多変量テスト（MVT）
複数の異なるセクションを含むパターンをテストします。詳細
リダイレクト テスト
異なる URL またはパスで識別される個別のウェブページをテストします。詳細
カスタマイズ
ターゲット ユーザー向けにページをパーソナライズします。詳細
バナー テンプレート
ウェブサイトの上部に通知バナーを追加します 詳細
パーソナライゼーション
向けの設定

本書執筆時点（2022年5月）では、GA4プロパティとのリンクはベータ機能です。テストの継続可能期間が最大35日間になっているなど、一部の機能が限定されている点に留意してください。詳細は下記のヘルプページを参照してください。

https://support.google.com/optimize/answer/11417589

14-2 Google オプティマイズの利用を開始する

本節では、Google オプティマイズの利用を開始する手順について説明します。

利用開始の手順

Google オプティマイズには「https://optimize.google.com」からアクセスできます。※1

図 14-2-1　Google オプティマイズの利用を開始する

オプティマイズ　すべてのアカウント
Google オプティマイズへようこそ
利用を開始

「利用を開始」を押下すると図14-2-2のような画面が表示されるので、任意の項目を選択して「次へ」を押下してください。

図 14-2-2　ユーザー設定を行う

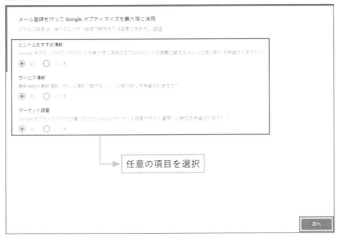

任意の項目を選択

「**アカウント設定の選択**」という画面が表示されるので、任意の項目を選択してください。最後に**利用規約**に同意して「完了」を押下すると、Google オプティマイズの利用を開始できます。なお、以下の項目にチェックを入れるかどうかは法務担当者と相談してください。

- GDPRで必須となるデータ処理規約にも同意します。
- GDPRに基づいてGoogleと共有するデータに関して、測定データ管理者間のデータ保護に関する条項にも同意します。

※1　Google オプティマイズの利用には、Google アカウントが必要です。

図 14-2-3 アカウント設定を行う

任意の項目を選択

Google オプティマイズの利用を開始すると、アカウントとコンテナが自動で1
つずつ作成され、以下のような「エクスペリエンス」作成画面に遷移します。
Google オプティマイズでは「エクスペリエンス」を作成することによって、A/Bテ
ストやパーソナライゼーションの設定を行うことが可能となります。

図 14-2-4 「エクスペリエンス」作成画面に遷移する

14-3 Google アナリティクス 4プロパティに Google オプティマイズコンテナをリンクする

Google オプティマイズでテストやパーソナライゼーションを実施するために は、Google オプティマイズのコンテナをGoogle アナリティクスのプロパティとリ ンクする必要があります。

リンクの手順

Google アナリティクス 4プロパティにリンクする手順について説明します。ま ずはGoogle オプティマイズの「設定」を押下してください。

図14-3-1 「設定」を押下する

「**コンテナ設定**」**画面**が表示されたら「**アナリティクスへリンクする**」❶を押下し てください。Google アナリティクスのプロパティを選択する画面が表示されるの で、Google オプティマイズコンテナにリンクしたい**GA4プロパティ**❷と**ストリー ム**❸を選択して「**リンク**」❹を押下してください。

図14-3-2 Google アナリティクス 4プロパティにGoogle オプティマイズコンテナをリンクする

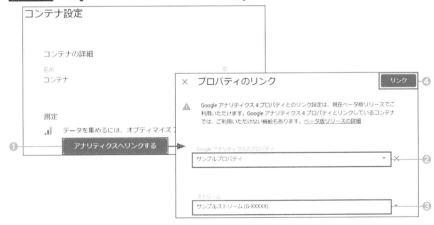

なお、リンクを行うためには対象のGA4プロパティに対して「**編集者**」以上の権限を所有している必要があります。また、**同じコンテナをUA・GA4プロパティの双方にリンクすることはできません。もしUAプロパティにリンクされているコンテナをGA4プロパティにリンクしたい場合は、UAプロパティとのリンクを解除する必要があります。**この際、実行中のエクスペリエンスがあるとそのエクスペリエンスが終了することになるので気をつけてください。

📊 14-4 ウェブサイトにオプティマイズスニペットを 設置する

　Google オプティマイズで**テストやパーソナライゼーション**を開始するためには、**オプティマイズスニペット**をウェブページに設置する必要があります。

▌オプティマイズスニペットの取得と設置

　まずは、オプティマイズスニペットを取得しましょう。「**コンテナ設定**」画面の「**オプティマイズスニペットをインストールする**」という項目の中にある**スニペット**をコピーしてください。

図 14-4-1　オプティマイズスニペットをインストールする

　オプティマイズスニペットをコピーしたら、**テストやパーソナライゼーション**を実施したいウェブページの**HTML**に設置してください。下記は推奨設置位置となります。

- Google タグ マネージャーのコードスニペットより前（必須）
- \<head\>タグの上部
- dataLayer変数の初期化コード（\<script\> dataLayer = [～]; \</script\>）より後（必須）
- Google オプティマイズのオーディエンスターゲティングで使用するJavaScriptやjQueryのコードより後（必須）
- ページフリッカーの軽減に使用できるオプションのアンチフリッカースニペットより後（必須）

なお、**Google タグ マネージャーを使用してオプティマイズスニペットを配信することも可能ですが、Google社の推奨は上記の方法となっています。**Google タグ マネージャーを使用してオプティマイズスニペットを配信する方法については、下記のヘルプページを参照してください。

https://support.google.com/optimize/answer/6314801

📊 14-5 エクスペリエンスの作成を開始する

オプティマイズスニペットを設置したら、**エクスペリエンス**を作成していきましょう。

┃エクスペリエンスの作成手順

エクスペリエンスは、図14-5-1の**エクスペリエンス作成画面**の「**開始**」から作成できます。「**開始**」を押下すると、図14-5-2のようなダイアログが表示されます。

図 14-5-1 エクスペリエンスの作成を開始する

図 14-5-2 エクスペリエンスの作成を開始するためのダイアログ

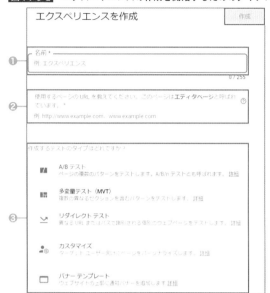

❶他のエクスペリエンスと区別しやすいような、任意のエクスペリエンスの名前を入力してください。

❷テストやパーソナライゼーションを行いたいウェブページのURLを入力してください。

❸任意のテストのタイプを選択してください。

　❶〜❸の項目を入力・選択後に「作成」を押下すると、**「作成するテストのタイプ」**に応じた**エクスペリエンスの作成画面**に遷移します。エクスペリエンスの作成以降にかかわる操作の詳細については、本書では割愛します。不明な点があれば下記のヘルプページを参照してください。

 https://support.google.com/optimize/

Google アナリティクス 4プロパティの データをデータポータルで可視化する

データポータル(2023年2月時点の名称:Looker Studio)は、様々なデータを可視化して関係者に共有するためのデータビジュアライズサービスです。データポータルを使用すると、分析に必要な表やグラフだけを組み合わせた見栄えのするレポートを作成できます。本章ではデータポータルを用いてGoogle アナリティクス 4プロパティのデータを可視化し、第三者に共有する方法について紹介します。

O⸺ keyword

- データポータル
- データのビジュアライズ
- データソースと接続
- レポートの作成、共有
- グラフの追加

📊 15-1 データポータルとは

本節では、まずデータポータルの概要について紹介します。

データポータルの概要

データポータルでは、様々な**データソース**と接続してレポートとデータを可視化し、第三者に共有することができます。

図 15-1-1 データポータルの概要

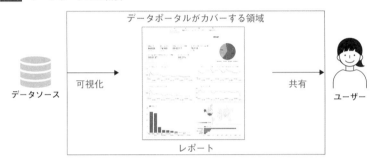

Google アナリティクスでも計測したデータを可視化することは可能ですが、データポータルを使用すると以下のようなメリットがあります。

- 複数のグラフを組み合わせたりデザインにこだわったりすることで、Google アナリティクスでは表現できないような見栄えのするレポートを作成できる。
- Google アナリティクス以外のデータも使用してレポートを作成できる。
- Google アナリティクスの権限を所有していないユーザーにもデータ(レポート)を共有できる。

データポータルでは標準で以下のような**データソース**と接続して、レポートを作成できるようになっています。

図15-1-2　標準で接続可能なデータソース

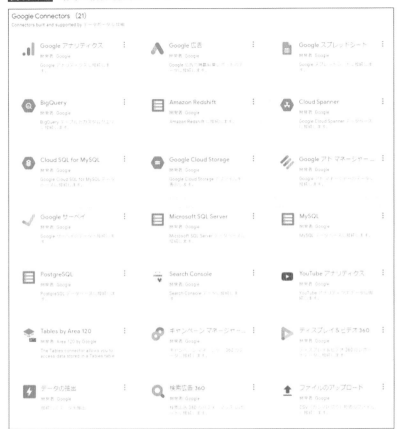

　また「コミュニティコネクタ」と呼ばれる外部の開発者が開発したコネクタを使用すると、図15-1-2以外のデータ提供元にも接続できるようになります。コミュニティコネクタは自分で開発することも可能です。

15-2 レポートで使用可能なグラフ

続いて、レポートの作成時に使用可能なグラフを紹介します。

それぞれのグラフの概要

本書執筆時点（2022年5月）において、レポートで使用可能なグラフは表15-2-1の
とおりです。

表15-2-1 グラフごとの概要

グラフ	概要
表	表形式のレポートを作成したい場合に使用します。 「棒付きデータ表」や「ヒートマップ付きデータ表」を使用すると、各指標の集計値の大小を、棒の長さや色の濃淡で表現できます。
スコアカード	主要な指標の動向をモニタリングする目的で使用します。
期間	一定期間におけるデータの推移を可視化したい場合に使用します。
棒	複数項目の集計値の大小を比較したい場合に使用します。 「積み上げ縦／横棒グラフ」を使用することで、項目内の構成比も把握できます。
円	複数項目の構成比を把握したい場合に使用します。 項目の数が増えると見づらくなってしまうので、注意してください。
Google マップ	地域ごとの集計値の大小を、Google マップのフォーマットで分かりやすく可視化できます。
マップチャート	地域ごとの集計値の大小を、地図形式で分かりやすく可視化できます。

グラフ	概要
折れ線	一定期間におけるデータの推移を可視化したい場合に使用します。 折れ線グラフと棒グラフ（または折れ線グラフ）を組み合わせることで、複数の指標の関連・連動性を可視化できます。
面	一定期間におけるデータの変化量を可視化したい場合に使用します。
散布図	ある項目について、2つの指標の関係性を把握したい場合に使用します。 「バブルチャート」を用いることで、円形の大きさによって3つの指標の関係性を表現することも可能です。
ピボットテーブル	Excelのピボットテーブルのような形式のレポートを作成したい場合に使用します。
ブレット	特定の指標が目標に届いているか可視化できます。 KGIやKPIの達成状況を確認する目的で使用するとよいでしょう。
ツリーマップ	長方形のサイズと色で、個々のデータの大小と全体に占める割合を可視化できます。
ゲージ	「ブレット」と同様に特定の指標が目標に届いているか可視化できます。 KGIやKPIの達成状況を確認する目的で使用するとよいでしょう。

それぞれのグラフの詳細については、下記のヘルプページを参照してください。

https://support.google.com/datastudio/topic/7059081

15-3 レポートを作成する

それでは、レポートの作成をはじめましょう。

レポートの作成手順

データポータルには「https://datastudio.google.com」からアクセスできます。**ブラウザによっては上手く動作しないことがあるため、Google Chromeを利用しましょう**。図15-3-1の画面が表示された場合は「USE IT FOR FREE」を押下し、**Google アカウント**にログインしてください。

図15-3-1 「USE IT FOR FREE」を押下する

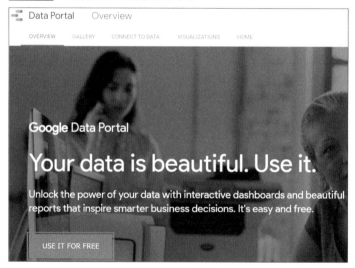

データポータルにアクセスすると、以下のような**ホーム画面**が表示されます。レポートは、図15-3-2の赤枠内にある(あるいは「テンプレートギャラリー」を押下すると表示される)いずれかの**テンプレート**を選択すると作成できます。

図 15-3-2 データポータルのホーム画面

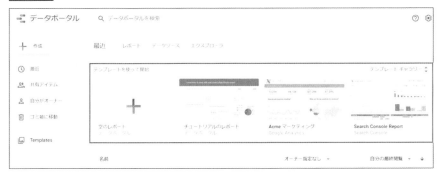

　初回選択時は、図15-3-3のような**アカウントの設定**を行うためのダイアログが表示されます。基本情報の入力と利用規約に同意して、**マーケティング設定**（ヒントやおすすめの情報が記載されたメールを受け取るか否かの設定など）を行ってください。

図 15-3-3 アカウントの設定を行うためのダイアログ

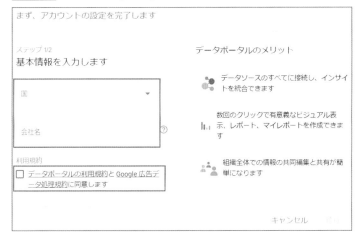

　レポート作成画面が表示されたら、まずはレポートに追加する**データソース**を作成します。ここでは**GA4プロパティのデータ**を元にしたレポートを作成したいので「Google アナリティクス」を選択します。

図15-3-4 「Google Connectors」の中から「Google アナリティクス」を選択する

　データソースとして使用可能なGoogle アナリティクスアカウントの一覧が表示されるので、**データソース**に使用したい**GA4プロパティ**を選択して「追加」を押下してください。[※1]

図15-3-5 データソースをレポートに追加する 1

　図15-3-6のようなダイアログが表示されたら**「レポートに追加」**を押下してください。

[※1] 「データポータルにGoogle アナリティクスアカウントへのアクセス権を許可してください」というメッセージが表示された場合は、承認・許可してください。

図15-3-6 データソースをレポートに追加する2

このレポートにデータを追加しようとしています

GA4 - Google Merchandise Store

レポート エディタでは、新しいデータソースを使ってグラフを作成したり、現在のレポートにないディメンションや指標を追加したりできます。

☐ 次回から表示しない

キャンセル　**レポートに追加**

図15-3-7のとおり、選択した**GA4プロパティのデータ**をもとにした**「表」**がレポートに追加され、レポートの作成を行うことができる状態となります。

図15-3-7 レポートの作成を行うことができる状態となる

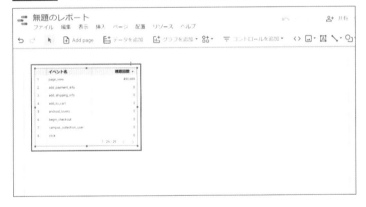

前出のページで紹介した各種グラフは、ヘッダー内の**「グラフを追加」**より追加できます。

図 15-3-8　グラフを追加する

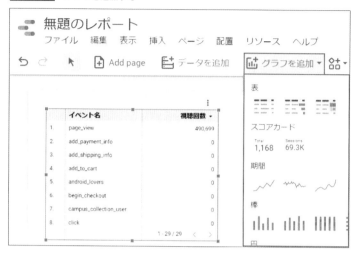

それぞれのグラフにディメンションや指標などの設定を追加・変更したい場合は、図15-3-9の各項目を操作してください。

図 15-3-9　ディメンションや指標などの設定を追加・変更する

なお、**本書執筆時点（2022年5月）では使用可能なディメンション・指標が限定されており、比較・セグメント機能も使用できません。そのため、目的のデータが上手く可視化できない場合があります**。そういった場合はGA4プロパティの「データ探索ツール」を利用するか、「Chapter16 Google アナリティクス 4のデータをBigQueryにエクスポートする」で紹介するBigQueryを活用してください。

📊 15-4 レポートを共有する

　レポートが作成できたら、必要に応じて第三者に共有してみましょう。

レポートの共有手順

　作成したレポートはヘッダー内の**「共有」**ボタンより他のユーザーに共有できます。レポートの閲覧だけできるようにしたいユーザーには**「閲覧者」**、共同編集もできるようにしたいユーザーには**「編集者」**権限を追加してください。

図 15-4-1 レポートを共有する

その他レポートの作成・共有にかかわる操作の詳細については、本書では割愛します。不明な点があれば下記のヘルプページを参照してください。

 https://support.google.com/datastudio

Google アナリティクス 4のデータを BigQueryにエクスポートする

BigQueryは、Google Cloud Platform（GCP）が提供するDWH（データウェアハウス）です。DWHというのは、データを利活用するために保存しておくためのサービスのことを指します。本章では、Google アナリティクス 4プロパティで計測したデータをBigQueryにエクスポートして、クエリ（SQL）を用いて確認する方法について説明します。

🔑 **keyword**

- BigQuery
- Google Cloud Platform（GCP）
- データのエクスポート
- プロジェクト、データセット、テーブル
- クエリ（SQL）、ストレージ、ストリーミング挿入
- 入れ子構造（RECORD型）の解消

本節ではまず、**BigQuery**の概要について紹介します。

BigQueryの概要

BigQueryは、**Google Cloud Platform（GCP）**のサービスのうちのひとつとして提供されています。

図16-1-1 Google Cloud PlatformのDWH「BigQuery」

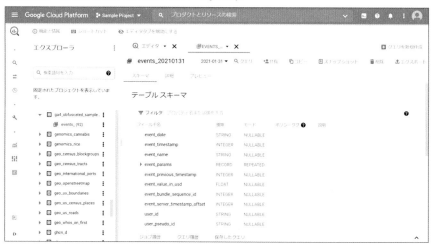

GCPはGoogle社が提供するクラウドコンピューティングサービス群の総称で、以下のような分類の各種サービスが利用できます。

- コンピューティングとホスティング
- ストレージ
- データベース
- ネットワーキング
- ビッグデータ
- 機械学習

BigQueryは「ビッグデータ」に属するサービスとなっており、大量のデータを低料金で高速に処理できます。通常のリレーショナルデータベースと同様に、データの操作には**クエリ**（SQL）が使用できます。また、フルマネージドサービスであるためネットワークやサーバーの管理も不要です。**BigQuery**を利用する場合、たとえば以下のような費用が発生します。

表16-1-1 BigQueryの利用にあたり発生する費用

項目	費用	備考
クエリ	1TBあたり 5ドル	毎月1TBまでは無料となっているため、小規模なウェブサイトやモバイルアプリのデータに対してクエリを実行するだけであれば、クエリの費用はかからない場合があります。
ストレージ	1GBあたり 月間0.02ドル	90日間更新されていないテーブルの場合、左記料金の半額となります。また、毎月10GBまで無料です。
ストリーミング 挿入	200MBあたり 0.01ドル	挿入に成功した行が課金対象となり、最小サイズ1KBで各行が計算されます。後述するエクスポート「頻度」の設定で「ストリーミング」を選択した場合は、こちらの費用も発生します。

表16-1-1の金額は、データのロケーションが米国（BigQueryエクスポートの標準設定）の場合の料金です。詳しくは、下記のヘルプページを参照してください。

https://developers.google.com/bigquery/pricing

16-2 BigQueryエクスポートをセットアップする

GA4プロパティのデータは**BigQuery**に**エクスポート**できるようになっており、エクスポートを行うと下記のようなことが可能となります。

- 「ページの価値（ページごとのコンバージョンへの貢献度）」など、GA4プロパティのUI上では確認できないような詳細なデータの取得・分析
- 他のシステムや「ユーザーのメールアドレス」などのGA4で計測されていない（またはできない）データとの連携・活用
- 機械学習などによるデータの分類・予測

ただし、前述のとおり**データの操作にはクエリ（SQL）が必要となるため、事前にクエリ（SQL）の習得が必要となります。BigQuery**へのデータエクスポートは、

「**BigQueryエクスポート**」機能で実現します。本書では**BigQueryエクスポート**をセットアップする方法とあわせて、エクスポートされたデータの確認方法（クエリ（SQL）の作成方法）についても簡単に紹介します。

BigQueryエクスポートのセットアップ手順

GA4プロパティのデータをBigQueryにエクスポートするためには、「https://console.cloud.google.com/」より**GCP**の「**プロジェクト**」を作成の上、「**BigQuery API**」を有効にする必要があります。こちらの手順については、下記のヘルプページを参照してください。

https://support.google.com/analytics/answer/9823238

ここでは上記対応後に**BigQueryエクスポート**をセットアップする方法について解説します。まずは**GA4プロパティ**の「**管理→（GA4プロパティ列の）BigQueryのリンク設定**」を押下してください。

図16-2-1　「管理→（GA4プロパティ列の）BigQueryのリンク設定」を押下する

図16-2-2のような画面が表示されたら「**リンク**」を押下してください。

図16-2-2　「BigQueryのリンク設定」画面

　図16-2-3のような画面が表示されたら「BigQueryプロジェクトを選択」を押下します。

図16-2-3　BigQueryとの「リンクの設定」画面

　「アクセス権があるBigQueryプロジェクトへのリンク」という画面が表示されるので、データをエクスポートしたいBigQueryが属する**GCPプロジェクト❶**を選択して**「確認」❷**を押下してください。

図16-2-4　「アクセス権があるBigQueryプロジェクトへのリンク」画面

図16-2-5のような画面に戻ったら「データのロケーション」❶を任意で変更してください。**標準では「米国 (us)」になっていますが、日本国内 (「東京 (asia-northeast1)」もしくは「大阪 (asia-northeast2)」) に変更することも可能です。**設定できたら「次へ」❷を押下しましょう。

続いて**「構成の設定」**を行います。

「データストリームとイベントを設定」を押下すると、図16-2-7のような画面が表示されます。必要に応じて**エクスポートするデータストリーム**と**除外するイベント**の設定を変更して、「適用」を押下してください。

図16-2-7 エクスポートするデータストリームとイベントの設定を変更する

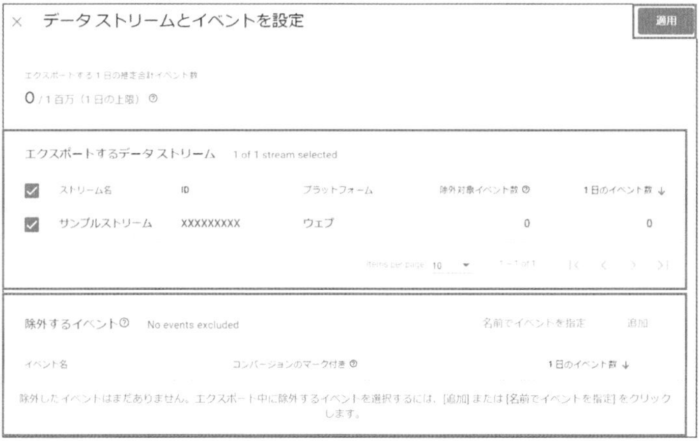

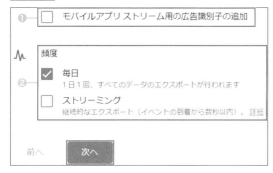

元の「**構成の設定**」画面に戻ります。

図16-2-8 「**構成の設定**」から次に進む

① モバイルアプリストリーム用の広告識別子の追加

頻度
② ☑ 毎日
　1日1回、すべてのデータのエクスポートが行われます
　☐ ストリーミング
　　継続的なエクスポート（イベントの到着から数秒以内）。詳細

前へ　次へ

　図16-2-7でアプリストリームを選択していて、「**モバイルアプリストリーム用の広告識別子の追加**」❶をオンにすると、「**device.advertising_id**」（広告IDまたはIDFA）もエクスポートされるようになります。**ウェブストリームのデータをエクスポートする場合はオフのままで問題ありません。**
　頻度❷は、「**毎日**」または「**ストリーミング**」あるいはそれら両方を選択可能です。

▶ 頻度「毎日」を選択した場合

- 費用：「ストレージ」の料金が発生します。
- エクスポートのタイミング：基本的には翌日の午後の早い時間帯[1]にデータがエクスポートされますが、場合によってはずれ込むことがあります。
- 制限：1日あたり100万件のイベント（有償版の場合は数十億件のイベント）というエクスポート制限があります。**制限を超えるとエクスポートが一時停止する恐れがあるため、必要に応じて前出の「データストリームとイベントを設定」画面から、エクスポート対象のデータストリームとイベントを絞り込むようにしてください。**

▶ 頻度「ストリーミング」を選択した場合

- 費用：「ストレージ」と「ストリーミング挿入」の料金が発生します。
- エクスポートのタイミング：当日分のデータもほぼ**リアルタイム**でエクスポートされます。
- 制限：無制限でデータがエクスポートされます。ただし、リアルタイム処理の性質からエクスポートされるデータに漏れや重複が発生する場合があります。また、**新規ユーザー**として計測されたデータについては、下記のフィールド名にかかわる情報がエクスポートされません。そのため、**正確なデータをエクスポートしたい場合は「毎日」も選択するようにしましょう。**

表16-2-1 新規ユーザについてエクスポートされない情報

フィールド名	データ型	概要
traffic_source.name	STRING	ユーザーを最初に獲得したキャンペーン
traffic_source.source	STRING	ユーザーを最初に獲得した参照元
traffic_source.medium	STRING	ユーザーを最初に獲得したメディア

　設定が完了したら図16-2-8で「**次へ**」を押下します。最後に設定内容に誤りがないか確認の上、図16-2-9で「**送信**」を押下してください。

---

[1]　データのエクスポート元：GA4プロパティの「プロパティ設定→レポートのタイムゾーン」に設定したタイムゾーンの翌日

図16-2-9 設定内容に誤りがなければ「送信」を押下する

③ 確認して送信

管理している BigQuery プロジェクトへのリンク

Sample Project
xxx-xxx

データのロケーション ⑦

米国 (US)

データ設定

データ ストリームとイベント
エクスポートするデータストリームとイベントを設定してください。すべてのイベント数は推定値です。1日の上限の適用は実際のエクスポートに基づきます。詳細

エクスポートする1日の推定合計イベント数

0 / 1 百万（1日の上限）⑦   1/1 個のストリームを選択しています   除外したイベントがありません

データ ストリームとイベントを表示

☐ モバイルアプリストリーム用の広告識別子の追加

頻度
☑ 毎日
1日1回、すべてのデータのエクスポートが行われます
☐ ストリーミング
継続的なエクスポート（イベントの到着から数秒以内）。詳細

前へ　　**送信**

以上で**BigQueryエクスポート**のセットアップは完了です。

 Chapter 16　Google アナリティクス 4のデータをBigQueryにエクスポートする

419

16-3 BigQueryにエクスポートされたデータを確認する

BigQueryエクスポートが開始したら、エクスポートされたデータを確認してみましょう。

BigQueryの階層とGA4プロパティのデータエクスポート先テーブル

BigQueryは「プロジェクト」「データセット」「テーブル、ビュー」の3階層で成り立っています。

図16-3-1 BigQueryの階層

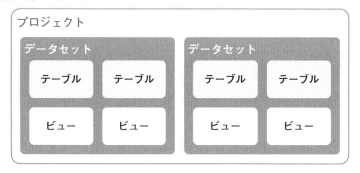

それぞれの階層の概要は以下のとおりです。

● BigQueryの階層

階層	概要
プロジェクト	BigQueryも含むGCPの最上位概念です。[2]
データセット	複数のテーブルやビューをまとめた単位です。
テーブル、ビュー	レコード（行）とフィールド（列）に割り当てられたデータが含まれます。

BigQueryエクスポートのセットアップが完了すると、選択した**GCPプロジェクトに属する**BigQueryに以下のような内容のテーブルが作成されます。

---

[2] 「組織」や「フォルダ」は除きます。

図16-3-2 BigQueryに作成されたGA4プロパティのデータエクスポート先テーブル

表16-3-1 UI上の表示名と各項目の対応

No.	項目	備考
❶	プロジェクトID	-
❷	データセット名： analytics_{{エクスポート元の GA4プロパティのプロパティID}}	-
❸	テーブル名： events_{{年月日（YYYYMMDD）}}	BigQueryエクスポートの設定を行う際に**「頻度：毎日」**を選択すると、このテーブルに日次データが1日1回エクスポートされます。GA4では最大72時間遅れて計測されたイベントも処理されるため、テーブルの作成後に更新が入る場合があります。
❹	テーブル名： events_intraday_{{年　月　日 （YYYYMMDD）}}	BigQueryエクスポートの設定を行う際に**「頻度：ストリーミング」**を選択すると、このテーブルにその日に発生したデータが継続的にエクスポートされます。

「❹テーブル名：events_intraday_{{年月日（YYYYMMDD）}}」では当日分のデータが確認できますが、データに漏れや重複が発生する可能性があります。正確なデータを取得したい場合は前述の「頻度：毎日」も設定し、「❸テーブル名：events_{{年月日（YYYYMMDD）}}」を利用するようにしてください。

BigQueryにエクスポートされるデータの構造

前述のテーブルには、**GA4プロパティ**で計測された**イベント**ごとにレコードが作成されます。

図16-3-3 BigQueryにエクスポートされるデータの構造

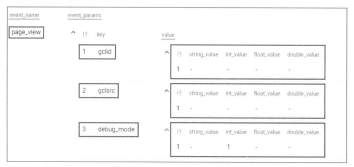

図16-3-3のとおり「**page_view**」のような1つの**イベント**（event_name）には、「**gclid**」「**gclsrc**」のような複数の**イベントパラメータ**（event_params.key）とその値（event_params.value）が紐づいています。こういったデータ構造に対応するため、GA4プロパティのデータエクスポート先テーブルは、**RECORD型**という**ネスト**された（入れ子になった）構造を含んでいます。

図16-3-4 RECORD型というネストされた（入れ子になった）構造を含んでいる

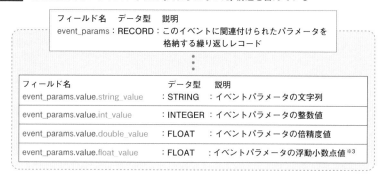

詳細な構造やエクスポートされるデータの全項目については、下記のヘルプページを参照してください。

 https://support.google.com/analytics/answer/7029846

なお、**Googleシグナルによって収集されたデータ（年齢・性別・インタレストカテゴリ）はBigQueryにはエクスポートされません。また、BigQueryにエクスポートされたデータ内ではGoogleシグナルによるユーザーの紐づけが行われません。そのため、BigQueryにて取得したユーザー数をGA4プロパティのレポート上に表示されるユーザー数と比較すると、値が大きくなる場合があります。**

クエリを実行する

それでは、BigQueryにエクスポートされたデータの中からクエリによって特定のデータを抽出してみましょう。**GCP**にアクセスして左ナビゲーションメニューから「**BigQuery**」を選択してください。

図16-3-5 左ナビゲーションメニューから「BigQuery」を選択する

※3　このフィールドは現在使用されていません（2022年5月）。

BigQueryではクエリを入力して「実行」ボタンを押下すると、クエリの実行結果
が表示されます。

図 16-3-6 BigQueryでクエリを実行する

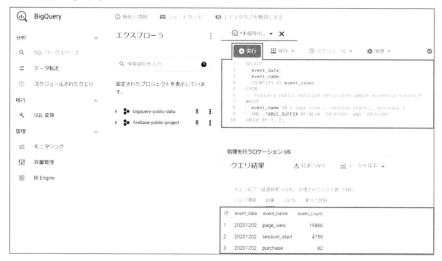

　GA4プロパティのエクスポートデータのサンプルが「**プロジェクト ID：
bigquery-public-data**」「**データセット：ga4_obfuscated_sample_ecommerce**」
で提供されているため、そちらを使用してクエリのサンプルを紹介します。実際に
エクスポートしたデータを使って作業する場合は「**プロジェクト ID**」「**データセット
名**」「**テーブル名**」などを置き換えてください。

クエリ1 ▶「日付」ごとの「表示回数」(ページビュー数)を取得する

　「2020年12月1日〜 2020年12月3日の表示回数(ページビュー数)を取得する」ク
エリは下記のとおりです。

図16-3-7 「日付」ごとの「表示回数」(ページビュー数) を取得するクエリの概要

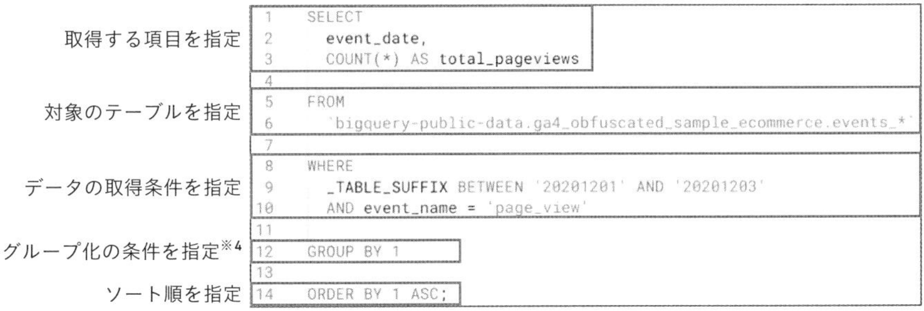

取得する項目を指定

対象のテーブルを指定

データの取得条件を指定

グループ化の条件を指定 ※4

ソート順を指定

```
1   SELECT
2       event_date,
3       COUNT(*) AS total_pageviews
4
5   FROM
6       `bigquery-public-data.ga4_obfuscated_sample_ecommerce.events_*`
7
8   WHERE
9       _TABLE_SUFFIX BETWEEN '20201201' AND '20201203'
10      AND event_name = 'page_view'
11
12  GROUP BY 1
13
14  ORDER BY 1 ASC;
```

クエリ16-3-1 「日付」ごとの「表示回数」(ページビュー数) を取得するクエリ

```
SELECT
  event_date,
  COUNT(*) AS total_pageviews
FROM
  `bigquery-public-data.ga4_obfuscated_sample_ecommerce.events_*`
WHERE
  _TABLE_SUFFIX BETWEEN '20201201' AND '20201203'
  AND event_name = 'page_view'
GROUP BY 1
ORDER BY 1 ASC;
```

　GA4プロパティのデータエクスポート先テーブルは、**年月日単位**で分割されています。クエリ16-3-1では**複数の年月日のデータ**を対象とするために、**FROM句**と**WHERE句**を以下のように指定しています。

クエリ16-3-2 FROM句とWHERE句

```
FROM
  `bigquery-public-data.ga4_obfuscated_sample_ecommerce.events_*`
WHERE
  _TABLE_SUFFIX BETWEEN '20201201' AND '20201203'
```

　このように記述することにより、**テーブル名**の末尾 (年月日) が「**20201201 ～ 20201203**」の以下の3テーブルがデータの抽出対象となります。

※4　「GROUP BY 1」によってevent_dateでグループ化を行わないと、下記のようなエラーが発生します。
　　　「SELECT list expression references column event_date which is neither grouped nor aggregated at [2:3]」

- bigquery-public-data.ga4_obfuscated_sample_ecommerce. events_20201201
- bigquery-public-data.ga4_obfuscated_sample_ecommerce. events_20201202
- bigquery-public-data.ga4_obfuscated_sample_ecommerce. events_20201203

たとえば「**bigquery-public-data.ga4_obfuscated_sample_ecommerce.events_ 20201201**」は『.』区切りで下記のような階層構造を表しています。

- プロジェクト ID：bigquery-public-data
- データセット名：ga4_obfuscated_sample_ecommerce
- テーブル名：events_20201201

クエリを実行すると図16-3-8のとおり結果が出力されました。

図 16-3-8 「日付」ごとの「表示回数」(ページビュー数) を取得するクエリの出力結果

	クエリ完了 (経過時間: 0.7 秒、処理されたバイト数: 4.6 MB)	
	ジョブ情報　結果　JSON　実行の詳細	
行	event_date	total_pageviews
1	20201201	21511
2	20201202	19866
3	20201203	21359

クエリ 2 「日付」と「ページの場所」ごとの「表示回数」(ページビュー数)を取得する

　前述したとおり、GA4プロパティのデータエクスポート先テーブルは**RECORD 型というネスト**された (入れ子になった) 構造を含んでいます。**入れ子構造になっているフィールドに対して通常どおりクエリを実行するとエラーが発生するため、下図のように入れ子構造を解消する必要があります。**

図16-3-9 入れ子構造の解消前後のイメージ

行	event_name	event_params.key
1	page_view	page_location
		page_title
		...

→

行	event_name	event_params.key
1	page_view	page_location
2	page_view	page_title
3	page_view	...

入れ子構造を解消したい場合は、図16-3-10にある **UNNEST演算子**を使用します。

図16-3-10 「日付」と「ページの場所」ごとの「表示回数」(ページビュー数) を取得するクエリの概要

```
1    SELECT
2      event_date,
3      (SELECT value.string_value FROM UNNEST(event_params) WHERE key = 'page_location') AS page_location,
4      COUNT(*) AS total_pageviews
5
6    FROM
7      `bigquery-public-data.ga4_obfuscated_sample_ecommerce.events_*`
8
9    WHERE
10     _TABLE_SUFFIX BETWEEN '20201201' AND '20201203'
11     AND event_name = 'page_view'
12
13   GROUP BY 1, 2
14
15   ORDER BY 1 ASC, 3 DESC;
```

クエリ16-3-3 「日付」と「ページの場所」ごとの「表示回数」(ページビュー数) を取得するクエリ

```
SELECT
  event_date,
  (SELECT value.string_value FROM UNNEST(event_params) WHERE key =
'page_location') AS page_location,
  COUNT(*) AS total_pageviews
FROM
  `bigquery-public-data.ga4_obfuscated_sample_ecommerce.events_*`
WHERE
  _TABLE_SUFFIX BETWEEN '20201201' AND '20201203'
  AND event_name = 'page_view'
GROUP BY 1, 2
ORDER BY 1 ASC, 3 DESC;
```

クエリを実行すると図16-3-11のとおり結果が出力されました。

図 16-3-11 「日付」と「ページの場所」ごとの「表示回数」(ページビュー数) を取得するクエリの出力結果

なお、**BigQueryのクエリの費用はスキャンする対象のデータ量をもとに算出されるため、クエリを実行する際は必要なフィールド (列) だけを指定するようにしましょう。**クエリエディタにクエリを入力すると、図16-3-12のようにスキャンされるデータ量が表示されるので、**膨大なデータ量になっていないかチェックすることをおすすめします。**

図 16-3-12 スキャンされるデータ量が表示される

```
1  SELECT
2    event_date,
3    (SELECT value.string_value FROM UNNEST(event_params) WHERE key = 'page_location') AS page_location,
4    COUNT(*) AS total_pageviews
5  FROM
6    bigquery-public-data.ga4_obfuscated_sample_ecommerce.events_*
```

その他クエリ (SQL) のサンプルについては、以下のヘルプページや開発者向けウェブページも参考にしてください。

https://support.google.com/analytics/answer/9037342

https://developers.google.com/analytics/bigquery/basic-queries

整形した URL を計測する

Google アナリティクスでは、URLが異なるウェブページは別のページとして集計されます。クエリパラメータの値や「index.html」のあり／なしが異なるだけで、ユーザーには同じコンテンツが表示される場合、それぞれのウェブページが別々のページとして集計されてしまうと、分析・活用に支障をきたす恐れがあります。本章では、そういったケースへの対応例を紹介します。

○━ **keyword**

- ページのURLに関連する
  ディメンション
- 除外するURLクエリパラメータ
- デフォルトのページ
- イベントパラメータ「page_location」
  の上書き

1-1 ページのURLに関連するディメンション

GA4ではユーザーの行動を**イベント**として計測します。**イベントが発生したページのURL**に関する情報は、**複数のディメンション**で確認できます。本節では、それぞれの**ディメンション**で計測される値の違いについて説明します。

それぞれのディメンションで計測される値の違い

たとえば、ページのURLを「https://www.example.com/?aaa=bbb&utm_source= mailmagazine&utm_medium=email&utm_campaign=20220127_summer- sale」とすると、それぞれの**ディメンション**では下記のような値が計測されます。

表1-1-1 ディメンションと計測される値

ディメンション	計測される値	計測される値の例
ホスト名	ページのドメイン	www.example.com
ページ階層とスクリーンクラス	ページのパス	/
	アプリの場合はスクリーンクラス	
ページパス＋クエリ文字列とスクリーンクラス	ページのリクエストURI（パス＋クエリパラメータ）[1]	/?aaa=bbb
	アプリの場合はスクリーンクラス	
ページ遷移＋クエリ文字列	ページのリクエストURI（パス＋クエリパラメータ）[1]	/?aaa=bbb
ページの場所	ページのURLのすべて	https://www.example.com/ ?aaa=bbb&utm_source= mailmagazine&utm_medium= email&utm_campaign=20220127_ summer-sale

「**ページパス＋クエリ文字列とスクリーンクラス**」「**ページ遷移＋クエリ文字列**」では、以下のようなGoogle アナリティクスに関連するパラメータが自動で除外されます。

- キャンペーンパラメータ（「utm_source」「utm_medium」「utm_campaign」「utm_content」「utm_term」「utm_id」）

※1 一部のクエリパラメータは自動で除外。

- クロスドメイントラッキング用のリンカーパラメータ（「_ga」「_gl」）
- Googleのオンライン広告配信プラットフォーム（Google 広告など）に関連するパラメータ（「gclid」「dclid」「wbraid」「gbraid」「gclsrc」）

📊 1-2　任意のクエリパラメータとUAの 「除外するURLクエリパラメータ」設定

　本節では、URLに任意のクエリパラメータが付加されたウェブページを計測した際の挙動と、UAの**「除外するURLクエリパラメータ」**という設定について説明します。

▍任意のクエリパラメータの付加による影響と対策

　任意のクエリパラメータは**「ページパス+クエリ文字列とスクリーンクラス」**
「ページ遷移+クエリ文字列」からも自動では除外されません。たとえばFacebook
からウェブサイトに流入した際に、下記のような**「fbclid」パラメータ**（「XXXXX」
部分はランダムな文字列）が付加されることがあります。

○「fbclid」パラメータが付加されたURLの例

```
https://www.example.com/?fbclid=XXXXX
```

　Google アナリティクスではURL（クエリパラメータの値など）が異なるページ
は別のページとして計測されます。そのため、同じ**トップページ「/」**へのアクセス
にもかかわらず、**「fbclid」パラメータ**が異なるページは表1-2-1のように集計行が
分かれてしまうことになります。

表1-2-1　「fbclid」パラメータが異なるページの集計結果

ページパス+クエリ文字列とスクリーンクラス	表示回数
/	100
/?fbclid=aaaaa	1
/?fbclid=bbbbb	1
/?fbclid=ccccc	1

クエリパラメータによって表示されるコンテンツの内容も変わる場合はこれでも問題ありませんが、表示されるコンテンツは変わらないのに集計行が分かれてしまうと不都合が生じる場合があります。**GA4プロパティには「ページ階層とスクリーンクラス」というURLのパスのみ表示するディメンションも用意されていますが、このディメンションではすべてのクエリパラメータが除外されてしまう点に注意が必要です。**一部のクエリパラメータのみ除外して分析を行いたいケースへの対応策として、UAには「除外するURLクエリパラメータ」という設定が用意されていました。

図 1-2-1 UAの「除外するURLクエリパラメータ」設定

　図1-2-1では「除外するURLクエリパラメータ」に「fbclid」が設定されているため、計測されるURLから一律「fbclid」パラメータが削除されます。これにより表1-2-2のように「fbclid」パラメータがつくURLの集計行を統合できました。[2]

表 1-2-2 「除外するURLクエリパラメータ」設定後の集計結果

ページ	ページビュー数
/	103

　しかし、現時点（2022年5月）ではGA4に同様の機能は用意されていません。

※2　クエリパラメータはカンマ(,)区切りで複数指定可能です。

1-3 「index.html」のあり／なしと UAの「デフォルトのページ」設定

続いて「index.html」のあり／なしにかかわらず同じコンテンツを表示するウェブサイトを計測した際の挙動と、UAの**「デフォルトのページ」**という設定について説明します。

「index.html」のあり／なしによる影響と対策

たとえば「〜 /」と「〜 /index.html」で同じコンテンツを表示するウェブサイトを運営している場合、Google アナリティクスではこれらのウェブページは別々のページとして計測されます。

表1-3-1 「/」と「/index.html」を計測した際の集計結果

ページパス＋クエリ文字列とスクリーンクラス	表示回数
/	75
/index.html	25

「〜 /」と「〜 /index.html」を別のページとして分析したい場合はこの仕様でも問題ありませんが、コンテンツごとに分析したい場合は不都合が生じることがあります。こうしたケースへの対応策として、UAには**「デフォルトのページ」**という設定が用意されていました。

図1-3-1 UAの「デフォルトのページ」設定

図1-3-1では「デフォルトのページ」に「index.html」が設定されているため、クエリパラメータを除くURLの末尾が「/」の場合、「/」の直後に一律「index.html」が付加されるようになります。これにより、下記のように「〜 /」と「〜 /index.html」の集計行を統合できました。[3]

表1-3-2 「デフォルトのページ」設定後の集計結果

ページ	ページビュー数
/index.html	100

しかし、現時点(2022年5月)ではGA4に同様の機能は用意されていません。

📊 1-4　整形したURLを計測する

それでは、UAにおける**「除外するURLクエリパラメータ」**や**「デフォルトのページ」**の設定を再現した、**整形済みのURL**をGA4で計測するためにはどのようにしたらよいでしょうか。いくつか方法は考えられますが、ここでは参考として**イベントパラメータ「page_location」**を整形したURLで上書きする方法を紹介します。複雑なJavaScriptの実装を伴うため、必要に応じてエンジニアにも相談しながら実装を検討するようにしてください。

▌整形したURLを計測する設定を追加する

まずはGoogle タグ マネージャーに新しいワークスペースを作成して、計測設定を追加していきます。**現在のワークスペース「Default Workspace」**を押下して、ワークスペースの選択画面を表示してください。

※ 3 　「index.html」以外にも「index.php」「default.html」などの値を入力することも可能です。

図1-4-1 ワークスペースの選択画面を表示する

画面右上の「＋」ボタンを押下すると、図1-4-2のような**ワークスペース作成画面**が表示されます。

図1-4-2 ワークスペース作成画面が表示される

「**名前のないワークスペース**」部分は、これから行う設定の内容がわかる名前に変更してください。ここでは「**整形したURLを計測する設定**」❶として「**保存**」❷を押下します。

図1-4-3 ワークスペースの名前を変更して保存する

ワークスペースの作成が完了すると、図1-4-4のとおり**「現在のワークスペース」**が切り替わります。

Appendix 1 整形したURLを計測する

435

図1-4-4　「現在のワークスペース」が切り替わる

　まずは「変数」タブより**「除外するURLクエリパラメータ」**を定義する**ユーザー定義変数**を作成します。図1-4-5にある「新規」を押下してください。

図1-4-5　「新規」を押下する

　「無題の変数」箇所に**「Constant - ga4 exclude target query params」**❶のような分かりやすい名前を入力して、「変数の設定」❷部分を押下してください。※4

図1-4-6　分かりやすい変数名をつけて「変数の設定」部分を押下する

※4　「Constant」は「定数」の意です。後に変数タイプ「定数」を選択するため、分かりやすいよう頭に「Constant -」とつけています。

変数タイプ「定数」を選択します。

図 1-4-7 変数タイプ「定数」を選択する

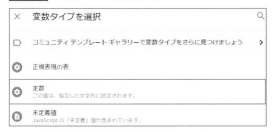

図1-4-8のように「**値**」に除外したいクエリパラメータ①をカンマ (,) 区切りで入力して「**保存**」②を押下してください。

図 1-4-8 「値」に除外したいクエリパラメータを入力して「保存」を押下する

> × Constant - ga4 exclude target query params 　②　保存 ⋮
>
> 変数の設定
>
> 変数のタイプ
>
> ⚙ 定数 　　　　　　　　　　　　　　　　　　　　✏
>
> 値
>
> ① fbclid,yclid,msclkid
>
> > 値の形式 ⑦

　流入元の計測などに影響が出る可能性があるため、キャンペーンパラメータ（「utm_source」「utm_medium」「utm_campaign」「utm_content」「utm_term」「utm_id」）のような、Google アナリティクスに関連するパラメータは除外しないようにしてください。

　同様に図1-4-9のようなカスタム JavaScript変数「Custom JavaScript - formatted_page_location」を作成します。赤枠内はUAの「デフォルトのページ」

の設定を再現するためのコードです。「**index.html**」箇所は必要に応じて変更してください。

図 1-4-9　変数「Custom JavaScript - formatted_page_location」

コードの全文は下記のとおりです。

コード 1-4-1　「page_location」を整形した URL で上書きする

```
/**
 *  不要なクエリパラメータを除外して「index.html」のあり／なしを考慮したURLを取得
 */
function() {
 var pageProtocol = location.protocol;
 var pageHostName = {{Page Hostname}};
 var pagePath = {{Page Path}};

 // 「index.html」のあり　なしを考慮
 if(/\/$/.test(pagePath)) {
   pagePath += 'index.html';
 }
```

> UA の「デフォルトのページ」の設定を再現するコード

```
  // 不要なクエリパラメータを定義
  var excludeTargetQueryParamsArray = [];
  var excludeTargetQueryParams = {{Constant - ga4 exclude target
query params}};
  if(typeof excludeTargetQueryParams !== 'undefined' &&
excludeTargetQueryParams !== null) {
    excludeTargetQueryParamsArray = excludeTargetQueryParams.
split(',');
  }

  // クエリストリングを取得
  var queryString = location.search;
  var replacedQueryString = '';
  if (typeof queryString !== 'undefined' && queryString !== '') {
    // クエリストリングごとに分割
    var params = queryString.slice(1).split('&');

    // 不要なクエリパラメータを除外したクエリストリングを作成
    for (var i = 0; i < params.length; i++) {
      var param = params[i].split('=');
      var key = param[0];
      var value = param[1];

      // 不要なクエリパラメータの場合は残りの処理をスキップ
      if(excludeTargetQueryParamsArray.indexOf(key) !== -1) {
        continue;
      }

      // 新たにクエリストリングを作成
      if (replacedQueryString !== '') {
        replacedQueryString += '&';
      } else {
        replacedQueryString += '?';
      }
      replacedQueryString += key + '=' + value;
    }
  }
  var ret = pageProtocol + '//' + pageHostName + pagePath +
replacedQueryString;
  return ret;
}
```

なお「Chapter8　イベントの計測設定を行う」で紹介した**「計測される URL の情報を上書きする」**設定を行っている場合は、上書き後の URL を計測できるよう、下記のようなコードを**変数「Custom JavaScript - formatted_page_location」**の冒頭**「function() {」**直後に挿入しておくとよいでしょう。

コード1-4-2　「計測される URL の情報を上書きする」設定を考慮する

```
// 「計測されるURLの情報を上書きする」設定を考慮
var dlPageLocation = {{Data layer - page_location}};
if(typeof dlPageLocation !== 'undefined' && dlPageLocation !==
null) {
  return dlPageLocation;
}
```

　変数の作成が完了したら、**「タグ」画面**にて前出のページで作成したタグ「Google アナリティクス 4 - GA4 設定」を選択します。

図1-4-10　タグ「Google アナリティクス 4 - GA4 設定」を選択する

　「**設定フィールド**」の「**フィールド名：page_location**」の値を「**{{Custom JavaScript - formatted_page_location}}**」❶に変更して「**保存**」❷を押下します。

図1-4-11　「設定フィールド」の「フィールド名：page_location」の「値」を変更する

以上で整形したURLの計測設定は完了です。ここでは割愛しますが、レポート上で整形前のURLも確認したい場合は、別途「**page_location_origin**」などの**カスタムディメンション**で計測しておくとよいでしょう。ただし、**420文字まで計測できる標準のディメンション「ページロケーション（page_location）」と違い、カスタムディメンションでは100文字までしか計測できない点に注意してください。** また、整形前のURLのように値の種類が多いものをカスタムディメンションで計測すると、GA4のシステム上の制限によって一部のデータが「(other)」に集約され、「Chapter2 Google アナリティクス 4のレポートを確認する」で説明した標準レポートに「(other)」行が表示されるようになる恐れがあります。そのため、何を優先するのかよく考えてから設定を行うようにしてください。計測設定が完了したら**プレビューモード**と**DebugView**で検証しましょう。**プレビューモード**は図1-4-12にある「**プレビュー**」を押下することで有効にできます。

図1-4-12 「プレビュー」を押下する

プレビューモードとDebugViewの基本的な使い方については「Chapter8 イベントの計測設定を行う」を参照してください。プレビューモードを有効にして例として「**https://www.example.com/?aaa=bbb&fbclid=aaaaa**」にアクセスすると、図1-4-13のとおりDebugViewにて「**page_location：https://www.example.com/index.html?aaa=bbb**」が計測されていることが確認できました。

図1-4-13 「page_location」の計測状況

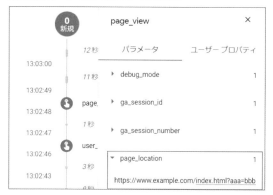

　念のため別のページや端末、ブラウザでも検証を行ったら「バージョンの公開と作成」を行って、すべてのユーザーのブラウザに設定を反映しましょう。「バージョンの公開と作成」はGoogle タグ マネージャーのワークスペース画面右上の「公開」ボタンから行うことができます。

図1-4-14 「公開」ボタンから「バージョンの公開と作成」を行う

　「バージョンの公開と作成」を行った際は、予期せぬ設定不備による被害を最小限に抑えるため、最低限「リアルタイム」レポートで計測されているデータに大きな変動がないかを確認するようにしてください。また、いずれは整形したURLを計測するための機能が正式にリリースされる可能性もあります。現時点（2022年5月）ではリリース予定は不明ですが、もしリリースされた場合はそちらの機能を使用して設定し直すことをおすすめします。

Google タグ マネージャーの 「タグ」「変数」「トリガー」

Google タグ マネージャーでは、タグ・変数・トリガーを作成して組み合わせることで、任意のタイミングで任意の処理を実行できるようになります。本章では各設定項目の詳細について説明します。実際に設定を行う際の参考にしてください。

🔑 keyword

- タグタイプとタグテンプレート
- 組み込み変数とユーザー定義変数
- データレイヤーの変数
- ルックアップテーブルと
  正規表現の表
- ページビューに関連するトリガー

2-1　Google タグ マネージャーの「タグ」

「**タグ**」はGoogle タグ マネージャーから実行する**HTML**（またはJavaScript）の
コードです。タグを作成する際は、「**Google タグ マネージャー→タグ→新規**」に
遷移し、あらかじめ定義されている「**タグタイプ**」を選択します。

図2-1-1　タグタイプを選択

サポートされているタグテンプレート

　タグタイプの中には、タグの設定を簡易に行うための**テンプレート**がいくつか用
意されています。

図2-1-2　タグの設定を簡易に行うためのテンプレート

Google タグ マネージャーは Google 社が提供しているサービスのタグだけでなく、サードパーティのベンダーが提供しているサービスのタグもサポートしています。サポートされているタグの詳細については、以下のヘルプページを参照してください。

 https://support.google.com/tagmanager/answer/6106924

なお、テンプレートが存在しない場合もタグタイプ「カスタム HTML」を選択することで、自由に HTML タグを配信できます。

図 2-1-3 「カスタム HTML」を使用したタグの例（Facebook ピクセル）

2-2　Google タグ マネージャーの「変数」

「変数」はタグやトリガーで使用する値や文字列を格納する領域です。Google タグ マネージャーに標準で用意されている「組み込み変数」と、ユーザーが任意で作成する「ユーザー定義変数」の2種類があります。

組み込み変数

主な「組み込み変数」を以下に記載します。

表2-2-1　主な組み込み変数

変数名	取得する値（赤字箇所）
Page Hostname	ユーザーがアクセスしたウェブページのURLのホスト名 例）https://**www.example.com**/aaa/bbb.html?ccc=ddd#eee
Page Path	ユーザーがアクセスしたウェブページのURLのパス 例）https://www.example.com/**aaa/bbb.html**?ccc=ddd#eee
Page URL	ユーザーがアクセスしたウェブページのURL[1] 例）**https://www.example.com/aaa/bbb.html?ccc=ddd**#eee
Click Classes	ユーザーがクリックした要素のclass属性 例）\<a id="link_id" class="**link_class**" href="https://www.example.com/aaa/bbb.html?ccc=ddd#eee">Sample Link\</a>
Click ID	ユーザーがクリックした要素のid属性 例）\<a id="**link_id**" class="link_class" href="https://www.example.com/aaa/bbb.html?ccc=ddd#eee">Sample Link\</a>
Click URL	ユーザーがクリックした要素のリンク先URL[2] 例）\<a id="link_id" class="link_class" href="**https://www.example.com/aaa/bbb.html?ccc=ddd#eee**">Sample Link\</a>
Click Text	ユーザーがクリックした要素のテキスト（文字列） 例）\<a id="link_id" class="link_class" href="https://www.example.com/aaa/bbb.html?ccc=ddd#eee">**Sample Link**\</a>

その他の組み込み変数の詳細については、以下のヘルプページを参照してください。

 https://support.google.com/tagmanager/answer/7182738

※1　クエリパラメータ（?～）は含まれますが、フラグメント（#～）は含まれません。

※2　「Page URL」と異なり、フラグメント（#～）も含まれます。

組み込み変数は標準では一部しか有効になっていないため、必要に応じて「Google タグ マネージャー→変数」画面の「設定」ボタンからそれぞれ有効化する必要があります。

図 2-2-1 組み込み変数の有効化

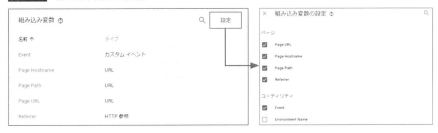

ユーザー定義変数

Google タグ マネージャーでは標準で用意されている「**変数タイプ**」を選択して、独自の変数を作成できます。

図 2-2-2 ユーザー定義変数

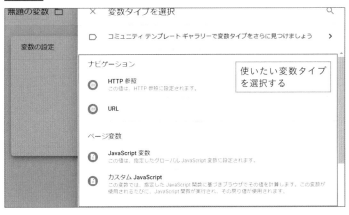

選択可能な変数タイプを以下に記載します。

表 2-2-2 「ユーザー定義変数」の変数タイプ

変数タイプ		取得する値
ナビゲーション	HTTP参照	リファラー（Referrer）と呼ばれる遷移元ウェブページのURLの情報を取得します。
	URL	ユーザーが表示しているウェブページのURLの情報を取得します。
ページ変数	JavaScript変数	ウェブページ内のJavaScript変数の値を取得します。
	カスタム JavaScript	任意のJavaScriptのコードで値を取得します。
	データレイヤーの変数	データレイヤー（dataLayer）変数というGoogle タグ マネージャーにデータを連携するためのJavaScript変数の値を取得します。
	ファーストパーティCookie	ブラウザのファーストパーティ Cookieの値を取得します。
	未定義値	JavaScriptの未定義値（undefind）を取得します。
ページ要素	DOM要素	指定したHTMLのDOM（Document Object Model）要素の内容を取得します。
	自動イベント変数	イベントが発生した際に、関連する要素（リンクやフォームなど）に関する情報を取得します。
	要素の視認性	指定したHTMLのDOM（Document Object Model）要素について、画面上の表示有無を取得します。
ユーティリティ	Google アナリティクス設定	「Google アナリティクス - ユニバーサルアナリティクス」タグの共通設定を定義します。
	カスタムイベント	データレイヤーの変数「event」に設定した値を取得します。例）下記のコードが実行されると、この変数には「eventNameXYZ」が設定されます。コード：dataLayer.push({'event': 'eventNameXYZ'});
	ユーザー提供データ	Google 広告の「拡張コンバージョン」という機能を導入するための変数です。
	ルックアップテーブル	任意のキーと値の組み合わせを定義します。
	環境名	コンテナで実行中の環境の名前（「Live」など）を取得します。
	正規表現の表	ルックアップテーブルのキーを正規表現で定義可能にしたものです。
	定数	変数に定義した固定の文字列を取得します。
	乱数	「0」から「2147483647」までの乱数を取得します。
コンテナデータ	コンテナID	コンテナのID（GTM-AAAAAAA）を取得します。
	コンテナのバージョン番号	コンテナのバージョン番号を取得します。プレビューモードの場合は「プレビューモードを動作させているバージョンの番号」、それ以外の場合は「公開中のバージョンの番号」となります。
	デバッグモード	コンテナがデバッグモードで表示されている場合は、値が「true」に設定されます。

　主な変数タイプについて説明します。

▶HTTP参照、URL

「**HTTP参照**」は**リファラー**（Referrer）と呼ばれる**遷移元ウェブページ**のURLの情報を取得します。一方「**URL**」は**ユーザーが表示しているウェブページ**のURLの情報を取得します。これらの変数タイプでは以下の「**要素タイプ**」を指定できます。

表2-2-3 指定可能な要素タイプ

要素タイプ	取得する値
URL全体	URL全体を取得します。クエリパラメータ（?〜）は含まれますが、フラグメント（#〜）は含まれません。 例）https://www.example.com/aaa/bbb.html?ccc=ddd#eee
プロトコル	URLのプロトコル（http、httpsなど）を取得します。 例）https://www.example.com/aaa/bbb.html?ccc=ddd#eee
ホスト名	URLのホスト名を取得します。 例）https://www.example.com/aaa/bbb.html?ccc=ddd#eee
ポート	URLのポート番号を取得します。通常はURLが「http://〜」の場合は「80」、「https://〜」の場合は「443」となります。
パス	URLのパスを取得します。 例）https://www.example.com/aaa/bbb.html?ccc=ddd#eee
ファイル名の拡張子	URLのファイル名の拡張子を取得します。「変数のタイプ」が「URL」の場合のみ指定可能です。 例）https://www.example.com/aaa/bbb.html?ccc=ddd#eee
クエリ	URLのクエリパラメータ（?〜）を取得します。 例）https://www.example.com/aaa/bbb.html?ccc=ddd#eee クエリキーを指定した場合、指定したクエリパラメータの値のみを取得します。 例）クエリキーに「ccc」を指定した場合 https://www.example.com/aaa/bbb.html?ccc=ddd#eee
フラグメント	URLのフラグメント（#〜）を取得します。 例）https://www.example.com/aaa/bbb.html?ccc=ddd#eee

▶JavaScript変数

「**JavaScript変数**」はウェブページ内の任意の**JavaScript変数**の値を取得します。たとえば、ウェブページ内に以下のような**JavaScriptの変数**が出力されているとします。

コード2-2-1 JavaScript変数の出力例

```
<script>
var sampleJSVariable = 'sampleJSValue';
</script>
```

この場合、Google タグ マネージャーのコンテナに図2-2-3のような変数を作成することで、ウェブページ内の**JavaScript変数「sampleJSVariable」**の値**「sample JSValue」**を取得できます。

図 2-2-3　JavaScript変数「JavaScript variable – sampleJSVariable」

JavaScript variable – sampleJSVariable 🗀　　　　　保存

変数の設定

変数のタイプ

⚙　JavaScript 変数

グローバル変数名
sampleJSVariable

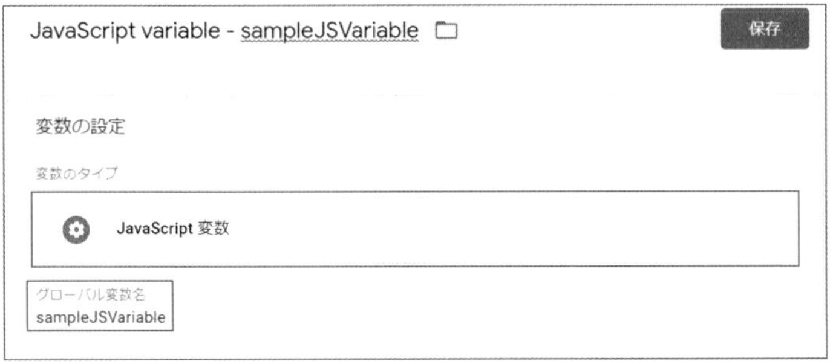

▶ カスタム JavaScript

　「カスタム JavaScript」は任意のJavaScriptのコードを記述して、任意の値を取得する変数です。JavaScriptの知識が必要となりますが、**カスタム JavaScript**を活用することで標準の変数では取得できない値が取得できるようになります。たとえば、図2-2-4のような**カスタム JavaScript変数**を作成することで、**組み込み変数「Page URL」**で取得したURLをすべて小文字に変換したURLが取得できるようになります。[※3]

図 2-2-4　カスタム JavaScript変数「Custom JavaScript – Page URL toLowerCase」

Custom JavaScript – Page URL toLowerCase 🗀　　　　保存

変数の設定

変数のタイプ

Ｂ　カスタム JavaScript

カスタム JavaScript ⑦
```
1  function() {
2    return [[Page URL]].toLowerCase();
3  }
```

[※3]　カスタム JavaScript内で Google タグ マネージャーの他の変数を使用する場合は、「{{Page URL}}」のように
　　変数名の前後に「{{」および「}}」を記述します。

▶ データレイヤーの変数

「データレイヤーの変数」はGoogle タグ マネージャーにデータを送信するための JavaScript変数です。下記のように「dataLayer.push({ ～ });」というコードをウェブページに出力することで、「データレイヤーの変数」の中に「変数名」と「値」の組み合わせを格納できます。

コード2-2-2 データレイヤーの変数の出力例

```
<script>
window.dataLayer = window.dataLayer || [];
dataLayer.push({'sampleVariable1': 'sampleValue1'});
</script>
```

この例では**変数名「sampleVariable1」と値「SampleValue1」**の組み合わせが格納されています。「**window.dataLayer = window.dataLayer || [];**」の部分は一度出力すればそれ以降は不要となりますが、必ず「**dataLayer.push({ ～ });**」の前に記述するようにしてください。また、下記のような記述にすることで複数の「**変数名**」と「**値**」の組み合わせを同時に格納できます。

コード2-2-3 データレイヤー変数に複数の情報を格納する

```
<script>
window.dataLayer = window.dataLayer || [];
dataLayer.push({
  'sampleVariable1': 'sampleValue1',
  'sampleVariable2': 'sampleValue2'
});
</script>
```

Google タグ マネージャーで図2-2-5のように設定すると、「**変数名**」に対応する「**値**」を取得できます。コード2-2-3の例では、この変数には「**sampleValue1**」が設定されます。

図 2-2-5 データレイヤーの変数「sampleVariable1」

▶ **ルックアップテーブル、正規表現の表**

　任意のキーと**値**の組み合わせを定義します。たとえば**「www.example.com」**と**「test.example.com」**で、同じGoogle タグ マネージャーのコンテナを使用していて、かつそれぞれを異なるGA4プロパティ（ウェブストリーム）で計測しているとします。この場合、以下のような変数を作成・使用することで、**ウェブサイトのドメイン**（「Page Hostname」変数から取得）をもとに計測先の**「測定ID」**を切り替えることができます。

図 2-2-6 ルックアップテーブル変数「Lookup table - measurement id」

Lookup table - measurement id 　　　　　　　　　　　　　　　　保存

変数の設定

変数のタイプ

⚙ 　ルックアップ テーブル

変数を入力 ⑦

{{Page Hostname}} ⓘ

ルックアップ テーブル ⑦

入力	出力
www.example.com	G-XXXXX
test.example.com	G-YYYYY

✓ デフォルト値を設定 ⑦

デフォルト値 ⑦
G-ZZZZZ

「ルックアップテーブル」の「変数を入力」で指定した変数の値が、「入力」列に入力した値のいずれかに一致した場合に、対応する「出力」列の値が出力されます。いずれの内容にも一致しないときは「デフォルト値」を設定した場合はデフォルト値、設定していない場合は「未定義値（undefined）」が出力されます。

　「正規表現の表」も基本的な考え方はルックアップテーブルと同じですが、「入力」列を正規表現で定義できます。たとえばテストサイトが「test1.example.com」「test2.example.com」「test3.example.com」のように複数存在する場合は、以下のような変数を設定することで対応が可能です。

図 2-2-7　正規表現の表変数「RegEx table - measurement id」

2-3　Google タグ マネージャーの「トリガー」

「**トリガー**」はタグが実行される条件（タイミング）を定義したものです。Google タグ マネージャーには、標準で「**All Pages**」「**Initialization - All Pages**」「**Consent Initialization - All Pages**」というトリガーが定義されています。タグのトリガーにこれらを設定した場合、**対象のGoogle タグ マネージャーコンテナのコードスニペットが設置されたすべてのページでタグが実行されます。**[4]

また「Google タグ マネージャー→トリガー→新規→トリガーの設定」から、「トリガーのタイプ」を選択して、任意のトリガーを作成することも可能です。

図 2-3-1　トリガーのタイプを選択

主なトリガーのタイプについて説明します。

※4　それぞれ「ページビュー」「初期化」「同意の初期化」のタイミングで実行されます。詳細については後述します。

トリガーのタイプ：ページビュー

ページビューに関連するトリガーは以下の5種類です。

図2-3-2 ページビューに関連するトリガー

実行されるタイミングは❶→❷→❸→❺→❹の順に早くなります。ただし、**トリガーが「同意の初期化❶」「初期化❷」「ページビュー❸」の場合、ウェブページ内のGoogle タグ マネージャーのコードスニペットより下部に記述された要素（データレイヤーの変数、DOM要素、JavaScript変数など）は取得できません。**たとえば図2-3-3のような場合、**データレイヤーの変数「sampleVariable1」**に格納された値**「sampleValue1」**は取得できますが、**「sampleVariable2」**はコードスニペット（青色のコード）より下に記述されているため、**「sampleValue2」**を取得できません。

図 2-3-3 位置関係によって値の取得可否が分かれる例

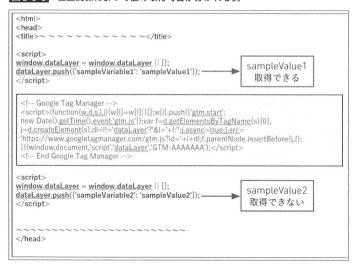

こういった場合は、「**DOM Ready❺**」または「**ウィンドウの読み込み❹**」を使用してください。なお、たとえばページビューに関連するトリガーを動かすウェブページを絞り込みたい場合は、図2-3-4のように「**このトリガーの発生場所**」に条件を入力します。

図 2-3-4 トリガーを動かすウェブページを絞り込みたい場合の設定例

▌トリガーのタイプ：クリック

クリックに関連するトリガーは以下の2種類あります。

図 2-3-5 クリックに関連するトリガー

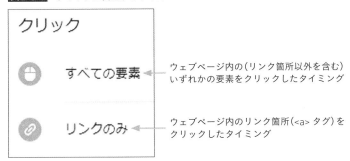

クリックに関連するトリガーを動かす条件をさらに絞り込みたい場合は、ページ
ビューのトリガー同様**「このトリガーの発生場所」**に条件を入力します。

Google タグ マネージャーでは、他にも様々なトリガーのタイプが使用可能で
す。詳細については以下のヘルプページを参照してください。

https://support.google.com/tagmanager/topic/7679384

Index

459

ま行

や行

ら行

■本書サポートページ

https://isbn2.sbcr.jp/15161/

• 本書をお読みいただいたご感想を上記URLからお寄せください。
• 上記URLに正誤情報、サンプルダウンロード等、本書の関連情報を掲載しておりますので、併せ
てご利用ください。
• 本書の内容の実行については、全て自己責任のもとで行ってください。内容の実行により発生した、
直接・間接的被害について、著者およびSBクリエイティブ株式会社、製品メーカー、購入された
書店、ショップはその責を負いません。

■著者プロフィール

神崎 健太（かんざき けんた）

野村総合研究所グループのNRIネットコム株式会社にて、2014年よりデジタルマーケティング事業に
従事。Google マーケティング プラットフォームを中心としたデジタルマーケティングテクノロジー
の利活用コンサルティングおよび、テクニカルサポートを担当している。著書に「徹底活用 Google
アナリティクス」。日々子育てに奮闘中。

プロが教えるいちばん詳しいGoogle アナリティクス 4

2022年 7月28日　初版第1刷発行
2023年 3月 8日　初版第2刷発行

著　者 …………………	NRIネットコム株式会社　神崎健太
発行者 …………………	小川 淳
発行所 …………………	SBクリエイティブ株式会社
	〒106-0032 東京都港区六本木2-4-5
	https://www.sbcr.jp/
印　刷 …………………	株式会社シナノ
カバーデザイン …………	米倉英弘（株式会社 細山田デザイン事務所）
カバーイラスト …………	松田奈津留
本文デザイン・制作 ………	クニメディア株式会社

落丁本、乱丁本は小社営業部（03-5549-1201）にてお取り替えいたします。
定価はカバーに記載されています。

Printed in Japan ISBN978-4-8156-1516-1